Jost Müller-Bohn

Die aus dem Osten kamen

Verlag der St.-Johannis-Druckerei
C. Schweickhardt, Lahr-Dinglingen

ISBN 3 501 00217 3

Edition C-Taschenbuch Nr. T 30
Umschlag: Caspar David Friedrich, Verschneite Hütte, Nationalgalerie
2. neubearbeitete Auflage

Gesamtherstellung:
St.-Johannis-Druckerei, 7630 Lahr-Dinglingen
Printed in Germany 7425/1980

Inhalt

Vorwort

DIE AUS DEM OSTEN KAMEN

Zwei Menschenschicksale von Millionen – in gleicher Bedrängnis, Not und Gefahr.
Zwei Menschen im Sturmwind der Vernichtung – ein Kind, ein junges Mädchen und ein Mann erleben den katastrophalen Oststurm im Jahre 1945.
Zwei Menschen aus dem Millionenheer, vom Ostwind verweht, suchen und finden Gott und seine Hilfe.
Einem Mann aus Königsberg wird die Weisung gegeben:
„. . . *der fliehe auf das Gebirge, und wer in der Stadt ist, der gehe hinaus, und wer auf dem Lande ist, der komme nicht herein*" (Lukas 21, 21).
Ein „verlorener Sohn" wird im Feuerregen der Vernichtung in Polen, der Tschechoslowakei und beim Endkampf um Berlin in unbegreiflichem Maße bewahrt und geführt.
Zu gleicher Zeit gehen Zehntausende, am Krieg unschuldige Kinder, Greise, Mütter und Männer zugrunde. Warum gerade sie? Waren andere weniger schuld? Weshalb machte das Leid, die unvorstellbare Not nicht vor aufrichtigen Christen halt?
Das sind Fragen, die durch dokumentarische Tatsachenberichte nicht beantwortet werden können.
Diese Fragen wurden von den ersten Christen nicht gestellt. Während viele als Märtyrer wegen ihres Glaubens zerhackt, zerfleischt und von wilden Tieren zerrissen wurden, blieben andere zur gleichen Zeit verschont.
Diese authentischen Berichte – aus Tagebüchern und Erinnerungen zusammengestellt – sollen die Leser ermuntern, glaubensvoll und im Vertrauen auf Gott in die düstere und drohende Zukunft zu blicken.
Unheimlicher Ostwind, was bringst du? – Gott ist da, der uns hilft!

Reutlingen, 1980 *Jost Müller-Bohn*

Requiem der Millionen

KÖNIGSBERG — PILLAU — DANZIG — KIEL

Von Ostpreußen nach Friesland — von Schlesien zum Schwarzwald.

Blickt man vom Ufer ans andere Land,
Beschleicht ein Sehnen unerkannt,
Heim- oder Fernweh mag es sein;
Doch deutlich ruft es: Komm heim!
Du irrender Mensch, komm heim!

Das neue Jahr hatte in Deutschland begonnen, es war das Jahr 1945 nach Christi Geburt, wie es hieß. Ein unheimliches Ahnen von umwälzenden Geschichtsereignissen beherrschte das Denken von Millionen aus deutschen Grenzgebieten zwischen Memel — Tilsit — Stettin und Breslau.

Eine unruhige, wild gezackte Trennlinie durchschneidet zweimal die weißgraue Schilflandschaft des Odergebietes — der alte und der neue Strom. Über die breiten, nicht zugefrorenen Flußläufe ragen in kühnen Bogen zwei lebenswichtige Brücken. Auf den schneeverwehten Landstraßen wälzen sich schwerfällig unübersehbare Züge von Flüchtlingswagen. Endlos scheinen die Kolonnen zu sein, endlos die Angst, endlos die Qual, endlos der Hunger, endlos die Kälte, endlos der Weg — alles scheint endlos, hoffnungslos zu sein. Wie Rinnsale vom Norden, Osten und Südosten kommen sie träge heran. Millionen Menschen auf der Flucht vor dem Grauen. Für viele ist es schon gleichgültig, wo sie in dieser Zeit ankommen, niederfallen oder sterben. Von überall her strömen sie zusammen. Über die leicht gewölbten Hügel bis an den Horizont kann man die Elendszüge erkennen. Da gibt es Kinder, die kaum zehn Jahre alt sind. Sie stapfen gedankenlos mit letzter Kraft neben dem Wagen her. Die Wagen sind überfüllt. Von schon zerbrochenen Fahrzeugen mußten Frauen und Kleinstkinder mit übernommen werden. Das lauffähige Volk trabt bereits unzählige Kilometer nebenher.

Grau und düster breitet sich der Himmel über die Weite der Neumark. Das Stampfen der Pferde, das Ächzen und Knarren der Holzräder, hin und wieder ein Aufschrei, ein Fluch, ein Weinen — sonst löst sich kein kriegerischer Laut aus dem erstarrten Winterpanorama. Einige hundert Meter von der Rückzugsstraße entfernt ist alles noch so still. Dieser Elendszug gleicht einer stummen, dämonischen Pantomime. Schemenhaft erscheinen und verschwinden sie wieder in der nebelhaften Wüste aus Schnee und Eis. Bedrückendes Schweigen — die bekannte Ruhe vor dem Sturm.

An den Brücken aber ist es anders. Wie bei einem Flußdelta fließen hier die Wege zusammen. Aus den Rinnsalen werden Bäche, aus den Bächen wild reißende Ströme flüchtender Menschen. Eine Sintflut erschöpfter Menschenleiber. Lebensgefährliches Gedränge herrscht. Feldgendarmerie und Hilfstruppen sind nicht mehr Herr der Lage. Ratlos schreien sie in das Durcheinander.

Für die, die über die Brücken wollen, gilt nur eine Parole: „Rette sich, wer kann!"

Aber wie sollen sie hinüberkommen? An den Seiten liegen umgekippte, zerbrochene Treckwagen. Was sollen sie tun? Einfach durchbrechen? Das Schwache muß dem Stärkeren weichen. Anstand, Bescheidenheit, Rücksicht und Nächstenliebe gelten nicht mehr — Ellenbogenbewegung, Gewalt, Rücksichtslosigkeit nur kann noch zum Ziel, zum anderen Ufer führen. Zwei Brücken sind zu überwinden — so nah und doch so fern!

In dieser Stunde gibt es nur einen Gedanken: „Eile, rette dein Leben, und wenn möglich, noch das der Deinen!"

Viel zu spät ließ man sie ziehen. Durchhalteparolen über geheimnisvolle Wunderwaffen hatten ihre unheimlich mystische Wirkung nicht verfehlt.

Wie der Frühlingswind die Erde vom Schnee, so sollen jetzt diese angeblich noch vorhandenen Wunderwaffen das Land vom Feind befreien.

„Wir werden siegen, weil wir siegen müssen", ist in den Gehirnen zur manischen Idee geworden. „Die Front wird standhalten", hatten die Ortsgruppenführer versichert. Am nächsten Morgen aber erfuhr man, daß die gesamten Partei-, Kreis- und Ortsgruppenleitungen wie Schloßgespenster mit Sack und Pack, Koffer und Kisten, Frauen und Kindern im Winternebel verschwunden waren. Wer nur zwölf Stunden vorher die geringste Äußerung einer Evakuierungsmaßnahme gemacht hätte, wäre schnell als Defaitist, als feiger Volksverräter und Gerüchtemacher gebrandmarkt worden. Nun waren sie fort, die gestrengen Richter der Nation.

Die Betrogenen traten ein unheilvolles Erbe an.

Plötzlich ist der Feind da. Keine drei Kilometer entfernt steht die russische Panzerspitze. Alles stürmt wie auf Befehl auf die Straße. Jählings ist alles verstopft, jeder wünscht den anderen hinter sich. „Gebt uns den Weg frei!" — „Die Russen kommen!" — „Ihre Rache mit ihnen!" — „Sie werden kein Pardon geben!" — Ein kaltes Entsetzen erfaßt alle. Der Tag des Gerichtes, der Abrechnung ist da. „Sie werden uns alle niedermetzeln!" Greuelgeschichten kursieren schon seit Wochen in den Wohnungen und Gasthäusern. Von abgeschnittenen Zungen und ausgestochenen Augen, von Verschleppungen nach Sibirien und bestialischen Vergewaltigungen flüstert man. Die nazistische Propaganda schürt das Feuer der Angst. Man will dadurch allerletzte Abwehrkräfte mobilisieren.

Jetzt explodieren rechts und links neben dem Dorf Panzergranaten. Stalinorgeln brüllen ihr grausames Requiem. Schlachtflieger feuern in auseinanderstiebende Menschenmassen. Schreiende Kinder versuchen den nächsten Wald, das kleine Haus, die kurze Hecke zu erreichen. Wie Holzpuppen, die Arme zum Himmel erhoben, fallen viele tot zur Seite. Rotgefärbter Schnee, schreiende Mütter vor kleinen Kinderleichen. Wahnsinnsrufe in eiskalter Luft — ohne Widerhall. Bald wird der weiche, barmherzige Schnee eine hüllende Decke über das unaussprechliche Leid werfen.

Ganz Ostdeutschland besteht jetzt nur noch aus blutenden Wunden, über die der strenge Winter herzlos seinen eisigen Sargdeckel legen will. Am schlimmsten hat es die Flüchtlinge, die Wehrlosen, die Unerfahrenen, die Alten, die Kinder und Mütter betroffen. Oft sind sie von beiden Seiten bedrängt. Hinter ihnen drücken in zügigem Vorangehen die feindlichen Armeen, vom Westen versuchen zusammengewürfelte Ersatzreservetruppen mit Lastwagen (Marke Holzgasdauerbrenner) oder zusammengeflickten Restpanzern durch die vollgestopften Straßen in Richtung Front zu kommen. Rücksichtslos fahren sie in Wagen-, Pferde- und Menschenknäuel hinein, vorbei oder hindurch, um die Flut der Roten Armee noch aufzuhalten. Wagen zerbrechen, kippen um, versinken in aufgehäuften Schneebergen am Straßenrand. Pferde scheuen, bäumen sich auf und reißen die fahrenden Elendshütten in eiskalte Wasserbäche.

„Wir werden weitermarschieren, wenn alles in Scherben fällt . . .“ Nach diesem Motto werden Kinder, Greise und Frauen mit in das Grauen gerissen. Die satanische Tyrannei bleibt konsequent bis zum völligen Ende. Für viele ein Grauen ohne Ende.

Mit dumpfer Gleichgültigkeit ziehen Überlebende weiter. Eine alte Geschichte steigt aus uralter Vergangenheit auf — die Völkerwanderung! Von Ost nach West, von Nord nach Süd befinden sich Millionen Beraubter, Betrogener, Vergewaltigter und Geschlagener auf der Flucht vor dem tödlichen Verderben. Sie sehen nicht mehr die verstummten Toten am Straßenrand, sie schauen nicht auf die hilfeflehenden, unbekannten Alten, sie blicken nicht mehr auf die ausgebluteten Lippen der Verwundeten. Sie sind hart geworden, sehr hart und abgestumpft. Frauen werfen aus „Barmherzigkeit“ ihre Neugeborenen vom Wagen. In eiskalter Winternacht, bei — 25° C haben sie entbunden. Sie können das qualvolle Zeitlupensterben ihrer Säuglinge nicht mit ansehen. Blutrot droht hinter ihnen der Osthimmel, brennende Dörfer, brennende Heimat! Das Grollen der Front treibt die Heimatlosen bis zur Erschöpfung weiter. Der schrille Ruf: „Die Russen sind da!“ peitscht die überanstrengten Körper erneut voran. Entkräftete Mütter schützen mit letzter Körperwärme ihre fiebernden Kinder. Still drücken ihre Hände zum letzten Mal die Lider über die geliebten Kinderaugen. Kein Wiegenlied, kein Abendgebet, kein warmes Nest. Unter den dunklen Wagenplanen hat der unheimliche Würger sein Werk. Blühendes Leben erlischt im Schatten des Todes.

„Die Krähen schreien
Und ziehen schrillen Flug's zur Stadt,
Bald wird es schneien —
Weh dem, der keine Heimat hat!“

Sie hatten eine Heimat, aber die wird ihnen gewaltsam entrissen. Wer jetzt keine zweite Heimat kennt, ist elend dran. Ein Gericht Gottes hat begonnen. Natürlich, von dem Gott, dem Millionen vertraut, dem heißgeliebten Führer, können sie keine Hilfe mehr erwarten. Sie können ihn nicht anrufen oder zur Rechenschaft ziehen.

Im bombensicheren Bunker zu Berlin tobt der wahnsinnige Sohn der Hölle gegen jedermann. Er bemitleidet sich selbst, beschimpft Soldaten, Volksgenossen und Generale. Er jammert über sein tragisches Schicksal. Vom Schicksal aber der eben Geschilderten spricht er nicht. Im Meer der feindlichen Armeen ist nur noch ein Wrack des stolzen Schiffes geblieben, auf dem todeswund die Führer des Dritten Reiches um ihr Leben kämpfen. Sie wünschen noch nicht zu sterben und erkaufen sich durch das Sterben anderer einige Stunden. Wer das sinnlose Spiel nicht mitmachen will, wird zum Volksverräter erklärt und ohne richterlichen Spruch am nächsten Baum oder Telegraphenmast aufgehängt. „Ihr seid geboren, für Deutschland zu sterben — denn die Fahne ist mehr als der Tod", war seine Botschaft. Immun gegen alle Vernunft haben Betörte ihm noch bis zum letzten Atemzug geglaubt.

„Es lebe unser heißgeliebter Führer", röchelten Männer und Frauen und gingen mit diesem heidnischen Gebet in den Tod. In dieser Zeit stehe ich auf der Brücke von Schwedt, einer idyllischen Kleinstadt an der Oder. Fassungslos erblicken Kinderaugen das Grauen. Bis heute, 25 Jahre danach, haben mich diese Erinnerungen nicht verlassen. Die Stadt ist noch unzerstört. Für Feindbomber war sie bisher kein geeignetes Ziel. Die Schloßfreiheit, das kleine verträumte Schlößchen, wo einst Königin Luise von Preußen auf der Flucht vor den Franzosen Unterkunft und Wiedersehen mit ihren Kindern fand, liegt unberührt und in Schnee eingehüllt da.

Damals, im Jahre 1806, befand sich die Königin auf der Flucht nach Memel. Jetzt treibt der Flüchtlingsstrom von Memel dem Westen zu. Wie damals wurden auch jetzt aus den Siegern die Besiegten, aus den Verfolgern die Verfolgten. Im Jahre 1812 sang man ein Lied, das 1945 wieder hochaktuell wird, nur daß die Geschlagenen nicht Franzosen, sondern Deutsche — Ost- oder Westpreußen sind:

„Es irrt durch Schnee und Wald umher
Das große, mächt'ge Franzenheer.
Speicher ohne Brot,
Aller Orten Not,
Wagen ohne Rad,
Alles müd' und matt,
Kranke ohne Wagen,
So hat sie Gott geschlagen!"

Ausgemergelte Ackergäule ziehen rastlos die schmutzigen Bauernwagen. Durch den matschigen Schneebrei malen sich mühsam die klobigen Holzräder. An den Wagen hängen Namens- und Ortsschilder: „Paul Schulz, Gumbinnen". „Hans Gärtner, Ortelsburg". „Fritz Masur, Memel".

Aus Tilsit und Insterburg, aus Kleinkuhren, Nidden, Warnicken, Georgswalde, Neukuhnen, Schwarzrodt, aus der Rominter Heide — aus Deutsch-Eylau, Marienburg, Bromberg und Posen kommen sie heran. Immer geringer werden die Entfernungen — Schneidemühl, Arenswalde, — Stargard — mein Gott, sind die Russen schon bis dorthin gekommen oder vollzieht sich hier ein geplanter Evakuierungsrückzug? Durch den Wehrmachtsbericht werden wir eines Besseren belehrt: „Starken sowjetischen Kräftegruppen ist es gelungen, *geringfügigen* Geländegewinn im nördlichen Ostpreußen zu verzeichnen. Waffen-SS-Verbände, Wehrmachtskampfgruppen mit Einheiten des Deutschen Volkssturms stehen in einer *siegreichen* Abwehrschlacht den verblutenden Feinden gegenüber. Im unerbittlichen Kampf ist die russische Großoffensive vor den deutschen Abwehrlinien zusammengebrochen!"

„Geringfügiger Geländegewinn" in Ostpreußen? Ob wohl die Ostpreußen auf ihren vereisten Flüchtlingswagen beim Überqueren der Oder es noch glauben können? Ihre Heimat war schon immer vom Kampf ums Dasein gezeichnet. Gegen Frost und Hitze, gegen Naturgewalten und harte Witterung hatten sie stets zu kämpfen in der Einsamkeit der melancholischen, schönen Landschaft, der Weite, der stürmischen Ostseeküste mit den Nehrungen, der flachen Wiesen und Heidesträucher, die bis an den Schnittpunkt des Himmels, dem Horizont reichen; das steinbesäte südliche Ödland, die waldumsäumten lieblichen Seen der Masuren haben den Menschen eine besondere Prägung verliehen. Schon im Ersten Weltkrieg mußten sie fliehen. Die ältere Generation kann es der Jugend noch gut erzählen. Nur 30 Jahre lagen zwischen den Kriegskatastrophen.

Jetzt aber durchzieht sie ein unheilvolles Ahnen — es ist eine Flucht ohne Umkehr. „Wir werden unsere Heimat wohl nie wiedersehen." Heimwehkrank werden sie in der Fremde den Kindern von den strohgedeckten Holzhütten an den Masurischen Seen erzählen, von dem Fischreichtum der Gewässer, von der göttlichen Schönheit der fast undurchdringlichen Wälder, den kleinen Inseln auf den Seen, den blinkenden Wassern im hügeligen Lande, von der unberührten Schönheit jener Landschaft, die durch den masurischen Schiffahrts-

kanal vom Mauersee bis Allenburg und weiter bis nach Königsberg verbunden ist. Andere werden gerührt vom Samland, vom Ermland, vom Frischen Haff, vom Gebiet südlich des Pregel, von der Bernsteinküste und dem Strand von Warnicken, vom Blinkfeuer und dem Leuchtturm von Pillau berichten. Auch von der Kurischen Nehrung, von der gesagt wurde: „Die Kurische Nehrung ist so merkwürdig schön, daß man sie eigentlich gesehen haben muß, wenn nicht ein wunderbares Bild der Seele fehlen soll" (Wilhelm von Humboldt), werden sie ausführlich erzählen.
Sie, die jetzt auf der Flucht ins Ungewisse sind, ahnen: „Wir werden sie nicht wiedersehen, unsere Heimat." Nur in Träumen von der Vergangenheit werden die Hochdünen, die aufgestauten Sandgebirge zwischen Haff und Meer und alle bezaubernden Naturerscheinungen in Erinnerung kommen. Die schreienden Möven der Nordsee können das Heimweh der Zugvögel, die einst über die Vogelwarte von Rossitten zogen, nicht ersetzen, denn es ist die Einmaligkeit der geprägten Jugenderinnerung an die Heimat. Als die Störche und Kraniche noch einmal über die Dörfer und einsamen Gehöfte ihre Kreise zogen, beneidete sie mancher. Gern wären sie auf deren Flügeln vor der Zukunft geflohen. Auch die alte historische und ehrwürdige Stadt Königsberg mit dem gartenumsäumten Schloßteich, das markante Schloß, den Fischmarkt und den Hafen mitten in der Stadt überflogen zu Hunderten die Zugvögel, dem Süden entgegen.
Und hier gerade beginnt die Geschichte von Menschen, die wie von unsichtbarer Hand aus dem Brand herausgeführt wurden.
Eines Tages bin ich bei einem Prediger aus Königsberg zu Besuch. Wie so oft in deutschen Familien kommt das Gespräch auf die unglückseligen Ereignisse des letzten Krieges. Mit zitternder, bebender Stimme berichtet er von seinem Schicksal.

Als der Herbst ins Land zog und die Novemberstürme die Weiten kahlfegten, waren nur geringe Vorboten einer grauenhaften Entwicklung zu bemerken. In den Nächten erglühte hin und wieder der Osthimmel von Nord nach Süd an den verschiedensten Punkten. Memel, Tilsit und andere Grenzstädte waren bereits Frontgebiet. Die Feuerlinie der Kampfhandlungen wurde schon teilweise 30 Kilometer hinter die Reichsgrenze verlegt. Aus Orten, die vom Feind schon besetzt gewesen, dann aber vereinzelt noch einmal in den Besitz von deutschen Truppen gekommen waren, hörte man schreckliche Dinge. Der Rachedurst des russischen Großvolkes schien bis zum Höchstmaß geschürt. Wehe dem, der den willkürlich handelnden Soldaten in die Hände fiel. Wir waren gewarnt, und doch wollten viele der Warnung keinen Glauben schenken. Gar mancher wiegte sich in selbst bereitete Gedankensicherheit, daß es doch nicht wahr sein könne, zumal die russische Armee schon drei Monate scheinbar unschlüssig, tatenlos in den erreichten Stellungen verharrte. Das Dröhnen der Front war für Wochen gänzlich verstummt, die nächtlichen Feuer erloschen und ein Hauch des Friedens überwehte noch einmal die großen Räume der Landschaft Ostpreußens. Die ersten Flüchtlingskolonnen waren in Richtung Westen verschwunden, und das Leben schien wieder seinen geregelten Gang zu gehen. Man ging ins Kino, die Straßenbahnen fuhren so, als wäre nichts zu befürchten.

Als der erste Schnee fiel und die Bevölkerung noch einmal in ihren Häusern nach den Bräuchen der Heimat Weihnachten feierte, war zwar der so ersehnte Weihnachtsfrieden noch nicht gekommen, aber das Volk wurde kriegsmüde. Vielleicht waren es die anderen auch? In phantastischen Hoffnungen scheint der Mensch unermeßlich und unbegrenzt zu sein.

Silvester und Neujahr waren die Christen in gewohnter Weise betend beieinander. Immer noch lag eine fast unerträglich-verführerische Stille über dem Lande. Wer den Lärm der Stadt hinter sich ließ, glaubte nicht, am Rande des Unterganges oder unmittelbar vor einer Sintflut wilder Zerstörung zu leben, sondern hatte den Eindruck, in einem verzauberten Märchenland zu sein. Lautlos wie der Schnee war die Zeit. Eine Insel des Friedens, ein Niemandsland inmitten schrecklicher Kriegsjahre.

Doch dann schlug es ein! Wie ein Donnerschlag zum Weltuntergang, wie der gräßliche Ton der Gerichtsposaunen zur Apokalypse. Am 12. Januar 1945 traten Millionen sowjetischer Soldaten aus den Bereitschaftsstellungen zum Sturm an, Welle auf Welle, als würden aus dem Schneemeer unzählige Kämpfer emporwachsen. Seit dem Morgengrauen hörten wir das drohende Grollen der Front. Alles war in Bewegung geraten. Stalinorgeln und Artillerie eröffneten den Reigen. Dann stießen Panzer vom Typ T 34 wie gräßliche Tiger nach vorn, und ihnen folgten Tod, Verderben, Hunger und Gewalt. Die Offenbarung Christi zog gegenwartsnah über unser schönes Land. Der Scheinfriede war gebrochen. Unwillkürlich wurde man an die Worte der Bibel erinnert: *„Und es ging hervor ein ander Pferd, das war feuerrot. Und dem, der darauf saß, ward gegeben, den Frieden zu nehmen von der Erde, und daß sie sich untereinander erwürgten,* *und ihm ward ein großes Schwert gegeben ... und ich sah, und siehe ein schwarzes Pferd. Und der darauf saß, hatte eine Waage in seiner Hand. Und ich hörte eine Stimme unter den vier Gestalten sagen: Ein Pfund Weizen um ein Silberstück und drei Pfund Gerste um ein Silberstück; aber Öl und Wein taste nicht an. ... Und ich sah, und siehe, ein fahles Pferd, und der darauf saß, des Name hieß Tod, und die Hölle folgte ihm nach."* Daß sich die Einzelheiten buchstäblich erfüllen würden, ahnte keiner. Erst später sollten wir erfahren, wie Menschen in bestialischer Weise verhungert, erwürgt und auf andere Art umgekommen sind.

Die dünne Verteidigungsfront, aufgefüllt mit Volkssturmkämpfern, Kindern und Greisen mit italienischen Gewehren aus dem abessinischen Krieg und Schrotflinten, wurde an vielen Stellen aufgerissen. Der Deich war durchbrochen. Wie Blitze durchfuhren Tausende von Stahlkolossen bereits das Hinterland Ostpreußens. Tag und Nacht war der Lärm der Flüchtlinge, das Wiehern der Pferde, die Flüche der Kutscher zu hören. Geschäfte wurden geplündert, Feldgendarmerie mit dem gefürchteten „Brustschild" versuchte, sich gegen den Strom der Hemmungslosen zu werfen. In der Ferne hörten wir das ununterbrochene Brummen und Rumoren der Kriegsmaschinerie. Schon in den Morgenstunden kamen Flugzeuge. Plötzlich schossen sie wie Habichte aus der Höhe hinunter. Erschreckende Gedanken durchfuhren uns: es sind keine deutschen! Das ist der Feind! Es entwickelten sich einzelne Luftkämpfe. Dann war der Spuk, so schnell wie er gekommen, wieder vorbei. Nachts hingen Leuchtschirme von Aufklärungsflugzeugen am Himmel.

Gumbinnen brannte. Nun begannen Tausende die Stadt zu verlassen. Sie flohen nach Pommern. Wieder und wieder kamen die Tiefflieger. Sie nahmen die Gleisanlagen, den Bahnhof und den Hafen unter Feuer. Ohrenzerreißender Lärm der Motoren und Bordwaffen hallte über die Dächer. Angeschossene Pferde blieben dampfend auf der Straße liegen. Da, in der Ferne kamen sie schon wieder. Zunächst sahen sie wie ein Schwarm von Krähen aus, kleine Punkte dicht bei dicht. Dann aber stürzten sie wie Aasgeier vom Himmel. In der Nacht fahren Züge um Züge aus dem Bahnhof. Verwundete, Kinder und Frauen bringen sich in Sicherheit.

Das Wetterleuchten eines unheimlichen Gewitters stieg bedrohlich empor. Im Wehrmachtsbericht wurde bekanntgegeben, daß die Feinde die Ost- und Westgrenzen des deutschen Vaterlandes überschritten hätten. Unter dem Lärm gewaltiger Materialschlachten drängten sie ins Hinterland vor. Jetzt halfen keine nationalistischen Lieder: „Lieb' Vaterland, magst ruhig sein — fest steht und treu die Wacht am Rhein!"

Der Rhein war bereits überschritten. Die Überlegenheit der feindlichen Armeen zeigte sich auch darin, daß Schlachtflieger Jagd auf einzelne Soldaten machten. Ihre Luftüberlegenheit war so gewaltig, daß sie mit den deutschen Truppen Katz und Maus spielten.

Mächtig wälzte sich die russische „Dampfwalze" heran, ein Heer von Millionen rachedürstender Feinde. Ein unheimliches Ahnen von nie erlebtem Schrecken und Grauen erwachte in beängstigender Weise bei vielen Zivilisten und Soldaten. Der strenge Winter hielt sein Regiment über unserer schönen Landschaft. Der schneidende Ostwind fegte unbarmherzig über die Felder, die zugefrorenen Flüsse und die Masurischen Seen. Zum zweiten Mal innerhalb eines Jahrhunderts mußten wir vor den russischen Heeren fliehen.

Königsberg, die Hauptstadt des Landes, wurde zur Festung erklärt. In hektischer Eile errichteten Soldaten, Zivilisten und Kriegsgefangene Befehlsbunker, Gefechtsstände, Panzersperren und Gräben. Die Stadt glich einem modernen Heerlager — durcheinandergewürfelte Restbestände einer einst stolzen Armee.

Am 23. Januar 1945 war der Platz vor dem Königsberger Hauptbahnhof mit Flüchtlingen übersät. Es kamen hochbepackte Bauernwagen aus allen Straßen hinzu. Wie ein Lavastrom eines aktiven Vulkans breiteten sich die Menschenmengen aus. Die am Abend nach Pommern abgefahrenen Eisenbahnzüge mit Verwundeten und Flüchtlingen kamen schon zurück. Die Rückzugswege waren vom Feind versperrt. Königsberg war nun eingeschlossen, aber das scheint die Menschen zunächst noch gar nicht zu interessieren. Hier in der Hauptstadt, unter ihrer Bevölkerung, erscheint es sicherer, nicht so unheimlich wie auf den einsamen Landstraßen. Unentwegt rollte ein Wagen nach dem anderen heran, meistens kutschierten Frauen. Dazwischen fuhren auch noch Straßenbahnen. Dann brausten wieder Tiefflieger über die Dächer der alten Königsstadt. Hart klangen die Abschüsse der Bordkanonen — tok — tok — tok — tok — schi — schwumm — klik — klik — klik — tackerte es vom Himmel und an den Hauswänden. Wie gejagte Hühner huschten die Leute auseinander und suchten Schutz in den Kellern. Alarm und Entwarnung wurde nicht mehr gegeben. War der Schlachtenlärm vorüber, kamen die Menschen wieder aus ihren Löchern hervor. Die Stadt glich einem überladenen Rettungsboot, das manövrierunfähig festgefahren war.

Die alte Pillauer Landstraße wurde von endlosen Kettenfahrzeugen aller Art verstopft. Unter den Zehntausenden von Zivilisten, die förmlich bis fünf Minuten nach 12 Uhr im Unklaren gelassen worden waren, befanden sich auch etwa 500 Glieder unserer Kirchengemeinde.
An diesem Dienstag versammelten wir uns im Gotteshaus, um über die entstandene Sachlage zu beraten. Ältesten, Frauen, Müttern und Kindern war es jetzt, da bereits die Zangenarme der russischen Panzerarmeen die Stadt umfaßt hatten, gestattet worden, zu fliehen. Jünglinge von 16 Jahren an und ältere Männer bis zum Alter von 65 Jahren mußten zurückbleiben, um die Stadt zu verteidigen. Wer ohne Befehl und in fluchtverdächtiger Weise angetroffen wurde, konnte mit einem Schild auf der Brust befestigt: „Ich bin ein feiger Vaterlandsverräter!" ohne richterlichen Spruch am nächsten Baum öffentlich aufgehängt werden.
Die einberufene Gebetsversammlung der Gemeinde hätte nicht spannungsgeladener sein können. Unsere größte Not, das Problem der Stunde, war die Trennung, nicht nur von Hab und Gut, sondern vielmehr von noch blutjungen Söhnen und liebvertrauten Vätern oder Großvätern. In vielen und verschiedenen Lebenslagen hatte man Gott vertraut und Hilfe von Ihm erhalten. Sollte Er nicht gerade in der allergrößten Not eine Antwort und einen Weg bereit haben?
„Deshalb wollen wir um eine klare Antwort von Gott bitten", sagte ich der Gemeinde. Die Lage war so bedrohlich, da bereits die russische Artillerie Königsberg mit Granatfeuer belegte. Die Scheiben flogen aus den Fensterrahmen, die Erde und Häuserwände erbebten und das Geschirr flog aus den Schränken. Es mußte etwas geschehen — Gott sollte die Antwort geben. Einige aber wollten gern ihre eigenen Meinungen über Gottes Willen stellen und beteten deshalb nach ihren Wünschen: „Herr, Du wirst eine feurige Mauer um Königsberg legen, und kein Russe wird je diese Stadt betreten." Manche von ihnen hatten mehrere Häuser. Auch hatte die Parole von den ungeahnten „Wunderwaffen" der deutschen Armeen auf viele eine solche Wirkung, sich betören zu lassen und nicht aus der Stadt fliehen zu wollen. Unter der Leitung des Geistes Gottes aber bekam ein Mann die Weisung, zu erklären, daß diese erbetene Mauer eine Strohmauer eigener Phantasie sei, und daß das Feuer der russischen Artillerie diese Strohmauer zum Scheiterhaufen machen würde. Es war mir gut bekannt, daß die, die da bleiben wollten und von der feurigen Mauer sprachen, große Besitzungen hatten. Von Gott kam

mir aber eine Botschaft ins Herz: „Es ist keine Zeit mehr zu verlieren! Fliehe und rette sich, wer kann!" Das teilte ich der Gemeinde mit: „Mein Entschluß ist klar und fest: Ich werde gehen!" Viele begannen zu weinen und zu schreien. Es schieden sich die Geister, einige trieben zur Eile an, um das rettende Vaterland noch zu erreichen, andere waren zögernd und widerstanden mir. Insbesondere ein verantwortliches Mitglied des Vorstandes beschimpfte mich mit den Worten: „Du bist ein Mietling, der sich davonschleichen will. Der Hirte verläßt seine Herde nicht. Wer da glaubt, der bleibt."
Eine schwere Anschuldigung! Ich aber wollte nur nach den klaren Anweisungen Gottes handeln. Es galt zu erforschen, ob die Frontlage wirklich so ernst sei, um die Stadt verlassen zu müssen. Deshalb sagte ich: „Wir wollen uns von Gott eine Antwort in der Weise erbitten, daß Er uns durch einen verantwortlichen Mann der Stadt oder Armee eine klare Weisung gibt, ob Königsberg verlassen werden muß."
Die versammelte Gemeinde begann zu beten. Noch während sie betete, trat ein hoher Parteifunktionär in den Raum und sagte: „Was tut denn ihr noch hier? Königsberg muß sofort geräumt werden! Die sowjetischen Panzerspitzen haben bereits das Stadtgebiet erreicht. Bald werden alle Zufahrtswege gesperrt sein. Jeder sollte versuchen, ins Samland zu fliehen!"
„Wir haben jetzt eine eindeutige, klare Antwort auf unser Gebet", sagte ich zu der Gemeinde, „nun wollen wir gehorsam sein und gehen!"
„Nein!" schrien einige, „wir wollen nicht fliehen, wir wollen hierbleiben und auf Gottes Hilfe warten!" Panikstimmung verschloß die Ohren für die Anweisung von Gott. Hab und Gut, Haus und Besitz hatten die Herzen mancher so gefangen, daß sie die deutlichen Mahnungen Gottes nicht ernst nahmen. So kam ich in eine bedrohliche Lage, in der entstandenen Auseinandersetzung auch das Rechte sagen zu können.
„Wir wollen Gott noch einmal bitten, uns in dieser Weise eine Antwort zu geben. Er wird es uns nicht verübeln, wenn wir so beten", sagte ich. Nach kurzer Zeit kam zum zweiten Mal ein Verantwortlicher der Behörde und mahnte noch eindringlicher zur Eile, nach der Parole: „Rette sich, wer kann!" Spontan stand ich auf und teilte der erregten Menge meinen Entschluß mit: „Ihr Lieben, jetzt haben wir dreimal eine klare Antwort von Gott erhalten. Deutlicher kann Er kaum noch reden. Mein Entschluß steht fest: Ich gehe!" Wieder ent-

stand ein großes Stimmengewirr, hin und her gingen die Meinungen. Verzagte standen bewegungsunfähig da und schauten dem Treiben ohnmächtig zu. Einige übertönten alle und schrien: „Nein, wir gehen nicht!"

Erwartungsvoll blickten sie nun wieder alle auf mich. Die Last der ganzen Verantwortung lag auf meinen Schultern. Nach kurzem, innerlichen Gebet sagte ich dann: „Gut, dann wollen wir noch einmal nach dem Willen Gottes forschen! Er möge uns diesmal aus Seinem Wort eine Weisung geben." Ich nahm meine Bibel zur Hand und schlug in einem Griff das Lukasevangelium auf. Mein Blick fiel sogleich auf die Worte Jesu: *„Wenn ihr aber sehen werdet Jerusalem belagert von einem Heer, so merket, daß herbeigekommen ist eine Verwüstung. Alsdann, wer in Judäa ist, der fliehe auf das Gebirge und wer in der Stadt ist, der gehe hinaus und wer auf dem Lande ist, der komme nicht herein. Denn das sind die Tage der Vergeltung, damit erfüllet werde alles, was geschrieben ist."* Obwohl hier ein anderer Zeitabschnitt der Geschichte von Jesus gemeint ist, war es für mich und einige andere eine unmißverständliche Anweisung, die Stadt zu verlassen.

„Viermal haben wir jetzt Signale Gottes gehört, einmal durch Seine Botschaft, zweimal durch die Befehle der Stadtbehörden und jetzt eben durch Sein Wort. Wer hören will, der folge mir jetzt." Vier junge Mädchen und Frauen standen auf. Sie schlossen sich uns an. So gingen wir unter manchen Drohungen hinaus. Einen Handschlitten hatte ich schon bereitgestellt. Mehrere Decken und nötige Lebensmittel waren daraufgepackt. So zogen wir durch die verlassenen Straßen der Stadt. Am Stadtrand waren aber bereits die meisten Wege versperrt. Verängstigt kamen Frauen und Kinder zurück, die nicht mehr fliehen konnten. Inmitten dieses haltlosen Wirrwarrs schritten wir in stillem Gebet voran. Immer näher kam das Dröhnen der Artilleriegranaten, des Maschinengewehrfeuers und der Bomben. Plötzlich hielt ein Militärbus neben uns. Er hatte den dringenden Befehl, aus der Stadt hinaus nach Fischhausen zu fahren. Hierfür gab es aber nur eine einzige Straße, die noch freigehalten wurde, und zwar nur für Militärfahrzeuge mit besonderer Genehmigung. Alle anderen Straßen waren bereits durch Panzertruppen des Feindes besetzt.

Ein Mann sprang aus der geöffneten Tür des Militärfahrzeuges: „Bitte einsteigen! Wir nehmen euch sechs da mit!"

Überrascht schauten wir auf den Offizier.

„Wir haben doch den Handschlitten und einige Sachen!“ sagte ich. „Alles mit hinein, alles hinein!“ schrie er förmlich. Die Sachen wurden in hektischer Eile eingeladen, und auch wir mußten uns in die äußerste, hintere Ecke des Militärbusses drücken. Wir wurden dann mit Uniformen zugedeckt, und los ging die 36 Kilometer lange Fahrt nach Fischhausen. Unter Beschuß von Artillerie und Panzergranaten fuhren wir durch den einzigen dünnen Schlauch, der auf dem Landweg noch nach dem Westen offen war. Alle Kontrollen der Feldgendarmerie und der Waffen-SS passierten wir unentdeckt. Ein dringender Armeebefehl verschaffte uns freie Bahn.
Endlich war unser erstes Ziel erreicht: Fischhausen. Dort wurden wir unter den Uniformen hervorgeholt und ausgeladen. Wir konnten Gott nur danken für diese sichere Führung aus dem Gefahrenbereich der Festung Königsberg. Es galt nun aber, keine Zeit zu verlieren, denn Panzertruppen durchquerten bereits den größten Teil Ostpreußens. Mit unserem Handschlitten und dem kärglichen Gepäck machten wir uns auf den Weg. Der Wintersturm tobte zeitweise so heftig, daß wir wiederholt stehen bleiben mußten, um Atem zu schöpfen. Viele erlahmten auf halbem Wege. Manche der Flüchtlinge kehrten um, selbst auf die Gefahr hin, der Roten Armee in die Hände zu fallen. Nur mit großer Mühe konnten sich die Flüchtlinge, getrieben von panischer Angst, auf den vereisten Straßen gegen den Wind und andere Hindernisse behaupten. Wir selber stapften unentwegt voran in der großen Masse durch das endlos erscheinende Eismeer. Es kam des öfteren vor, daß sich Soldaten von aufgelösten Einheiten des Heeres, der Luftwaffe und der Organisation Todt in die Flüchtlingszüge einreihten. Die Menschen auf den Bauernwagen waren ärger dran als wir. Ihre Fahrzeuge blieben oft stundenlang am Wegesrand stehen. Dagegen kamen Mütter mit Kinderwagen, alte Leute, die auf Handschlitten gezogen wurden und Jugendliche mit ihren Habseligkeiten auf Fahrrädern besser voran. Die Kräfte wollten uns manchmal verlassen, doch wir ermunterten uns dann gegenseitig mit Gottes köstlichem Wort und halblaut gesprochenen Stoßgebeten. In die Flüchtlingskolonnen hinein brausten mitunter von beiden Richtungen militärische Fahrzeuge und drängten die Menschen in die Gräben. Deshalb kamen vereinzelt durch deutsches Militär eigene Leute zu Tode: Greise, Schwache und Verwundete. Andere wiederum hatten das außergewöhnliche Vorrecht, von Militärfahrzeugen mitgenommen zu werden. Der eiskalte Ostwind trieb einen unsagbar großen Elendshaufen vor sich her. Nach stundenlangem Fußmarsch erreichten wir

endlich Pillau. Von hier, so hofften wir, könnten wir auf dem Seeweg den Westen erreichen. Doch schrecklich aussichtslos erschien uns die Lage hier. Zu Zehntausenden waren die Menschen von überall her in die Stadt geströmt, sie hatten die gleiche Hoffnung wie wir und wollten durch den Transport mit Schiffen gerettet werden. Im Hafen lagen einige große Schiffe, darunter das Schwesternschiff der „Wilhelm Gustloff". Über Kilometerlängen standen die Flüchtlinge Kopf an Kopf. Das Beschämende in dieser katastrophalen Situation war, daß es gewissenlose Schiffskapitäne gab, die aus dieser himmelschreienden Not Erpressergeschäfte machten. Riesige Summen Geldes wurden für die Schiffsplätze verlangt und — gezahlt! Wer dazu nicht in der Lage war, konnte den kleinsten Hoffnungsschimmer auf Rettung begraben und mußte an Land zurückbleiben. Für jede Person wurden 400 bis 500 Reichsmark verlangt; wir hatten für uns sechs Personen nicht die ganze Summe, doch wir erhielten sechs Schiffskarten, und zwar für das größte Passagierschiff, das im Hafen lag. Unterdessen hatte der Menschenstrom ständig zugenommen. Die Straßenränder glichen einem Schuttabladeplatz. Dort häufte sich das zurückgelassene Hab und Gut, der Ballast von angeblichen Wertsachen, von dem man sich bis hierher nicht hatte trennen können. Zur Rechten wie zur Linken sah man Koffer, Kisten, Säcke, Kinderwagen, Vorratsfässer, Nähmaschinen, Betten, Bilder und Spielzeug, ja sogar frisch geschlachtete Schweine liegen. Die Angst vor den Russen, die am nächsten Tag schon in Pillau einmarschieren könnten, jagte die Menschen in immer größer werdender Anzahl zum Hafen. Für mich war es ein Wunder, daß ich überhaupt die Schiffskarten bekommen hatte, denn es war eigentlich strengste Anweisung gegeben, sie nur an Mütter mit Kindern, an Väter mit Kindern oder Großeltern mit Kindern zu vergeben. Um nicht zurückbleiben zu müssen, kamen die Menschen auf die ausgefallensten Ideen. Sie reichten ihre Kinder weiter „zur freundlichen Benutzung", sozusagen als „Ausweis", indem sie sie von den Schiffen wieder herunterhievten in die Hände von Verwandten, wie Vätern, Schwestern und anderen teuren Menschen, die sie unbedingt auf diese Weise aus Ostpreußen heraushaben wollten. Die Kinder waren für die Kontrolleure die sogenannte „Legitimation", mit deren Hilfe man berechtigt war, ein Schiff zu besteigen.

Leider kam es dabei vor, daß Kleinkinder zwischen Bord- und Hafenwand ins eiskalte Wasser stürzten. Schreien, Kreischen, Fluchen und Brüllen erfüllte die Luft, doch keiner konnte sich darum kümmern,

was mit den Kindern geschah. Manche Kinder wurden dabei von Fremden aufgegriffen und skrupellos als „Schiffskarte“ benutzt. Auch wurden hin und wieder unachtsamen Müttern schlafende Kinder geraubt. Selbst Soldaten in notdürftigen Zivilkleidern bemächtigten sich kleinster Kinder oder hielten einfach ein geschickt gewickeltes Bündel in ihren Armen, um damit die Kontrolleure zu täuschen und auf ein Schiff zu kommen. Die Hafen- und Fallreepposten waren nicht mehr Herr der Lage. In einigen Fällen wurde sogar später bekannt, daß sich Soldaten in Frauenkleidern auf die Schiffe geschmuggelt und dadurch die scharfen Kontrollen überlistet hatten. Wurde aber jemand in solch einer Verkleidung von SS-Streifen oder Feldgendarmerie erwischt, so hatte er sein Leben verwirkt, er baumelte dann in den kommenden Tagen an einem Lichtmast oder Gerüst in der Hafengegend.
Für uns war es um so erstaunlicher, daß wir sechs Personen ohne ein Kind oder irgendeine Raffinesse auf das Schiff gelangten. Wir dankten Gott unaufhörlich in unseren Herzen für die erstaunliche Hilfe. Sie war zu groß, als daß wir sie nur mit „Zufall“ hätten bezeichnen können.
Plötzlich wird Fliegeralarm gegeben. Durch Ruftüten und Lautsprecher scholl es: „Fliiieee — ger — all — larm! Fliiieee — ger — all — larm!“ Von allen Decks eilen die Menschen zu den Treppen, drücken und wälzen sich vorwärts, denn die Alarmglocken läuten unentwegt: „Ding — ding — ding — ding!“ Rücksichtslos wird nach rechts und links getreten, denn es spricht sich schnell herum, daß die Engländer den Hafen von Pillau bombardieren wollen. Somit wäre das Schiff, auf dem wir uns befinden, das lohnendste Ziel, denn es war das größte im Hafen. Die Angst erfüllte alle Menschen und wuchs. Mit wildem Geschrei verließen die Massen das Schiff. Die Panik griff so um sich, daß die Besatzung mit entsicherten Schußwaffen dazwischensprang, um einigermaßen Ruhe zu schaffen. Viele stürzten von der Brücke in die eiskalten Fluten des Hafenbeckens, aber wir kamen wohlbehalten vom Schiff herunter. Durch das kaum beschreibliche Chaos waren die Frauen, die mit mir flohen, besonders gewaltig erschreckt. Als der Luftangriff vorüber war, hatten sie kein Verlangen mehr, auf das Schiff zurückzukehren. Sie wollten gar kein Schiff mehr betreten, sondern hatten den Wunsch, zurück nach Königsberg zu gehen. Aber ich sagte ihnen: „Nein, Gott hat uns so wunderbar aus dem nahenden Verderben geführt, wir gehen nicht mehr zurück! Laßt uns dort an den Strand gehen und niederknien und Gott bitten, uns

einen weiteren Weg zu zeigen, um aus dieser Lage herauszukommen."
Während die Wellen ununterbrochen an das vereiste Ufer schlugen und die schwimmenden Eisschollen krachend aufeinanderstießen, knieten wir im weißen Schnee nieder und beteten zu Gott, dem mächtigen Retter aus aller Not. Unser Gebet war noch nicht zu Ende, als plötzlich durch Lautsprecher Stimmen erschollen: „Alles fertig machen, wir legen hier an und nehmen Flüchtlinge mit!"
Erschrocken fuhren wir auf, schauten uns um und sahen drei Boote in militärischer Tarnfarbe dem Hafen näherkommen. Es waren Minensuchboote, die nach Kurland hätten fahren sollen, um dort verwundete Soldaten abzuholen. Der Seegang war jedoch so schwer und der Frost so stark, daß sie nicht weiterfahren konnten. Darum hatten sie Befehl bekommen, Flüchtlinge an Bord zu nehmen und sie zu den noch offenen Häfen zu fahren. Da wir zum Gebet am Kai geblieben waren, standen wir gleich dicht an der Bordkante, wo diese kleinen, schnittigen Schiffe anlegten. In Pillau warteten an die 60 000 Flüchtlinge in sehnsüchtiger Hoffnung, ein rettendes Schiff zu erreichen. Sie hatten schon tagelang vergeblich gehofft — nun standen wir, die wir gerade erst angekommen waren, in den ersten Reihen. Die Landungsbrücken wurden niedergelassen. In rücksichtsloser Drängelei stürmte die angstgepeinigte Flüchtlingsmenge auf das Schiff. Dabei wurde unsere Gruppe auseinandergerissen. Marinesoldaten sperrten den Zugang ab und kontrollierten scharf, denn nur Frauen und kleine Kinder durften das Schiff betreten. Ich selber wurde zurückgewiesen. Jugendliche im Alter von 16 Jahren an und ältere Männer bis zu 65 Jahren mußten an Land bleiben. Sie sollten zur Verteidigung Königsbergs zurückgebracht werden.
Meine Frau gelangte unversehrt im großen Gedränge auf das Schiff. Vergeblich sah sie sich nach mir um und suchte mich. In großer Erregung wandte sie sich an einen Schiffsoffizier: „Wo ist mein Mann?"
Jener antwortete: „Ihr Mann darf nicht mit rauf, er muß zurück nach Königsberg. Hier dürfen keine Männer auf das Boot!" Darauf entgegnete meine Frau: „Wenn mein Mann nicht auf das Schiff darf, so will ich auch sofort herunter! Ich will da sein, wo mein Mann ist. Wir gehen dann zurück nach Königsberg."
„Seien Sie vernünftig und froh", sagte der Offizier, „daß Sie auf dem Schiff sind! Tausende Frauen würden glücklich sein, wenn sie auf dem Schiff sein könnten und Sie wollen wieder herunter? Lassen Sie Ihren Mann hier!"

„Nein, ich will da sein, wo mein Mann ist!“ erwiderte meine Frau. Mürrisch fragte daraufhin der Seeoffizier: „Wie heißt Ihr Mann?“ Sie nannte meinen Namen. Der Offizier drängte sich durch die große Menschenansammlung; denn Tausende standen da und wollten mit. Plötzlich rief er in der großen Volksmenge meinen Namen. Wie ein elektrischer Schlag durchfuhr es mich, als ich in militärisch barschem Ton meinen Namen hörte. Ich dachte schon, daß mich irgend jemand in Königsberg verraten habe, und jetzt sei die Gestapo oder Feldgendarmerie hinter mir her, um mich zu verhaften, weil ich Königsberg heimlich verlassen hatte.
Ich machte mich auf alles gefaßt. Es war für mich als Mann ja verboten gewesen, Königsberg zu verlassen. Alle Männer sollten helfen, die Stadt zu verteidigen. Durch Gottes Geheiß und Führung war ich aber doch in wunderbarer Weise hinausgeleitet worden.
Wieder hörte ich meinen Namen noch einmal laut und vernehmlich. Ich blieb stehen und meldete mich. Ein Offizier mit einem Matrosen kam auf mich zu, um mich zu verhaften. Der Offizier griff mich am Arm und sagte: „So, folgen Sie mir! Machen Sie keine Dummheiten und kommen Sie mit!“
Man brachte mich auf das Schiff, auf das meine Frau im Gedränge mit hinaufgestiegen war. Ich wurde durch die gaffende Menge geschoben. Sie gingen mit mir hinunter ins Schiff, öffneten eine Stahltür und schoben mich in einen dunklen Raum. Barsch befahl er mir: „Legen Sie sich dort hin, verhalten Sie sich ganz ruhig! Sie dürfen sich nicht melden!“
Ich dachte bei mir: „So, nun haben sie dich ganz sicher. Sie werden dich gewiß abtransportieren und irgendwo zum Tode verurteilen.“ Ich legte mich nieder und schlief fest ein. Gut eine Stunde hatte ich wohl in der eisernen Behausung geschlafen, als der Offizier wiederkam und mir eine Schüssel mit Gulasch und Reis brachte.
„Sie haben gewiß Hunger. Essen Sie das. Dann legen Sie sich wieder hin und verhalten sich ganz ruhig. Sie dürfen sich nicht melden!“ Sein Ton war immer noch ungehalten, aber nicht so streng wie vorher. Die Speise kam mir wie eine Henkersmahlzeit vor. Dennoch dankte ich Gott und aß mit gutem Appetit, denn ich wußte, mir kann nicht mehr oder weniger passieren als Gott zuläßt. Als das Geschirr abgeholt wurde und die schwere Eisentür sich schloß, hüllte ich mich wieder in die Pelzdecken, die ich in diesem dunklen Raum gefunden hatte und schlief erneut ein. Ich war fest davon überzeugt, daß ich irgendwo vor ein Standgericht kommen und erschossen würde.

Oben: »Er verschwand wie er gekommen war: würdelos und unbedeutend. D
Erbe aber, das er hinterlassen hat, war wie sein Leben: grausam und wüst . .
Unten: Alle Häfen, die noch in deutscher Hand sind, erleben den Massenandra
flüchtender Menschen. Frauen und Kinder werden zuerst evakuiert. Im Hint
grund sind Schlauchrettungsboote zu erkenn

Mit dem Führer zum Sieg!

Nach einer Stunde erschien derselbe Offizier wieder, um mich aus meiner eisernen Gefangenschaft zu holen. So kam ich ans Deck, wo ich meine Frau inmitten der vielen Mütter und Kinder fand. Die Frauen schauten mich an, als sähen sie ein Wesen aus einer anderen Welt. Als sie diesen männlichen Zivilisten an Bord erblickten, begannen sie hysterisch zu schimpfen: „Oh, dieser Feigling hat sich heraufgeschlichen! Unsere Väter, unsere Jungen von 16 Jahren mußten da bleiben, und dieser vollgefressene Mann ist mitgekommen! Schmeißt ihn über Bord!" So schrien sie alle durcheinander.
Schiller hat recht, wenn er schreibt, daß der Mensch in der allergrößten Not schlimmer als ein Tier wird:

„Gefährlich ist's, den Leu zu wecken,
Verderblich ist des Tigers Zahn,
Jedoch das Schrecklichste der Schrecken,
Das ist der Mensch in seinem Wahn.
Da werden Weiber zu Hyänen ..."

Meine Frau griff voller Angst nach mir, als wollte sie mich vor der aufgebrachten Menge schützen, schwieg aber und sagte kein Wort von der Unterredung mit dem Offizier. Es war gut so. Nachdem sich der erste Sturm der Entrüstung gelegt hatte, sagte ich zu ihnen, noch immer in der festen Annahme und dem Glauben, daß ich zur Aburteilung geführt würde: „Warum schreit ihr so? Ich weiß nicht, was mir passieren wird. Man hat mich gefangen genommen und auf dieses Schiff gebracht. Ich glaube, ich werde zum Tode verurteilt und standrechtlich erschossen werden, weil ich Königsberg verlassen habe." Sie wurden alle ganz still und sahen mich mitleidig und teilweise beschämt an. „Gehen Sie zum Offizier und fragen Sie ihn selbst", sagte ich noch.
Im selben Augenblick schlug die Volksmeinung um. Wie ein Föhnwind war jetzt Mitleid in die Herzen der vorher haßerfüllten Frauen gefahren.
„Das ist doch heller Wahnsinn, jetzt vor Toresschluß noch einen Menschen sinnlos zu erschießen!" meinten einige. „Vielleicht können wir Sie verstecken und Ihnen helfen!"
Sie waren nun recht freundlich zu mir. Das Schiff stampfte mit aller Kraft durch die aufgewühlte, eisige See. Bald erreichten wir Gotenhafen. Dort legte das Minenräumboot an. „Alles aussteigen!" wurde

Oben: Die zerstörte Reichskanzlei in Berlin.
Unten: Jeder kennt nur noch einen Gedanken: Wie komme ich zu etwas Eßbarem? Alles, was nicht niet- und nagelfest ist, wird mitgenommen. Selbst Kartoffelschalen stehen keine zehn Minuten unbeachtet umher.

befohlen. „Umsteigen auf größere Schiffe!“ Wir entdeckten drei größere Schiffe; ein Marinelehrschiff, ein Lazarettschiff und auch die große „Gustloff“. Wir konnten wählen. Die Frauen wollten jedoch nicht auf das größte Schiff. Sie hatten noch genug von der ersten Panik. „Das Schiff ist zu groß“, meinten sie, „und wird vom Feind bestimmt als erstes unter Feuer genommen. Wir gehen lieber auf das Marinelehrschiff.“
Im Schneckentempo schob sich die graue Menschenkette Schritt für Schritt über das Fallreep bis zur Wache ins Innere des Schiffes. Mühsam kletterten wir die Stufen des Holzgerüstes empor. Man stellte uns eine Bescheinigung mit folgendem Inhalt aus:

Bescheinigung für Flüchtlinge aus dem Osten

Folgende Personen sind am 30. Januar 1945 mit dem Dampfer „Hansa“ aus Gotenhafen nach Kiel überführt.

1. ....

2. ....

3. ....

4. ....

5. ....

6. ....

Alle Behörden werden gebeten, ihnen Schutz und Hilfe zu gewähren.
An Bord, den 1. Februar 1945

Kommando
der 2. Unterseebootlehrdivision
auf Dampfer „Hansa“
gez. Unterschrift

Kapitän zur See und Div. Kommandeur

Ein wachhabender Offizier prüfte die Papiere und Ausweise. Alles war gut durchorganisiert. Immer neue Transporte kamen an aus Pillau und Danzig.
Es dauerte eine gehörige Zeit, bis alle an Bord des Schiffes waren. Die Schiffe legten allerdings nicht gleich ab. Es sprach sich herum, daß russische U-Boote vor dem Hafen seien, und daß außerdem die Ausfahrt zum Teil durch Minen, die von englischen Flugzeugen abgeworfen worden wären, versperrt sei. Man hatte uns nach ganz unten gebracht. Wir befanden uns dicht bei dicht auf dem letzten Deck des Schiffes. Siebentausend Flüchtlinge waren an Bord. Das Schiff war mehrfach überladen. Endlich aber dröhnten die Maschinen, und das Schiff legte ab. Die Fallreeps wurden an Land gezogen. Aufheulende Sirenen kündigten die bevorstehende Fahrt an. Dumpf blökten die Nebelhörner, die Alarmglocken schrillten und das ganze Schiff erzitterte. Unbändiger Freudentaumel erfaßte alle. Die „Hansa“ fuhr als erstes Schiff. Die Flüchtlinge weinten vor Freude, und wildfremde Menschen fielen sich in die Arme und küßten sich.
Die Schlepper zogen an, die Seile spannten sich. Wild schäumte das Wasser durch die Schiffsschrauben. Langsam glitt der Koloß vom Pier in die Fahrrinne des Hafenbeckens. Stumm winkten die Menschen, die im Hafen zurückblieben. Der Schneesturm wurde so heftig, daß alle Mann unter Deck gingen. Doch in Kürze sollte uns eine Hiobsbotschaft ereilen. Das Schiff hatte Maschinenschaden und mußte bei Hela liegen bleiben.
Gegen 14.00 Uhr holte uns die „Gustloff“ ein, stoppte und ankerte neben uns. Durch das plötzliche Versagen unserer Maschinen hätten wir beinahe einen Zusammenstoß mit dem Linienschiff „Schleswig-Holstein“ verursacht. Die „Gustloff“ fuhr allein weiter. Wir mußten zurückbleiben und haderten mit unserem Schicksal. Keiner ahnte, daß das unsere große Rettung werden sollte. Am Maschinenschaden wurde indessen fieberhaft gearbeitet.
Nach einiger Zeit gab es plötzlich eine entsetzliche Detonation. Menschen flogen durch den Raum, Kinder und Mütter schrien laut auf und wollten zu den Türen hinausflüchten. Marinesoldaten sprangen jedoch mit entsicherten Pistolen, Gewehren und Maschinenpistolen auf die Menge zu und riefen: „Ruhe! — Sofort Ruhe! — Alles stehen bleiben oder wir schießen! Es ist nichts passiert. Eben sind nur Minen unschädlich gemacht worden.“
Nach einer halben Stunde war alles vorbei. Wir durften uns wieder frei bewegen. Als wir auf das Oberdeck kamen, war von der „Gust-

loff“ nichts mehr zu sehen. Nach der Behebung des Maschinenschadens wurde uns sogar Geleitschutz gegen russische U-Boote gegeben, den die „Gustloff“ auch so bitter nötig gehabt hätte. Bei ihr aber fehlte er. Später haben wir dann erfahren, daß der große „Kraft durch Freude“-Dampfer mit etwa 4500 Flüchtlingen aus Ostpreußen und 1700 Mann militärischen Personals in der schneereichen, kalten Januarnacht in die Tiefe des Meeres versunken war.
Das große Schiff war mit einem Torpedoboot als Geleitschutz in Richtung Kiel ausgelaufen. Um 21.06 erschütterte ein harter, dumpfer Schlag den Luxusdampfer. Alles erstarrte! Dann folgte ein zweiter Schlag. Die „Gustloff“ erzitterte und schwankte. Sekunden später bohrte sich ein dritter Torpedo in den schon wunden Meeresriesen. Das vierfach überladene Schiff neigte sich. Auf dem 200 Meter langen Fahrgastschiff mit 25 448 BRT breitete sich am Abend des 30. Januar 1945 hinter der Halbinsel Hela eine Panik unbeschreiblichen Ausmaßes aus. Rettungsmaßnahmen wurden schnellstens eingeleitet, die allerdings wenig Erfolg hatten, wie sich später herausstellte. Der letzte Funkspruch lautete: „Laufe mit halber Kraft allein weiter!“ Als die herangeeilten Rettungsschiffe an die Unglücksstelle kamen, stand das Deck fast senkrecht zur Wasseroberfläche. Langsam verschwand die Breitseite im Wasser. Die letzten Menschen sprangen kopfüber in die eiskalten Fluten. Um 22.25 Uhr verschwand die „Gustloff“ in der Tiefe.
Dieser stählerne Eisensarg riß 5300 Menschen mit sich in den Tod: Mütter, Kinder, Greise, Verwundete und Matrosen. Nur etwa 900 Menschen sollen gerettet worden sein. Wir, die wir an viel Entsetzliches und Grauenhaftes gewöhnt, horchten auf und bekamen eine Ahnung von dem Drama, das sich unter der Zivilbevölkerung abspielte, die nach Beginn der russischen Großoffensive zu Hunderttausenden auf Land- und Seewegen in Richtung Westen fliehen mußten.
Ängstlich und verschüchtert drängten sich die Menschen zusammen. Frauen und Kinder weinten aus Furcht, ein gleiches Schicksal erleiden zu müssen. Ratlosigkeit hatte fast alle ergriffen. Voller Bangen und Ungewißheit sah man dem Kommenden entgegen. Warum hatte es nicht uns betroffen? Wann würde uns der Tod ereilen? Menschen ohne Gott sind wie losgelöste Flöße im Strom der Zeit. Wir sechs beugten inmitten der großen Verzagtheit unsere Knie und beteten zu Jesus Christus, dem Heiland der Welt, dem Wind und Wellen gehorsam sein müssen und der Seine Engel ausgesandt hat, um die

zu bewahren, die die Seligkeit ererben sollen. Wir lasen aus der Bibel ein Wort Gottes und bekamen Trost in dieser hoffnungslosen Lage. Der Friede Gottes nahm wieder Besitz von unseren Herzen.

In den folgenden zwölf Tagen und Nächten durchkreuzten wir die Ostsee. Durch alle Fliegerangriffe mit den vielen Bombenabwürfen kamen wir sicher hindurch und erreichten endlich Kiel, wo wir vor Anker gehen konnten.

Gott hatte uns durch viele Sperren und größte Gefahren sicher ins Hinterland gebracht. Ich ahnte nicht, was für eine neue Gefahr auf mich zukam. In Gottes Führung war beschlossen, daß wir eine Frau mit neun Kindern entdecken sollten, die ohne Hilfe war und wegen der Seekrankheit kaum auf ihren eigenen Beinen stehen konnte. Die meisten Flüchtlinge waren auf der Reise seekrank geworden. So sagte ich zu meiner Frau: „Sieh doch die Frau dort mit den vielen Kindern! Laß uns helfen und lieber unsere alten Klamotten stehen lassen!"

Wir boten unsere Hilfe an. Ich selber nahm das kleinste Kind von etwa einem halben Jahr auf meinen Arm und ein größeres Kind an die Hand. Meine Frau nahm ebenfalls zwei Kinder. Die anderen vier Frauen nahmen sich der Mutter und der restlichen Kinder an. So waren wir bereit, an Land zu gehen. Durch die lange Fahrt mit den vielen Gefahren waren alle mehr oder weniger erregt. Die Menschen drängten rücksichtslos über die Landungsbrücke. Es ging ihnen zu langsam, so stießen sie von hinten ungeduldig nach vorn. Plötzlich befanden wir uns vor einer Sperre. Feldgendarmerie und Waffen-SS-Soldaten griffen alle Männer auf, die von Danzig mitgekommen waren, um sie wieder nach Ostpreußen zurückzuschaffen, wo sie bei der Verteidigung eingesetzt werden sollten. So wurde auch ich bis vor einen Sicherungsposten gedrängt. Er fragte mit barscher Stimme: „Haben Sie Kinder?"

In meiner Aufregung sagte ich: „Na, das müssen Sie doch sehen, daß ich Kinder habe, eins auf dem Arm und eins an der Hand!"

„Ja, ja", sagte er, mich weiterschiebend, „ich wollte es nur bestätigt haben." So kam ich durch diese Sperre hindurch. Alle anderen Männer, die man für wehrtüchtig befunden hatte, mußten nach all den überstandenen Strapazen wieder auf das Schiff und wurden zurück nach Ostpreußen gebracht.

Später, nach einer langen Zeit, erfuhr ich von all dem Elend, den Qualen und Nöten, die jene hatten durchmachen müssen, die Gottes Weisung nicht gefolgt waren und sich nicht hatten warnen und aus

Königsberg herausführen lassen. Ich habe Gott nur immer und immer wieder danken müssen, daß Er uns auf Seine wunderbare Art gerettet und an einen sicheren Ort gebracht hat.

Vor innerer Erregung hat der Prediger die letzten Sätze nur unter Schluchzen und mit fast erstickter Stimme hervorbringen können. Zwischen einzelnen Worten entstanden sekundenlange Pausen, weil die Erinnerung an das Vergangene ihn überwältigte. Wir weinten beide über die Gnade und das Erbarmen unseres Gottes einerseits, wie auch über das Leid und die Qualen, die andere über sich ergehen lassen mußten, weil sie sich in falscher Sicherheit gewiegt hatten. Ein minutenlanger Weinkrampf hatte den Prediger erfaßt. Als er wieder sprechen konnte, erzählte er mir auch von dem Schicksal der Frau, die ihm so hart in Königsberg in der Gemeinde widerstanden hatte. Monatelang hatte sie die Belagerung von Königsberg mitgemacht. Für sie schien es sich zunächst zu bewahrheiten, daß die Festung wirklich uneinnehmbar sei. Königsberg kapitulierte erst am 8. April 1945. Danach ergoß sich eine Flut wilder Grausamkeiten und Bestialitäten.
Jahre danach begegnete unser Prediger dieser Frau in einer Gemeinde. Sie sah alt und völlig verändert aus. Sie erschien ihm gänzlich unbekannt.
Er berichtet: „Mein Erstaunen wächst, als sie mich fragt: »Kennst du mich nicht mehr, Bruder?« Tonlos schüttelte ich den Kopf. Dann stellt es sich heraus, daß es die schon erwähnte Frau war, die um ihrer Güter willen Königsberg nicht verlassen hatte. Sie wirkte fast wie ein Mensch ohne Seele, als sie monoton ihre Erlebnisse aus jenen schrecklichen Tagen schilderte. Gleich nach dem Einmarsch der russischen Truppen war ihr Mann verhaftet worden und in ein Arbeitslager gesteckt. Sie selbst wurde Regimentsdirne bei der Besatzungsmacht. Unzählige Vergewaltigungen hat sie über sich ergehen lassen müssen. Als es ihr eines Tages gelang, sich für Stunden von der Truppe zu entfernen, fand sie vor der Tür ihres Hauses einen verwahrlosten, zerlumpten Mann. Der verwilderte Bart machte ihn schwer erkenntlich. Es war ihr eigener, elend umgekommener Mann. Unter Aufbietung aller Kräfte verscharrte sie ihn vor dem Hause und eilte wieder zur Truppe zurück. Als sie am nächsten Tag nochmals Gelegenheit hatte, zu ihrem Haus zu eilen, fand sie den bereits von ihr Begrabenen völlig unbekleidet wieder vor dem Hause liegen. Man hatte ihn hervorgeholt, seine Kleider entfernt, und seine Frau mußte

zum zweiten Mal das trostlose Amt des Leichenbestattens vollziehen. Nicht nur wir sechs waren aus der Stadt Königsberg herausgekommen, auch andere hatten auf den verschiedensten Wegen vor dem Hereinbrechen der Katastrophe die rettende Seite erlangt. Unzählig sind die Wunder und Gebetserhörungen, die Gott schenkte. Nicht nur in Kriegs- und Verfolgungszeiten, sondern auch in Friedenszeiten habe ich Gottes Eingreifen erlebt."

Fluch und Segen im Feuerregen

ZUM LEBEN ZU WENIG — ZUM STERBEN ZU VIEL

Mein Leben begann „im wunderschönen Monat Mai, als alle Vöglein sangen".
Berlin, die leidgeprüfte und von Gott gezeichnete Stadt, war mein Geburtsort und meine Heimat. Mit viereinhalb Pfund Körpergewicht war ich zum Sterben noch nicht gerufen, zum Leben aber fast zu schwach. Ein zappelndes Häufchen Elend in einem viel zu großen Babykorb. Trotzig geballte Fäustchen mit zehn, etwa streichholzdikken Fingerchen, strampelnde, elend dünne Beinchen, ein frisch verbundener und fest gewickelter Bauchnabel, eine krause, schwarzbehaarte, faltige Stirn, darunter eine kleine Mundöffnung, aus der zehnmal so viel Schreisalven herausgestoßen wurden, als man hätte annehmen können, unterstrichen mein Daseinsrecht auf dieser Erde. Die Chance meines Überlebens war in den damaligen Jahren wesentlich geringer als in unseren Tagen, wo moderne Brutkästen den allerkleinsten Neugeborenen Körperwärme geben und eine schützende Hülle zu der gefährlichen Außenwelt darstellen.
Meine Mutter weinte viel in jenen Tagen, wenn sie die rundlichen und wohlgenährten Kinder meines Jahrgangs erblickte und sie mit dem sehr häßlichen „Entlein" und seiner geringen Lebenserwartung verglich.
Doch mitunter wachsen solche kleinen Kreaturen „wider Erwarten" doch heran. Als meine Mutter mich bei einer Untersuchung durch den Fürsorgearzt nur für wenige Augenblicke aus den Augen ließ, um sich besorgt über meinen kläglichen Zustand zu äußern, wäre fast ein Unglück passiert. Wer da meint, daß viereinhalb Pfund Lebens-

energien nicht ausreichten, um von einem zwei Meter breiten Tisch herunterzuhopsen, der irrt. Er wage nicht den Versuch, ein schreiendes Kind unbeobachtet auf einer glatten Tischplatte liegen zu lassen. Wäre nicht der Arzt hinzugesprungen, um mich festzuhalten, hätte es die Stunde meines Todes werden können. So wurde ich im letzten Moment aufgefangen.

„Haben Sie gesehen, was für eine Energie in dem kleinen Zappel steckt?“ fragte der Arzt. „Warum weinen Sie? Er wird am Leben bleiben!“

Das Geburtsgewicht hatte sich bald verdoppelt, ich nahm ständig an Gewicht zu. Die Tal- und Höhenwege des Lebens lagen damals für mich noch verborgen im Nebel der Zukunft. Freud' und Leid, Lebenslust und Krankheitslast, Lieben und Hassen gehören zu dem Wechselgesang unseres Lebens. Zwei Gefühle haben mich bis zum heutigen Tage nicht verlassen: Heim- und Fernweh. Ein Weh löst im Wechsel das andere ab. War ich in der Ferne, trieb es mich mit Macht zur Heimat. Hatte ich über eine längere Zeit die elterliche Häuslichkeit erlebt, so zog es mich wieder hinaus in die Ferne. Es mag darin begründet liegen, daß unsere endgültige Heimat bei Gott ist, denn wir lesen in der Bibel: „Wir sind nur Gäste und Fremdlinge auf dieser Erde, die zukünftige Heimat suchen wir in der ewigen und himmlischen Welt.“

Bald sehnte ich mich nach Gemeinschaft mit gleichaltrigen Stammesgenossen. Da ich zunächst ohne ein Geschwisterchen aufwuchs, suchte ich einen Ausweg aus dem Alleinsein. Die Mutter war fort. Nachdem sie mich eindringlich ermahnt hatte, keine Dummheiten zu machen, ging sie einkaufen. Ich hatte keine bösen Absichten, dennoch verriegelte ich die Tür, um ein wagehalsiges Abenteuer zu unternehmen. Ich wollte nämlich gern die Kinder sehen, die im finsteren Berliner Hinterhof spielten, und nach ihnen rufen. Aus diesem Grund schob ich einen Hocker an das Fenster und kletterte unter großer Anstrengung auf das schmale Fensterbrett. Es war ein einfaches Fenster im 5. Stockwerk. Der schmale Hof lag tief unter mir im spitzen Winkel. Deshalb drückte ich mein Näschen mit aller Kraft an die Scheibe, um die Kinder sehen zu können und im Geiste meiner Phantasie mit ihnen zu sprechen. Meine Mutter ahnte nicht, in welch tödlicher Gefahr sich ihr einziges Kind befand. Ihr wäre vor Schreck sicher das Herz stehen geblieben. Doch „Kinder haben ihren Schutzengel bei sich“, so sagt man im Volksmund, und das stimmt sicher, denn es erscheint ziemlich unwahrscheinlich, daß ein etwa nur zwei

Millimeter dickes Glas dem Druck eines kleinen Knaben standgehalten hätte.
Glücklicherweise hatte die von mir verriegelte Wohnzimmertür einen Glaseinsatz. Als meine Mutter die verschlossene Tür vorfand und mich rief, konnte ich wohl antworten und ihr sagen, wo ich mich befand, aber ich wäre nicht fähig gewesen, den kurzen Weg vom Fensterbrett auf den Hocker zurückzugehen. Mit sanfter Stimme sprach meine Mutter beruhigend auf mich ein: „Bleib bitte ganz ruhig stehen und beweg dich nicht! Ich komme gleich wieder."
Sie holte schnell den Hausmeister. Dieser schlug die Scheibe der Wohnzimmertür ein und drückte mit einem langen Stock den Riegel der Tür herunter. Ich war gerettet!

FERN- ODER HEIMWEH

„Und er sprach: Ein Mensch hatte zwei Söhne. Und der jüngste unter ihnen sprach zu dem Vater: Gib mir, Vater, das Teil der Güter, das mir gehört. Und er teilte ihnen das Gut. Und nicht lange darnach sammelte der jüngste Sohn alles zusammen und zog ferne über Land; und daselbst brachte er sein Gut um mit Prassen."
Früh lockte es mich in die Ferne. Schon als Dreijähriger riß ich den Eltern in der gefahrvollen Weltstadt Berlin wiederholt aus. Die ersten Erkundungsausflüge waren nur wenige hundert Meter entfernt, und dennoch enorm gefährlich, denn dort gab es Hinterhöfe, Kanäle, Autostraßen und dunkle Hausflure, in denen man sich verirren konnte. Jugendgruppen mit Fahrrädern, hilfsbereite Nachbarn und andere Menschen halfen oft stundenlang suchen, um den kleinen Weltenbummler, der bis zum dritten Lebensjahr nur wenig sprechen konnte, wieder einzufangen. Man entdeckte mich beispielsweise hinter einer Schaufensterscheibe oder in dunklen Hausfluren, deren zentnerschwere Türen ich nicht allein öffnen konnte; an Kanalufern, wo ich in meinem „Kinderchinesisch" den Lastkähnen große Ansprachen hielt. Im Zoologischen Garten von Berlin mußte mich einmal der Wärter aus dem festen Griff eines Menschenaffen befreien, der mich

offenkundig hinter das Gitter ziehen wollte, um somit ein lebendiges Spielzeug zu bekommen.
Meine erste größere Reise begann im achten Lebensjahr. In damaliger Zeit waren Kinderlandverschickungen eine viel gepriesene und praktizierte Sache für Stadtkinder, die erholungsbedürftig aussahen. So ging meine erste Reise nach Süddeutschland in ein Solbad. Die fremde Sprache jedoch und die starke Salzluftbehandlung erweckten in mir gleich nach meiner Ankunft ein großes Heimweh. Stundenlang weinte ich vor mich hin und sagte: „Ich möchte nach Hause zu meiner Mutti! Ich möchte nicht hierbleiben, ich möchte zu meiner Mutti nach Hause!"
Aber alles Herzeleid half nichts; für Wochen blieb mir nichts anderes übrig, als mich in der Fremde in mein Schicksal zu fügen. Obwohl wir mit allem gut versorgt waren, hatte ich nur ein tiefes Verlangen, nach Hause zu kommen!
Da begann der Krieg. Vorzeitig mußten wir Süddeutschland verlassen. Im Scheinwerferlicht konnten wir Truppentransporte mit Panzern und Artillerie erkennen, die in Richtung Westen fuhren.
Im darauffolgenden Jahr galt es für mich wieder zu entscheiden, ob ich erneut verschickt werden wollte.
Mein Vater fragte mich: „Möchtest du in diesem Jahr verschickt werden?"
„Ja", war meine unmißverständliche Antwort. Diesmal lernte ich ein völlig anderes Landschaftsbild kennen — die Ostsee. Bis zum heutigen Tage blieb mir der erste, überwältigende Eindruck des unendlich weiten, gewaltig schäumenden Meeres in Erinnerung. Es war mir, als sähe ich eine überirdische Welt. Doch auch diese Ferne mit ihrem weiten Himmel über dem brausenden Meer konnte das allmählich hervorbrechende Heimweh nicht unterdrücken.
Meine nächste Station als Neunjähriger war Mittelfranken. Fast ein dreiviertel Jahr sah ich weder Eltern noch Geschwister. Auch für diesen Aufenthalt hatte ich mich freiwillig entschieden. Es hatte mich — trotz nachfolgendem Heimweh — wieder in die Fremde gezogen.
Im Jahre 1943 aber wurde es zum Zwang. Die Luftangriffe auf die Reichshauptstadt hatten bedenklich zugenommen. Ich erinnere mich deutlich an die Flakbatterie in unserer unmittelbaren Nähe, die den feindlichen Flugzeugen einen heißen Empfang bereitete. Man konnte so manches furchterregende Schauspiel am Himmel beobachten, was zwar nicht erlaubt war, aber einen unheimlichen Reiz ausübte und manche Männer aus den Luftschutzkellern lockte. Auch mich hielt

es weniger dort unten, so daß ich erlebte, wie die Feinde farbig glitzernde, sogenannte „Weihnachtsbäume“ abwarfen, um wichtige Ziele für die nachfolgenden Bomber zu kennzeichnen. An Fallschirmen segelten diese Lichtsignale langsam zur Erde. Unsere Abwehr schoß ihrerseits von unten solche Lichtsignale über unbewohntem Gebiet in die Luft mit der Absicht, die Feinde zu täuschen. Doch nicht immer gelang diese List. Der Wind spielte mitunter eine verhängnisvolle Rolle, indem er die „Weihnachtsbäume“ geradezu über bewohnte Stadtteile trieb. Dadurch wurden die Bewohner jener Gebiete von der Wucht der feindlichen Bombenteppiche getroffen. Auf diese Weise bekamen auch wir eines Tages die furchtbare Gewalt moderner Vernichtungswaffen zu spüren. Etwa 300 Meter nur von uns entfernt explodierte eine englische Luftmine unter furchtbarem Geheul. Im ersten Augenblick verspürten wir nur einen leichten Druck auf den Trommelfellen, als würde man mit rasender Geschwindigkeit in einem Fahrstuhl abwärts sausen. Es folgte ein lautes Pfeifen, so daß die Kinder im Keller aufschrien. Der entstandene Luftdruck wirbelte Funken aus dem geheizten Kanonenofen im Keller umher. Die Männer hoben ihre Hände empor, nicht um zu beten, sondern rein instinktiv in der törichten Annahme, sie könnten dadurch die einstürzende Decke aufhalten. Ziegel flogen krachend zur Erde, Türen flogen aus den Angeln und wurden gegen die Hauswände geschleudert, das Licht erlosch. Die Luftdruckwelle war so stark, daß sie uns alle in eine Ecke schleuderte mitsamt den Kinderwagen. Nach einer ohrenbetäubenden Detonation war für Sekunden Totenstille. Einige Frauen im Keller beteten laut: „Vater, erbarme Dich! Hilf uns heraus!“ Wir glaubten nämlich, im Keller verschüttet zu sein.

Ich bin überzeugt, daß die geheimen Gebete gläubiger Menschen vielfach Häuser und ganze Stadtteile gerettet haben. Beten war damals verpönt und galt als Ausdruck von Schwäche. Nicht die Gebete, sondern der unerschütterliche Glaube an den Führer bedeuteten damals Rettung und Heil! Der einstige Reichsmarschall Hermann Göring hatte lautstark verkündigt und gerufen: „Ich will Meier heißen, wenn je ein feindliches Bombenflugzeug das Berliner Stadtgebiet erreicht!“ Manche nannten ihn daher nach diesen schrecklichen Bombenangriffen schlicht: Herr Meier! Nun nahmen diese Angriffe aus der Luft ständig an Stärke und Umfang zu. Es kam vor, daß wir bis zu viermal in einer Nacht den Luftschutzkeller aufsuchen mußten, denn ein Fliegeralarm folgte dem anderen. Dort bangten wir dann um unser Leben, wenn die Luftschlachten in vollem Gange waren und das

Krachen und Explodieren der Mordwaffen in unmittelbarer Nähe zu vernehmen waren. Man gewöhnte sich allmählich an die nächtliche Ruhestörung und war ständig in Bereitschaft, mit einem Rucksack und einer Gasmaske ausgerüstet, drei Treppen hinunter in den Keller zu gehen. Dort wartete man so manche Stunde auf den Ton der Entwarnung.

Übermüdet, in feuchtkalter Luft sehnten wir uns danach, wieder ins Bett zu kommen und ungestört Ruhe zu haben. Was war das doch für eine große Freude, wenn wir in unsere noch warmen Betten schlüpfen konnten. Zunächst schaute ich aber jedesmal erst unter mein Bett. In der Schule erzählte man sich nämlich Schauermärchen über abgeschossene feindliche Piloten, die sich mit Fallschirmen gerettet haben, auf Dächern gelandet und anschließend in die Wohnungen eingestiegen sind. Dort sollen sie sich unter den Betten der Hausbewohner versteckt gehalten haben, um jene meuchlings zu erstechen.

Einmal geschah es, daß innerhalb unseres Dorfes viele Scheunen brannten. Kirchturmhoch schossen die Flammen aus einem Glutmeer zum Himmel empor. Gefährlich und vom Wind getrieben, flogen glühende Balkenteile und Funken auf die Dächer der anderen Häuser. Um größeren Schaden zu vermeiden, konnte die Feuerwehr sich nur noch darauf konzentrieren, ein Übergreifen auf weitere Gebäude zu verhindern.

Unsere Nachtruhe war beträchtlich verkürzt. Uns allen fehlte der nötige Schlaf, um am nächsten Tag wieder einsatzfähig zu sein, die Erwachsenen an ihren Arbeitsplätzen, wir Kinder in der Schule.

Mit der zunehmenden Härte des Krieges und den größer werdenden Verlusten unserer Abwehr wurden die Angriffe immer gefährlicher für uns. Die feindlichen Flugzeuge konnten infolge nur noch geringen Widerstandes größtes Verderben auf die wehrlose Bevölkerung herabschütten.

Einmal saß ich gerade zur Mittagszeit im Zimmer und hatte wohl das Alarmzeichen der Sirenen überhört. Ich blickte aus dem Fenster zum Himmel und sah, wie eine dunkle Front, gleich einer ausgedehnten Gewitterwand, den ganzen Horizont bedeckend, herannahte. Es war ein Massenaufgebot an feindlichen Bombern, voran die Flugzeuge, die Markierungszeichen setzten und dann wie auf einem Paradeplatz in eine bestimmte Bahn einschwenkten. Ein unglaubliches Schauspiel, das Tod und Verderben im Gefolge hatte.

Wir selbst als Familie durften jedoch erleben, wie Gottes gnädige

Hand über unser aller Leben waltete. Er bewahrte uns in äußerst gefährlichen Situationen. Erkannt habe ich diese Tatsache erst sehr viel später. Ich pflegte es in jenen Jahren nach der Sitte des Volkes auszudrücken: „Mit einem blauen Auge davongekommen!"

NACH OSTLAND GEHT UNSER RITT

Die Zeit der Evakuierungen von Berliner Schulen begann. Diesmal hatte ich kein Fernweh, sondern weinte in Verzweiflung. Ich ahnte, daß mir eine unmenschlich harte Zeit bevorstehen würde. Unser Stubenführer, ein Sadist und abartig veranlagter Junge von 14 Jahren, war nicht nur zwei Jahre älter als wir, sondern auch körperlich der Stärkste. Schon in der Schule ist es seine Lust gewesen, jedem eine sogenannte „Nuß" zu verabreichen. Das war ein schleifender Boxhieb mit spitzen Handknochen.
Der Tag der Abreise kam heran. Unter der riesengroßen Wölbung des rußgeschwärzten Daches vom Görlitzer Bahnhof standen wir mit unseren neuen Uniformen. Militärische Kommandos hallten schneidend durch die große Weite der Bahnhofshalle. Hartes, gleichmäßiges und seelenloses Stampfen der Marschstiefel war zu vernehmen. Abschiedsqualen drückten mehr als Tornister, Koppel, Stiefel und schweres Handgepäck. Zivilisten mußten zur Seite treten.
„In Linie der Größe nach angetreten, marsch, marsch!" Schriller als das Krähen der Raben tönten die Stimmen der neuen „Führer". Abteilung nach Abteilung formierte sich. Aus vorerst unübersehbarem Menschengewühl hatten sich die Uniformierten in starren Linien nach Stiefelspitze ausgerichtet. Parteileiter, Ortsgruppenführer, kleine und große Schreier gaben Kommandos. Erschrocken wichen die Eltern zurück. In kurzer Zeit verebbte das laute Stimmengewirr, nur die Tauben flatterten aus den Nischen der Halle hernieder und trippelten ungeniert mit nickenden Köpfen vor der angetretenen Formation. Sie ließen sich nicht in die gut dressierte Mannschaft eines militärischen Regimes pressen. Ihr Gurren empfand ich als einzig liebliche Laute, die die unheimliche Spannung in meiner Brust milderten, den

furchtbaren Abschiedsschmerz, der auch Väter und Mütter gleichermaßen ergriffen hatte.
Der „Verlorene Sohn" zog einstmals fröhlich von dannen. Unter uns befanden sich wohl wenige, die sich fröhlich nennen konnten. In der Maschinerie eines antichristlichen Gewaltsystems gingen die menschlichen Gefühle im Kadavergehorsam unter.
Nach außen ein Bild der Ordnung, der Zucht, des Glanzes von Uniformen mit ihren Schulterstücken, im Herzen aber geheime Furcht und Pein, das Bild eines jeden unerlösten Sünders. Schnell wurde die Aufteilung der Einheit für jeden Wagen gegeben. Noch einmal durften wir wegtreten. Ein letzter Kuß — ein schmerzliches Umarmen, ein lautloses Klagen, ein heißes Weinen in der Brust.
„Auf Wiedersehen, Mutter! Auf Wiedersehen, Vater!"
Mein Vater konnte seine Tränen noch schlechter verbergen als ich. Als sich der Zug unter den dröhnenden Klängen einer SA-Kapelle in Bewegung setzte, war mir sehr wehmütig ums Herz. „Muß i' denn, muß i' denn zum Städtele hinaus . . ."
Mit schmerzlich verzogenem Gesicht versuchte mein Vater zu lächeln, um mir den Abschied leichter zu machen. Es gab Mütter, die weinten hemmungslos und schrien: „Paß gut auf! Zieh dich immer warm an und vergiß nicht die langen Unterhosen!"
Ein Eisenbahntransport mit „verlorenen Söhnen", die in die Fremde zogen, nach Polen. „Verlorene Söhne" lieben die Sünde. Die Heimlichkeiten wurden im Dunkel der Nacht getrieben.
„Wieviel rauchst du denn täglich?"
„Ich zehn." — „Ich zwanzig." — Ich dreißig!" Prahlerisch stieg die Zahl in die Höhe. Es handelte sich um 10- bis 12jährige Knaben.
„Und du?" Ich war gemeint. Schnell log ich stotternd: „Na, so etwa fünf. Mein Vater ist sehr streng!"
„Hast du überhaupt Zigaretten mitgebracht?" fragte man mich herausfordernd. „Mein Vater ist sehr streng", wiederholte ich entschuldigend, „ich konnte keine mitbringen."
„Du Pflaume!" hieß das niederschmetternde Urteil. Man sammelte in kameradschaftlicher Weise die vorhandenen Zigaretten und Zigarren ein. Danach wurden alle gleichmäßig verteilt. Auch ich bekam meinen Anteil, obwohl ich der einzige war, der keine Zigarette beigesteuert hatte. Die Dunkelheit verhüllte meine Lüge. Die ersten Züge der scharfen und übelkeitserregenden Nikotinstange brachten mir in der Luftröhre einen würgenden Hustenreiz.
„Rauchst du auch Lungenzug?" flüsterte mir mein Nachbar zu.

„Selbstverständlich“, gab ich zur Antwort. Ich wollte noch etwas übertreiben, aber ein kräftiger Hustenanfall hinderte mich daran. Die Fenstervorhänge zum Gang hatten wir geschlossen, das Fenster nach draußen aber geöffnet, um beim plötzlichen Erscheinen des Wachpersonals nicht erwischt zu werden. Immer wieder glühten die schmauchenden Zigaretten auf. Mir war zum Brechen übel. Deshalb ließ ich die Zigarette nur noch glimmen. Die anderen Insassen unseres Abteils zündeten sich bereits eine zweite an.

„Hast du noch einen Zug für mich?“ fragte mein Nachbar ungeduldig, der es nicht erwarten konnte, bis die zweite herumgereicht war.

„Ja, bitte!“ Ich war froh, einen Abnehmer gefunden zu haben.

„Pfui, Mensch, du hast ja alles vollgesabbert!“ meckerte er mich an. „Du hast wohl noch nie in deinem Leben geraucht?“

„Pfeife!“ hallte es durchs Abteil. Die erste Feuerprobe in der neuen Gesellschaft zerbrach mir den letzten Rest von Illusionen über eine „romantische Fremde“.

Unaufhörlich ratterte der Zug über die ausgefahrenen Schienen einer neuen „Heimat“ zu. Rum — Bum, Rum — Bum, Rum — Bum sang es unter den alten Rädern der D-Zugwagen, die für den Sieg rollen sollten. Beim melodischen Klopfen der Räder schlummerten wir bald ein.

In der urwüchsigen, romantischen Gebirgslandschaft der Westbeskiden, in der Nähe der Hohen Tatra, erwachten wir. Die Zeit einer harten, vormilitärischen Ausbildung sollte hier ihren Anfang nehmen, bei der selbst den Abgehärtetsten das Lachen verging. Deshalb sangen wir auch resigniert: „Graue Soldaten im Schein der Granaten haben das Lachen verlernt . . .“ Bittere Tränen wurden heimlich zur Nachtzeit in zusammengepreßte Kissen geweint. Sonst war es strengstens verboten, irgendeine Rührung zu zeigen, denn deutsche Jungen mußten ja nach dem Ausspruch des „arischen Supermenschen“ Hitler: „Hart wie Kruppstahl, flink wie die Windhunde und zäh wie Büffelleder“ sein. Deshalb konnte man nur nach Zapfenstreich aus dunklen Ecken unterdrücktes Schluchzen hören. Verlorene Söhne in feindlichem Land, weit fort von der Heimat und der Geborgenheit der Elternhäuser.

Den Appell am ersten Morgen werde ich nicht vergessen. Der Standortkommandant kam zu uns und hielt eine gewaltige Ansprache. Wir standen zackig aufgereiht in unseren neuen Uniformen. Der Wind blies um unsere Mützen.

„Kameraden! Wir sind hier in Polen zu Gast!“ sagte er. „Die Polen arbeiten für uns, und wir können nicht über sie klagen. Wir sind Deutsche, darum wollen wir uns auch so benehmen und keinerlei Anlaß geben zu übler Nachrede. Wenn ich hören sollte, daß Übergriffe vorkommen, so verbürge ich mich dafür, daß die Täter strengstens bestraft werden! Wir haben uns so zu führen, daß man es uns ansehen kann, daß wir eine »bessere Menschenrasse« sind!" So etwa lauteten seine Worte. Er hatte in diesem Ort einen sehr guten Namen bei der Bevölkerung, weil er äußerst bemüht war, gerecht zu sein und jedes Vergehen schwer zu bestrafen. Wir wußten nicht, daß er eine große Ausnahme unter vielen war. Danach durften wir wegtreten.

Der allgemeine Tagesdienstplan sah folgendermaßen aus:

Um 6.00 Uhr Wecken! Ein schrilles Pfeifen des U.v.D. (Unteroffizier vom Dienst) riß uns aus den Betten.

Mit einem dumpfen Sprung hasteten wir aus den doppelstöckigen Eisenbetten, die mit „Original-Sprungfedermatratzen" aus Holzbrettern versehen waren. Ein selbstgestopfter Strohsack weckte wehmütige Erinnerungen an die heimatlichen, weichen Kinderbetten.

6.30 Uhr Stubenappell. Nur 30 Minuten hatten wir Zeit zum Waschen, Schrank- und Bettenbauen. Der verehrte Leser möge bitte nicht annehmen, daß wir alle Tischlerlehrlinge gewesen seien, sondern „Schrank- und Bettenbauen" hieß einfach, die gesamte Wäsche in tadellose Ordnung zu bringen, gleiche Länge, gleiche Breite bei den zusammengelegten Wäschestücken, was mit mancher Mühe verbunden war. Die Bettlaken mußten gespannt und vorschriftsmäßig gelegt sein. Es ist leichter geschrieben, als daß man es damals in Ordnung gebracht hatte, überhaupt für 11jährige Jungen. Die Hemden mußten auf „Kante" liegen; ragte nur eins ein wenig seitlich heraus, dann riß der U.v.D. alles aus dem Schrank und erklärte mit dröhnender Stimme: „Saustall! In fünf Minuten ist alles vorschriftsmäßig neu gebaut, sonst gibt es 14 Tage Ausgangsverbot!"

Die Bettlaken sollten zum Beispiel so gespannt sein, daß ein Bleistift, der auf das Tuch fallen gelassen wurde, wieder etwa zehn Zentimeter in die Höhe sprang. Viele befestigten die Laken deshalb mit Sicherheitsnadeln an der Bodenseite der Strohsäcke. Stand ein Stuhl im Zimmer schief, so wurde der Tisch umgekippt und die Stühle kopfüber daraufgetürmt, die Betten auseinandergenommen und zu dem Haufen gepackt, sogar die Schränke umgekippt mit der Bemerkung, daß das Zimmer innerhalb von zehn Minuten restlos in Ordnung gebracht sein müßte.

„Lagermannschaft raustreten zum Stubenappell!" Vor der Stube stehend, warteten wir in „Grundstellung" auf den U.v.D.: Mittelfinger an der Hosennaht, den Daumen längsseits des Zeigefingers, Kopf hoch, Brust raus und Hintern rein, die Füße bildeten einen Winkel von 90 Grad, die Knie durchgedrückt! Jetzt rauschte der U.v.D. heran. Mit dem Zugführer und dem Stubenführer stürmte er in das Zimmer. Je nach seiner Laune urteilte er. Man hörte die knarrende Stimme: „Große Sauerei! »Meisters«, das muß besser werden! Vierzehn Tage Ausgangsverbot!"

Zweimal in der Woche hatten wir Ausgang, das bedeutete insgesamt sechs Stunden in der Woche ohne Aufsicht des Kommandeurs zu sein. In dieser Zeit brauchten wir nicht bei jedem menschlichen Bedürfnis die Hacken zusammenzuschlagen und vorschriftsmäßig zu rufen: „Bitte gehorsamst, austreten gehen zu dürfen."

6.45 Uhr: „Lagermannschaft raustreten zum Flaggenappell!"

„Ob's stürmt oder schneit, ob die Sonne uns lacht,
Der Tag glühend heiß oder eiskalt die Nacht..."

„In Linie der Größe nach angetreten, marsch, marsch!"

„Lagermannschaft, stillgestanden!"

Der Lagermannschaftsführer meldet: „Lagermannschaft mit 320 Mann zum Flaggenappell angetreten! Zehn Mann erkrankt, vier Mann in Urlaub." — „Danke."

„Augen geradeaus!" Dann erfolgt eine kurze Ansprache: „Kameraden, heute vor soundsoviel Jahren war die Schlacht bei Leuthen. Preußischer Mut, preußische Treue und Tapferkeit..." Phrasen über Phrasen hallen über den Hof.

„Hißt Flagge!" Der „heilige" Augenblick ist gekommen. Die Hakenkreuzfahne schleift langsam am Fahnenmast empor.

7.00 Uhr: Antreten zum Essenempfang, vorher Fingernägel-, Ohren- und Halsinspektion. Schnell wird mit einer Gabel noch der letzte Schmutz unter den Fingernägeln hervorgekratzt. Der U.v.D. prüft jeden genau, schaut in die Ohren, haut auf die Finger, brüllt wie am Spieß und macht seinem Namen alle Ehre. Wird etwas gefunden, darf man nach dem Putzen und dem zwangsläufigen Zuspätkommen in Grundstellung vor der Glastür des Eßraumes verharren und in geistiger Form dem Genuß des Frühstücks von außen zuschauen.

Erste Reihe: Einrücken zum Essenempfang — Links, zwei, drei, vier

— zweite Reihe einrücken zum Essenempfang — Links, zwei, drei, vier — dritte Reihe einrücken... usw. Hinter den Stühlen stehen alle stramm. „Guten Appetit!"
„Danke", schreit die Lagermannschaft.
„Achtung!" Die Stühle werden zurückgeworfen. „Setzen!" Unter Dröhnen setzen sich die uniformierten Lebewesen. Ein Sprechen während des Essens ist strengstens verboten, deshalb wird Schabernack getrieben. Ein Löffel mit Salz fliegt einem Kameraden in die Suppe. Er will aufschreien und sich beschweren. „Pssst!" raunt man ihm zu. Das Essen ist ungenießbar — kommt ja nicht drauf an.
Jede Minute bis zum Zapfenstreich ist eingeteilt, streng vorgeschrieben und mit härtesten Erziehungsmaßnahmen gepfeffert und gesalzen.

EIN HARTER APRILSCHERZ

Zwei Beispiele mögen das Bild des menschenunwürdigen Lebens in der vormilitärischen Ausbildung illustrieren. An einem Frühlingstage im Jahre 1944! Der schrille Ton der Kommandopfeife des U.v.D. reißt schlaftrunkene Kinder empor. Das immer stärker werdende Dröhnen schwillt an. Wie ein Wasserfall rumort es im großen Hause, Waschen, Betten- und Schrankbau, Raustreten zur Stubenabnahme. Dann wieder das Trillern der U.v.D.-Pfeife.
Beim Fahnenappell erblicken wir die finsteren Augen des Lagerleiters. Irgendeine üble Laune oder Schreckensmeldung liegt in der Luft. Vom Himmel schüttet es sintflutartig zur Erde. Ein ergiebiger Aprilregen verwandelt die nicht befestigten Wege Südpolens in große Schlammlachen.
Nach dem üblichen Zeremoniell beim Flaggenappell kommt es zu einem explosionsartigen Ausbruch: „Kameraden! Eine große Sauerei! Elende Lumpen haben die Toiletten in den oberen Stockwerken mit Konservenbüchsen verstopft. Die Täter sofort auf der Stelle raustreten, marsch, marsch!"
Wie zu Stein erstarrt steht die Formation. Keiner meldet sich — eisiges Schweigen. Die Zugführer treten stellvertretend für die Übeltäter vor die Front. Sie möchten die Strafe auf sich nehmen.

„Nein", schreit der Kommandeur, „derjenige oder diejenigen sollen sich persönlich melden! Zugführer zurücktreten ins Glied!" Unheilvolle Pause. Jeder wartet auf den erlösenden Ton. Ist denn keiner da, der sich meldet? Vielleicht auch freiwillig? Es ist doch alles egal, ob Wahrheit oder Lüge. Diese unheimlich drohende Stille reißt an unseren Nervenkräften. Einer wartet auf den anderen, aber keiner meldet sich. Unerbittlich funkeln die Augen des Kommandeurs.
„Ist denn so etwas möglich? Ihr feigen Hunde! Deutsche Jungen, zu feige, für ihre Tat einzustehen!"
Wie viele Kommandeure haben sich später der Konsequenz wirklicher Greueltaten entzogen, haben die Schuld auf andere oder sogar den allergrößten Bösewicht, nämlich Hitler, geschoben. Selbst höchste Persönlichkeiten wie Göring, Streicher, Keitel, Jodl, Rosenberg, Ribbentrop und andere mehr haben nacheinander beteuert: „Ich fühle mich unschuldig!" Was dagegen von Unschuldigen verlangt wurde, war bei den Initiatoren des Regimes nicht vorhanden: die so viel gerühmte Treue, Tapferkeit und der Heldenmut; sie waren fast alle Waschlappen.
So werden wir in jenem Augenblick genannt. Drohend blicken die Augen des Kommandeurs. Der Regen kühlt die heiße Spannung des Zorngewitters nicht ab, und es regnet unentwegt weiter. Wir bekommen eine Gnadenfrist:
„Gut, wenn derjenige jetzt zu feige ist, sich vor der angetretenen Formation zu seiner Tat zu bekennen, will ich ihm 15 Minuten Bedenkzeit geben. Der Täter kann sich bei mir im Dienstzimmer melden. Lagermannschaft weggetreten!"
Die Maschinerie eines Gewaltsystems beginnt zu arbeiten. Drangsalierungen, Drohungen, Anschuldigungen werden zur Zuchtrute. Der Lagermannschaftsführer ruft die Zugführer: „Kameraden, in einem eurer Züge muß ja der Täter sein! Also . . ."
Die Zugführer befehlen die Gruppenführer zu sich: „Kameraden, in einer eurer Gruppen muß ja der Täter sein! Also . . ."
Die Gruppenführer holen die Stubenführer: „Kameraden, in einer eurer Stuben muß ja der Täter sein! Also . . ."
In den Stuben geht es anders her. Die Stubenführer nehmen sich jeden persönlich vor: „Mensch, du wirst ja schon ganz rot, du zuckst ja mit den Augenlidern — du zitterst ja schon, du Memme! Du warst es! Los, gib es zu! Deinetwegen wollen wir nicht im Dreck liegen!"
„Ich war es nicht!" schreit der Verklagte. „Ach, halt die Schnauze!" Man wendet sich zum nächsten: „Dann warst du es . . ."

Eine Zerreißprobe, die an die Nerven geht. Vielleicht meldet sich einer, weil er einfach dem Druck der Bedrohungen nicht mehr gewachsen ist. Die Minuten verrinnen wie der Sand in der Eieruhr. Unser Stubenführer hat seine besondere Methode. Er nimmt jeden in den „Schwitzkisten", das bedeutet, daß er den Schwächeren mit seinen Armen am Hals die Luft abdrückt: „Los! Gib es zu, du warst es, du bist doch nach Zapfenstreich noch zur Toilette gewesen!"
Mitten in diese beängstigende Voruntersuchung hinein erklingt der so bekannte Ton der Trillerpfeife. Alles erstarrt! Der Täter hat sich nicht gemeldet — den Unterführern ist es nicht gelungen, ein Bekenntnis zu erpressen.
„Lagermannschaft feldmarschmäßig zum Appell raustreten, marsch, marsch!" Schnell wird der griffbereite Tornister herausgezerrt. Fluchend und schimpfend drängen sich die Zehn- bis Sechzehnjährigen hinaus zum Appellplatz.
Da steht er wieder. Kalt, unnachgiebig, drohend, finster — der Kommandeur. Kurze, scharfe Kommandos — die Formation ist angetreten.
„Also Kameraden, unter uns ist ein Feigling, ein elender Schweinehund, der Angst hat, seine Tat zu bekennen. Es hat sich niemand gemeldet."
Seine gereizte Stimme scheint freundlicher zu werden, aber es ist nur unterdrückte Schadenfreude. Fast beherrscht und doch mit einem giftigen Unterton kommt jetzt der Urteilsspruch: „Heute fallen zunächst alle Mahlzeiten aus! Der Unterricht wird verschoben! Wir werden für unabsehbare Zeit zum Geländedienst hinausmarschieren. Vielleicht erinnert sich doch jemand, was er sagen sollte. Der Lagermannschaftsführer übernimmt das Kommando!" Die letzten Worte schreit der Chef in höchster Tonlage. Grußlos trabt er davon. Es regnet unbarmherzig auf uns nieder. Es hat den Anschein, als wolle uns der Himmel mitbestrafen.
Geländedienst!
Wir wissen nur zu genau, was das bedeutet.
Der Schleifacker! Wie oft haben wir dort schon die Erde „geküßt". Und nun heute bei diesem Regen — für unbegrenzte Zeit! Unausdenkbar!
„Lagermannschaft, rechts um, im Gleichschritt marsch! Ein Lied!" Der rechte Flügelmann stimmt ein Lied an: „Es ist so schön, Soldat zu sein . . ."
Zu unserem Kummer noch Spott und Hohn. Vor Wut und Verzweif-

lung schreien wir mit bärbeißigem Gesicht das bekannte Lied in den regennassen Morgen. Wehrlos müssen wir uns dem Schicksal ergeben. Mitgefangen — mitgehangen! Keiner ist da, der uns rechtfertigen könnte, der uns verteidigen dürfte. Wir alle müssen die Strafe über uns ergehen lassen.

Die Sünde ist auch zu allen Menschen hindurchgedrungen. In der Ewigkeit vor dem Gericht Gottes werden wir auch keinen Fürsprecher haben, keinen Verteidiger, es sei denn, wir haben hier auf Erden während unserer kurzen Lebensfrist Christus als unseren Rechtsanwalt, als unseren Erlöser von aller Schuld angenommen. Christus ist stellvertretend für unsere Verschuldungen gegenüber Gott und Menschen gestorben.

Ein Beispiel aus unserem Zeitalter möge die Stellvertretung illustrieren: Unter den Soldaten einer Einheit, die nach Stalingrad eingeflogen werden sollte, befand sich ein Familienvater von zehn Kindern. Für diesen Vater meldete sich als Ersatz ein junger, lediger Mann, ein uns gut bekannter Nachbar, der bereit war, freiwillig in den Höllenkessel von Stalingrad zu gehen. In den verrußten, zerfetzten und verwüsteten Ruinen dieser Stadt fand er seinen Tod. Der andere blieb am Leben und war dadurch gerettet.

Es ist ein schwacher Vergleich zu dem, was Christus für uns alle auf sich genommen hat — nämlich die Schuld und Sünde einer ganzen Welt. Für uns durchlebte Er stellvertretend die Höllenqual völliger Gottverlassenheit im Angesicht des größten Dämonen, des Teufels. Er hat ihn besiegt. Wir gehen frei und ohne Strafe aus, wenn wir Jesu Opfertod für uns anerkennen, uns zu Ihm bekehren und Ihn als Haushalter in uns aufnehmen. Doch damals kannte ich diesen Trost noch nicht. Schonungslos waren wir jeder Willkür ausgeliefert. Was jetzt folgte, kann man nur als ein Wildschweinbad größten Ausmaßes bezeichnen. Noch einmal wurden wir gefragt, ob wir angesichts des verschlammten Schleifackers nicht bereit seien, die Schuld einzugestehen. Doch trotz des bevorstehenden, kalten Moorbades blieben alle stumm. Es folgte eine kurze Besprechung des Lagermannschaftsführers mit den Zugführern. Der Platz war etwa 500 Meter breit mal lang.

Die Zugführer stellen sich an die äußeren Ecken. Von einer Ecke ertönt der Ruf: „Alles hört auf mein Kommando! Lagermannschaft, in Linie der Größe nach angetreten, marsch, marsch!“ Wie Hasen springen wir über das Feld. Die Stiefel versinken bis zur Knöchelhöhe in rot-braunem Lehm.

„Das nennt ihr laufen? Ihr . . .“, schreit der Kommandoführer. „Hinlegen!“ Platsch! Wir liegen in der Lehmsoße. „Aufstehen! — Hinlegen! — Auf, auf, marsch, marsch! In Linie der Größe nach angetreten! Marsch — marsch! — Zurück, marsch, marsch! — In Linie der Größe nach angetreten . . .! Auf! — Nieder! — Auf! — Nieder!“
Nach wenigen Minuten sehen wir alle wie die Moorteufel aus.
Ein anderer Zugführer aus der entgegengesetzten Richtung ruft: „Alles hört auf mein Kommando . . .“
Fluchend und stöhnend stürmt der wilde Haufen dressierter Kinder — „verlorener Söhne“ — wie eine Herde schmutziger Wildschweine über den Acker.
Minute um Minute vergeht, es werden Stunden — die Kräfte wollen uns verlassen! Die ersten bleiben liegen, werden von Kameraden an den Platzrand geschleppt, werden geprüft, angeschrien, beschimpft und im Regen liegengelassen. Nach vier Stunden endet das schlammige Schauspiel. Ein Melder kommt vom Standort. Wir müssen wieder antreten. Noch einmal wischen wir uns den Dreck aus dem Gesicht. Der Lagermannschaftsführer und die Zugführer sind auch bis auf die Haut naß und voller Wut.
„Kameraden, soeben wird gemeldet, daß die Täter gefunden sind, und zwar Frauen vom Hauspersonal, die Sabotage verüben sollten. Rechts um, im Gleichschritt marsch!“ Es wird nicht mehr gesungen, die Zugführer schweigen vor Wut und Scham. Der Kommandeur empfängt uns trocken, mit zweckmäßiger Ironie:
„Es ist mir ein Stein vom Herzen gefallen, daß ihr doch keine Lügner und Angsthasen seid. Der Geländedienst war aber eine gute Übung für den Ernstfall.“ Kein Wort der Entschuldigung!
Wir dürfen wegtreten und müssen nach einer halben Stunde zur Kleiderdurchsicht antreten. Die Uniformen müssen gesäubert, das Koppel gereinigt und die Schuhe geputzt sein. Einige Kranke sind die Folge: Lungenentzündung und Erkältungen, so daß das Krankenrevier erweitert werden muß. Wir alle haben Not, die verschmutzten Kleider zu reinigen, um sie beim Appell zwar naß, aber ohne Flecken vorweisen zu können.
Die Sünde der Menschen ist wie ein unsichtbarer Schlamm, der sie umgibt. Ihre Seelen können in keiner Reinigungsanstalt der Erde gereinigt werden. Gott aber will uns ein anderes, unsichtbares Kleid verleihen, das Kleid der Gerechtigkeit. Er allein kann es vertauschen mit den Lumpen der Sünde. Niemand sonst ist imstande, sich der Lumpen zu entledigen und von der Sünde rein zu werden.

DIE LIEBLINGSFARBE DES KÖNIGS

Eine kleine Begebenheit aus unseren Tagen sollte uns zum Nachdenken anregen. Vor einiger Zeit ließ eine einflußreiche Schulbehörde in den untersten Klassen mehrerer Volksschulen eine Testfrage stellen: „Welche Farbe ist deine Lieblingsfarbe?“

Die Auswertung der Antworten auf die gestellte Frage brachte folgendes Ergebnis: Die meisten Kinder hatten Rot als Lieblingsfarbe genannt. Man weiß, daß Kinderherzen diese Farbe besonders mögen. Die nächstgrößte Gruppe hatte Blau als ihre schönste Farbe erwähnt. Daran an schlossen sich die Gruppen mit den Farben Grün, Braun und Gelb. Es waren prozentual gesehen immer weniger, doch niemand hatte Schwarz gewählt.

Eine Antwort trat jedoch als außergewöhnlich hervor und gab dem Prüfungsausschuß zu denken. Ein Mädchen hatte nämlich geschrieben: „Meine Lieblingsfarbe ist Weiß!“

Es erschien ihnen ungewöhnlich, daß nur ein Mädchen die Farbe Weiß genannt hatte. So ging man der Sache auf den Grund und besuchte dieses Mädchen, um die Ursache herauszufinden. Man war nicht wenig erstaunt, einem Negermädchen zu begegnen, das sich nichts sehnlicher wünschte, als weiß zu sein. Kann man ihren herzinniglichen Wunsch, ihre ungestillte Sehnsucht wohl verstehen? Durch den Propheten Jeremia läßt Gott den Zustand eines Menschen ohne die Erlösungskraft Gottes zeigen:

„Kann auch ein Mohr seine Hautfarbe wandeln oder ein Parder seine Flecken? Dann könntet auch ihr Gutes tun, die ihr an Böses tun gewöhnt seid.“

Wir können einerseits die weißeste Haut, den gepflegtesten Körper haben, unsere Seele, unser Herz wird durch Sünden schwarz sein. Jesus sagte: *„Aus dem Herzen kommen die argen Gedanken.“*

Will Gott uns nur verurteilen und es bei dem schmutzigen Zustand belassen? Nein! Unsere Seele kann gereinigt werden durch das Blut Jesu Christi. So können wir von zwei bedeutungsvollen Farben sprechen — Rot und Weiß! „Wenn eure Sünde gleich blutrot ist, soll sie doch schneeweiß werden.“

Ein Jünger Jesu wurde einst auf eine einsame Insel verbannt. Dort in der Stille und Einsamkeit zeigte Gott ihm den großen Kleiderappell aller Menschen vor Seinem Thron:

„Und einer von den Ältesten hob an und sprach zu mir: Diese, die

mit weißen Gewändern bekleidet sind, wer sind sie, und woher sind sie gekommen? Und ich sprach zu ihm: Mein Herr, du weißt es. Und er sprach zu mir: Dies sind die, welche aus der großen Drangsal kommen, und sie haben ihre Gewänder gewaschen und haben sie weiß gemacht in dem Blute des Lammes. Darum sind sie vor dem Thron Gottes und dienen ihm Tag und Nacht in seinem Tempel; und der auf dem Throne sitzt, wird sein Zelt über ihnen errichten, sie werden nicht mehr hungern, auch werden sie nicht mehr dürsten, noch wird je die Sonne auf sie fallen, noch irgendeine Glut; denn das Lamm, das in der Mitte des Thrones ist, wird sie weiden und sie leiten zu den Quellen der Wasser des Lebens, und Gott wird jede Träne von ihren Augen abwischen."

Unsere Kleider sind verunreinigt, sie müssen durch Jesu Blut hell gemacht werden. Jesus ist die einzige Lösung für alle Menschen.

Dabei werde ich an ein Bild aus vergangenen Tagen erinnert. Kurz nach der Jahrhundertwende hatte der Glanz des kaiserlichen Zeitalters seinen Höhepunkt erreicht. Berlin war der Mittelpunkt der deutschen Politik.

Kaiser, Könige, Fürsten und Herrscher kamen zu Staatsbesuchen. Obwohl diese Besuche nicht selten, so waren sie doch für die Menschen jedesmal ein großes Ereignis. Man ging daran nicht achtlos vorüber. Die Zeitungen waren voll mit der Berichterstattung über solche Empfänge. Einzelheiten wurden ausgemalt, Vermutungen hinzugefügt, und unter der Bevölkerung einer Millionenstadt kursierte manches Gerücht. Dichtung und Wahrheit konnte man oft nicht voneinander unterscheiden.

Die Garderegimenter sind die Elitetruppen eines jeden Staates. Ihre Uniformen bestanden damals in Berlin aus blauen Röcken mit goldenen Kragentressen und weißen Hosen. Ihre Helme, die Pickelhauben, waren goldverziert. Aus einem Garderegiment wurde eine Kompanie aus dem allgemeinen, schon strengen Dienst herausgenommen. Sie erhielt besondere Anweisungen. Ihr Exerzierdienst wurde gründlicher und schärfer gehandhabt, denn sie sollte die Ehrenkompanie zum Empfang des Staatsoberhauptes sein. In drei wesentlichen Punkten wurden sie besonders geprüft: erstens im Kleiderappell, zweitens beim Waffenappell, drittens beim Exerzierdienst.

Sie trugen nicht die Arbeitsuniform, sondern das beste Kleid — die Galauniform.

Als der „verlorene Sohn" in seinen Lumpen zum Vater heimkehrte, rief der Vater als erstes: „Bringt schnell das beste Kleid hervor und

tut es ihm an!“ Die Vergangenheit, der Schmutz der Sünde mußte hinweggetan werden.
Auf dem Kasernenhof war es ebenso. Die Galauniform wurde insbesondere unter die Lupe genommen, kein Fleck durfte vorhanden sein, kein Knopf fehlen. Das Lederzeug, Koppel und Riemen mußten schneeweiß geputzt sein, dazu die weißen Handschuhe!
Deshalb sagt Jesus auch, daß der Vater Befehl gab, dem verlorenen Sohn einen Fingerreif an seine Hand zu geben, zum Zeichen — er ist wieder Sein Erbe! Er ist nicht mehr der Schweinehirt, der im Schlamm der Sünde steckt.
Der bekannte Völkerapostel nimmt dieses militärische Beispiel zum Vorbild und schildert die Waffenrüstung, die jeder Nachfolger Christi tragen sollte, um damit allem Bösen widerstehen zu können. So schreibt Paulus an uns:
„Ziehet an den Harnisch Gottes, daß ihr bestehen könnet gegen die listigen Anläufe des Teufels. Denn wir haben nicht mit Fleisch und Blut zu kämpfen, sondern mit Fürsten und Gewaltigen, nämlich mit den Herren der Welt, die in der Finsternis dieser Welt herrschen, mit den bösen Geistern unter dem Himmel. Um deswillen ergreift den Harnisch Gottes, auf daß ihr an dem bösen Tage Widerstand tun und alles wohl ausrichten und das Feld behalten möget. So stehet nun, umgürtet an euren Lenden mit Wahrheit und angezogen mit dem Panzer der Gerechtigkeit und an den Beinen gestiefelt, als fertig, zu treiben das Evangelium des Friedens. Vor allen Dingen aber ergreifet den Schild des Glaubens, mit welchem ihr auslöschen könnt alle feurigen Pfeile des Bösewichtes; und nehmet den Helm des Heils und das Schwert des Geistes, welches ist das Wort Gottes.“
Das Kleid der Gerechtigkeit als Panzer — das Koppelzeug als Zeichen der Wahrheit und die glänzenden Paradestiefel, unter denen die Sünde zertreten wird.
Bei der irdischen Gardekompanie wurden als zweiter Punkt die Waffen geprüft. Ein Waffenappell nach dem anderen, die Unteroffiziere schauten durch die Gewehrläufe. Der Gewehrlauf wird in der militärischen Sprache die „Seele“ genannt. Kein Staubkörnchen, kein Schmutz durfte in der „Seele“ sein. Die Waffen mußten gereinigt und geölt sein. Das Öl versinnbildlicht in der Bibel den Heiligen Geist.
Als drittes wurde beim Gemeinschaftsdienst geübt, die Waffen zu gebrauchen, das Antreten, das Ausrichten. Man legte eine Schnur, damit alle genau in einer Linie standen. Die einzelnen Kommandos

wurden immer wieder durchexerziert, niemand durfte nachklappen, zu langsam sein oder eigene Wege gehen.
Die Kinder Gottes, die in der Zukunft die unübersehbaren Ehrenkompanien zum Empfang des Königs aller Könige, Jesus Christus, bilden sollen, treibt es deshalb, Gemeinschaft zu üben mit ihren Gleichgesinnten. Sie sagen nicht: „Um selig zu werden, brauchen wir nicht in die Kirche zu gehen oder in die Gemeinschaft von Gläubigen, wir können das auch zu Hause in unseren Stuben." Irrtum — großer Irrtum! Solche Christen werden bald aus der Reihe tanzen und nach eigenen Ansichten und Phantasien die göttliche Ordnung stören. Der Dienst in einer Ehrenkompanie ist mit manchen Anstrengungen verbunden, doch das Ziel ist es wert, sich ihnen zu unterwerfen.
In der Bibel lesen wir: *„Zur Mitternacht war ein Geschrei: Siehe, der Bräutigam kommt (auch König!); gehet ihm entgegen ..."*
Am Tag der Ankunft des Herrschers, dem es zu huldigen galt, wurden sie bereits kurz nach Mitternacht geweckt.
Im Schein von Laternen wurde auf dem Kasernenhof des Garderegiments noch einmal alles durchexerziert. Während die Millionenstadt Berlin noch schlief, war auf dem Exerzierplatz reges Treiben. Kommandos hallten über den Platz zu mitternächtlicher Stunde, obwohl der König erst am kommenden Morgen um 10.00 Uhr erwartet wurde. Während der Schlafenszeit von Millionen war es nur wenigen vergönnt, sich bereit zu machen und die Ehrenkompanie zu bilden. Am Anhalter Bahnhof gab es damals schon um 7.00 Uhr ein großes Volksgedränge. Mehr und mehr eilten herzu. In den Fenstern und auf den Dächern sah es wie in betriebsamen Ameisenhaufen aus. Alles wogte und wimmelte durcheinander. Das Stimmengewirr schwoll an. Gerüchte, Meinungen und Ansichten aller Art machten ihre Runde. Die Zeit eilte dahin. Jedes Plätzchen, sei es auf Laternen, auf Geländern und Mauern, wurde eingenommen, und die Polizei hatte ihre liebe Not, die von ihr vorgesehenen Absperrungen aufrecht zu erhalten. Der Platz der Ankunft, das Portal der Begrüßung war nur Auserwählten vorbehalten. Plötzlich bildete sich eine Gasse; eine halbe Stunde vor der Ankunft des Königs kamen Menschen, die bevorzugt waren. Sie marschierten durch die staunende und gaffende Menge. Sie brauchten sich nicht erst ihren Platz zu erkämpfen, sich dabei zu reißen und zu drücken. Geordnet in Schritt und Tritt, mit glänzenden Uniformen marschierten sie durch die Massen von Menschen. Und dann standen sie am besten Platz. Die Zeiger der großen

Bahnhofsuhr bewegten sich unsichtbar und dennoch unentwegt der zehnten Stunde zu. Die Spannung wuchs fast unerträglich.
Plötzlich der befehlende Kommandoton: „Kompanie stillgestanden! Präsentiert das Gewehr — Augen rechts!"
In diesem Augenblick setzte der Spielmannszug ein und spielte die Nationalhymne des Landes, aus dem der Gast kam. Im Nu wußte jedermann, daß in dieser Minute der Herrscher von den Stufen des Portales aus der Ankunftshalle des Bahnhofs herabschreiten würde. Der Kompaniechef, der kleine, unbekannte Hauptmann der Ehrenkompanie, meldete dem Kaiser und König: „Ehrenkompanie des Ersten Garderegimentes zur Ankunft des Königs von . . . angetreten."
Es ist das Vorrecht eines jeden Soldaten in einer Ehrenkompanie, den erwarteten Gast, ob König oder Fürst, von Angesicht zu Angesicht sehen zu können.
Nicht in der Ferne, abseits vom Geschehen in einer unübersehbaren Masse, möchte ich stehen, sondern in der Ehrenkompanie Jesu Christi, meines Königs. Meine Kleider, meine Waffenrüstung und mein Missionsdienst sollen dann tadellos vorgefunden werden, auf daß ich zu Seiner Herrlichkeit eingehen kann. Ich möchte Ihn sehen, der für mich am Kreuz blutend alles vollbracht hat. Von diesem großen Appell zum Eingang in das Himmelreich schreibt der Apostel Paulus: *„Denn das sagen wir euch als ein Wort des Herrn, daß wir, die wir leben und übrigbleiben bis zur Ankunft des Herrn, werden denen nicht zuvorkommen, die entschlafen sind. Denn er selbst, der Herr, wird mit befehlendem Wort, mit der Stimme des Erzengels und mit der Posaune Gottes herniederkommen vom Himmel, und die Toten in Christo werden auferstehen zuerst. Danach wir, die wir leben und übrigbleiben, werden zugleich mit ihnen hingerückt werden in den Wolken, dem Herrn entgegen in die Luft, und werden also bei dem Herrn sein allezeit. So tröstet euch nun mit diesen Worten untereinander."*
Doch zurück nach Polen. Unsere Uniformen mußten gewaschen sein, gereinigt vom Schlamm des Ackerbodens. Die Zugführer prüften alles genau.
Ob Arbeiter oder Edelmann, ob Sklave oder irdischer König, wir alle müssen rein sein vom Schlamm der Sünde. Der König von Gottes Gnaden, David, schrieb: *„Ich harrte des Herrn, und er neigte sich zu mir und hörte mein Schreien und zog mich aus der grausamen Grube und aus dem Schlamm und stellte meine Füße auf einen Felsen, daß ich gewiß treten kann."* Das habe ich später selbst erlebt.

DEM TOD INS ANGESICHT GESCHAUT

Manöverzeit! — Scharfer Winter mit meterhohem Schnee in urwüchsiger Gegend! Hier gibt es noch Braunbären in freier Wildbahn. Großangelegte vormilitärische Übungen mit Leuchtpistolen, Meldeblock, Scherenfernrohr und anderen Dingen mehr treiben uns durch Felder und Wälder. Je zwei und zwei, so schleichen wir uns bei einem Erkundungsgang durch eine Wüste von Eis und Schnee. Das glitzernde Weiß der kalten Kristalle blendet unsere Augen. Der Wind ist scharf und eisig. Er sticht uns in die Gesichtshaut. Hin und wieder müssen wir stehen bleiben, Atem schöpfen und Tränen aus den Augen wischen. Das Spähtruppunternehmen ist von außerordentlicher Bedeutung. Sieg oder Niederlage hängen von diesem Scheinunternehmen ab. Mein Kamerad Sch. flucht und schimpft. Er tat das schon immer. Ich hatte mich auf eine bessere Taktik verlegt. Ich versuchte immer zu lächeln, ob im Schlamm oder beim Nachtmarsch, ob in der Kniebeuge oder beim Strafexerzieren, ob beim Stubendienst, beim Brüllen des U.v.D. oder anderen Gelegenheiten, mein Lächeln brachte manchen aus der Fassung.
Heute soll mir jedoch das Lachen vergehen, aber ich ahne es noch nicht. Im Gehorsam wollen wir unseren Auftrag ausführen. Oft sinken wir dabei bis zum Bauch in den Schnee. Da versperrt uns ein Fluß den Weg, von Brücke oder Steg ist keine Spur zu sehen. Das Wasser ist nicht gefroren, es kommt aus einer warmen Quelle, deren es sehr viele in dieser Gegend gibt. Es schwimmen nur verschieden große Eisstücke auf der Oberfläche des Flusses. Was sollen wir tun? Wir müssen unbedingt ans andere Ufer. Wir blicken über die Weite des Landes. Keine Brücke können wir entdecken. Wir verhandeln, denn wir müssen versuchen, an einer günstigen Stelle hinüberzugelangen. Schnell wird eine schmalere Stelle gesucht. Mit einem kraftvollen Satz möchte ich hinüberspringen. Mein Freund steht dicht am Ufer. Beim Absprung bemerke ich die spiegelglatte Eisfläche unter der Schneedecke und komme ins Rutschen. In der Schrecksekunde will ich mich noch schnell an meinem Kameraden festhalten, doch auch der steht nicht fest, und so fallen wir beide in den Fluß. Bis zum Hals steht uns das eiskalte Wasser. Wir erkennen die ziemlich starke Strömung und spüren die Eisschollen an Kinn und Hals. Mit beiden Händen wehren wir uns gegen die Treibeisstücke und versuchen, aus dem Fluß herauszukommen. Unmöglich — der Fluß-

boden ist schlammig, wir rutschen oder bleiben im Lehm stecken. Plötzlich kommt der beängstigende Gedanke über mich: Das kann deine letzte Stunde sein! Eine unsichtbare Macht greift nach meinem noch so jungen Leben. Auch meinem Kameraden steht die Todesfurcht, das unheimliche Ahnen, auf dem Gesicht geschrieben. Der Tod naht sich uns — meine Gedanken beginnen fieberhaft zu arbeiten, mein bisheriges Leben scheint wie ein Film an mir vorbeizurasen. Wo wird es jetzt hingehen? Sollte es einen Gott geben? Meine Seele erzittert in der grenzenlosen Verlassenheit, obwohl mein Kamerad keine zwei Schritte entfernt von mir steht. Entsetzen vor dem Tode hat uns erfaßt — wir beide in der unheimlichen Weite ohne Rettung.
Ein Schrei entringt sich meiner Brust in Todesangst: „Mein Gott, so hilf uns doch!" Wie von unsichtbaren Händen gezogen, mit vorher nicht gekannter Kraft, setze ich zum Sprung an und erreiche das rettende Ufer. Danach ziehe ich schnell meinen Kameraden heraus. Wir sind dem Tode entronnen!
„Rufe mich an in der Not, so will ich dich erretten ..." , so steht es in der Heiligen Schrift. Doch das wußte ich damals noch nicht. Aber ich schrie zu Gott, der uns half.
Wir hatten keine Zeit zum Überlegen. Mit triefend nassen Kleidern mußten wir noch etwa fünf Kilometer bis zum Standort marschieren. Wir kämpften uns durch ein Schneegestöber zurück. Beide wurden wir krank. Ich bekam starke Nervenschmerzen, von denen mich dann später der Herr Jesus befreit hat. Gott sei gedankt für Seine Engel, die Er sandte, um uns zu retten.

MEUTEREI IM KESSEL

Es schneite unaufhörlich. Seit 14 Tagen schüttete es aus den Wolken des Himmels die Millionen kleiner, leuchtender Eiskristalle. Für uns Großstädter war es ein aufregendes Ereignis, Schneemassen diesen Ausmaßes zu sehen. Wie man Schützengräben aus der Erde aufschüttet, so mußten wir in diesem Meer aus Schnee und Eis Wege bahnen. Meterhoch lag zu beiden Seiten der schmalen Pfade die glitzernde Flockenpracht. Am Anfang konnten noch Pferdeschlitten fahren; man erwachte am Morgen durch ein leises, anhaltendes Läuten. Es kam näher und entfernte sich, allmählich verhallend. Über Nacht war es Winter geworden. Wir konnten uns an diesem Naturwunder nicht satt sehen. Alles erschien uns romantisch und lustig, die überzuckerten Bäume, Häuser, Telegrafenmasten, Kirchen, Brückengeländer und Hecken. Das Schneetreiben verstärkte sich, und feindselig durchschüttelte ein beißender Ostwind den zunehmenden, weißen Flockenwirbel. Um die Mittagszeit wurde es trüb und dunkel, kaum hundert Meter weit konnten wir durchblicken. Schemenhaft waren gerade noch die Tannen am Berghang uns gegenüber zu erkennen. Durchquerten Menschen die unheimlich wirkende Schneewüste, so erschienen sie wie Gespenster im Kommen und Gehen. Über dem hohen Eispelz tanzte im Wirbelwind der Pulverschnee, wie Wüstensand über der urwüchsigen Landschaft. Ein unsichtbarer Baumeister formte Schneepyramiden und gebirgsähnliche Mauern. Es blieb nicht mehr lustig, es wurde abenteuerlich und beängstigend.

Es dauerte nicht lange, da waren wir von der Außenwelt abgeschnitten, umgeben von Mauern aus Eis und Schnee. Zuerst hatte man noch versucht, den Naturgewalten zu trotzen. Ganze Einsatzkolonnen schaufelten Lokomotiven und Züge aus dem Schnee. Wie bei den Ausgrabungen von Pompeji kam zuerst der Schornstein zum Vorschein, dann die Kessel, das Gestänge der Kessel und das weitere hinterher. Eine Lawine hatte sich über die Eisenbahnstrecke ergossen. Unser Gebiet verwehte so stark, daß jegliche Versorgung und Verbindung von und zur Außenwelt abgebrochen war. Telefonleitungen und Nachschubwege waren abgeschnitten. Die Vorräte reichten für nur wenige Tage. Man mußte uns aus der Luft versorgen. Doch die Wetterlage gestaltete es äußerst schwierig für die Transportflugzeuge, ihre Verpflegungsbomben gezielt abzuwerfen, damit sie die Empfänger auch erreichten. Mitunter trieb der Wind diese Nahrungsbehälter kilometerweit vom Zielpunkt weg, und die Partisanenverbände freuten sich über die außergewöhnliche Unterstützung. Unsere Rationen waren dadurch wesentlich knapper. Von Hunger leiden konnte zwar noch nicht die Rede sein, die Mahlzeiten waren eben nicht mehr so üppig.

Eines Tages sitzen wir wie üblich beim Frühstück. Nach dem Essen kommt der Befehl: „Lagermannschaft aufstehen!“ Dann ruft der U.v.D.: „Es hat uns allen —“ und unsere geistreiche Antwort lautet wie täglich: „geschmeckt!“ Doch für dieses Mal haben wir uns ver-

abredet, wir wollen protestieren. Als der U.v.D. ruft: „Es hat uns allen —", da antworten nur wenige: „geschmeckt!" Die anderen rufen lautstark dazwischen: „Wir haben Hunger!"
Es entsteht eine bedrohliche Pause. — „Wer meutert da?" schreit der Kommandeur. „Sofort raustreten!" Nacheinander stellen wir uns raus, 10, 15, 20, ich weiß heute nicht mehr, wieviel es wirklich waren. Die anderen dürfen den Speisesaal verlassen. Wir werden einzeln vernommen, man sucht die Rädelsführer. In kleinen Gruppen müssen wir in das Dienstzimmer des Zugführers. Er liest uns die Verordnungen und sonstigen Bestimmungen aus der Lagerordnung vor. Nach unserem jetzigen Verstoß gehören wir eigentlich in die Strafeinheit. Diesmal will man jedoch von einer strengen Bestrafung absehen, denn es ist ja Ausnahmezustand. Wir hätten auch nicht zum Strafexerzieren gebracht werden können, denn wir waren ja eingekesselt und dadurch bewegungsunfähig.
„Als Erinnerung an euer disziplinloses Verhalten wollen wir etwas Gymnastik treiben. Stuhl in die Hand nehmen! Arme ausgestreckt!" kommandiert der Zugführer. „Wir wollen jetzt Kniebeugen üben, drei Zeiten."
Er zeigt uns die einzelnen Stellungen vor: „Eins — zwei — drei . . ." Dann gibt er Befehl: „Zwei — eins — drei — zwei — drei — eins . . . So Leute, nun ruht euch ein wenig aus. Der Stuhl bleibt waagerecht in eurer Hand, verstanden?!" Nur wenige Sekunden können wir in dieser anstrengenden Stellung mit dem schweren Stuhl aushalten, dann sacken wir zusammen. Gleich treffen uns kräftige Schläge mit dem Schulterriemen. Mit letzter Energie versuchen wir, wieder in die Hockstellung zu kommen. Nach einer Stunde sind wir am Ende unserer Kräfte. Einige beginnen zu heulen. Im stillen habe ich mir geschworen, nie wieder zu meutern, auch wenn es um die Wahrheit gehen sollte.
Der Teufel ist der größte Sklavenhalter. Mit seinen Schicksalsschlägen, mit seinem totalen Machtanspruch quält er die Menschen oft Tag und Nacht. Die Angst vor Schlägen, vor Not und Krankheit treibt die Menschen willig in seine Arme, sie müssen ihm gehorsam sein. Er ist der Vater der Lüge, deshalb sind Millionenheere von Sündern willige Lügner, alles auszuführen, „voller Ungerechtigkeit, Schlechtigkeit, Habsucht, Bosheit, voll Neides, Mordes, Haders, List, Tücke, sie sind Ohrenbläser, Verleumder, Gottesverächter, Frevler, hoffärtig, ruhmredig, auf Böses sinnend, den Eltern ungehorsam, unvernünftig, treulos, lieblos, unbarmherzig".

Alle, die nicht ein vollständiges Eigentum Christi sind, nennt die Bibel „Knechte der Sünde“.

Uns wurde gesagt, wir seien die „Herrenrasse“. Am deutschen Wesen sollte die Welt genesen. Wir sollten freie Herrscher sein, waren in Wahrheit aber Knechte der Tyrannei und mußten uns hündisch ducken.

Als Jesus mit den Juden über Freiheit und Knechtschaft sprach, waren jene auch der Meinung, sie seien keine Knechte. Jesus aber sagte ihnen: *„Wenn euch der Sohn freimacht, so seid ihr recht frei.“*

Nur durch Jesus gelangen wir zur wahren, göttlichen Freiheit. Die Freiheit als erstrebenswertesten Zustand der Menschheit haben schon viele Dichter, Philosophen, Musiker und sonstige Künstler gepriesen. „Der Gott, der Eisen wachsen ließ, der wollte keine Knechte ...“ schrieb Ernst Moritz Arndt. „Und frei erklär' ich alle meine Knechte ...“ ist Schillers Schlußsatz bei dem Schauspiel „Wilhelm Tell“. „Freiheit, die ich meine ...“ sangen wir damals, obwohl wir geknechtet waren. In der Oper „Fidelio“ singt der Strafgefangene Florestan: „Zur Freiheit, zur Freiheit, zum himmlischen Licht!“

Der Freiheitschor aus der Oper „Nabucco“, der die Sehnsucht der Israeliten nach Freiheit aus der babylonischen Gefangenschaft dokumentiert, ist weltbekannt geworden. Trotz aller Freiheitsproklamationen großer Männer, ideologischer Bewegungen und Philosophen bleibt der Mensch Gefangener in den Banden der Sünde. Hierzu lesen wir in der Bibel:

„Da sprach nun Jesus zu den Juden, die an ihn glaubten: So ihr bleiben werdet an meiner Rede, so seid ihr meine rechten Jünger und werdet die Wahrheit erkennen, und die Wahrheit wird euch frei machen. Da antworteten sie ihm: Wir sind Abrahams Samen, sind niemals jemandes Knechte gewesen; wie sprichst du denn: »Ihr sollt frei werden?« Jesus antwortete ihnen und sprach: Wahrlich, wahrlich, ich sage euch: Wer Sünde tut, der ist der Sünde Knecht. Der Knecht aber bleibt nicht ewiglich im Hause; der Sohn bleibt ewiglich. So euch nun der Sohn frei macht, so seid ihr recht frei.“

„Warum kennet ihr denn meine Sprache nicht? Denn ihr könnt ja mein Wort nicht hören. Ihr seid von dem Vater, dem Teufel, und nach eures Vaters Lust wollt ihr tun. Der ist ein Mörder von Anfang und ist nicht bestanden in der Wahrheit; denn die Wahrheit ist nicht von ihm. Wenn er die Lüge redet, so redet er von seinem Eigenen; denn er ist ein Lügner und ein Vater derselben. Ich aber, weil ich die Wahrheit sage, so glaubet ihr mir nicht.“

Der Teufel hatte in der Zeit meiner ersten Jugendjahre ein System totaler Tyrannei aufgezogen. Eine lückenlose Überwachung strebte man an. Das Spitzel- und Denuntiantenunwesen wurde zu einem undurchdringlichen Netz der Gewalt. Blinder, absoluter Gehorsam war das erste Gebot dieser Ersatzreligion: „Der Führer hat immer recht!"

So auch seine Unterführer. Eigentlich zeigt sich hier nur die äußerliche Personifizierung des Bösen, das über alle Jahrtausende in den verschiedensten Formen seinen Terror über die meisten Menschen ausgeübt hat: die Sünde. Wer aus der Reihe tanzt, erhält Schläge. Nur der vom Heiligen Geist gewirkte Glaube an Gottes unwiderstehliche Liebe und Gnade kann den Terror der Sünde durchbrechen. Von diesen Überwindern ist uns im Brief an die Hebräer im Neuen Testament berichtet:

„Welche haben durch den Glauben Königreiche bezwungen, Gerechtigkeit gewirkt, Verheißungen erlangt, der Löwen Rachen verstopft, des Feuers Kraft ausgelöscht, sind des Schwertes Schärfe entronnen, sind kräftig geworden aus der Schwachheit, sind stark geworden im Streit, haben der Fremden Heere darniedergelegt. Weiber haben ihre Toten durch Auferstehung wiederbekommen. Andere aber sind zerschlagen und haben keine Erlösung angenommen, auf daß sie die Auferstehung, die besser ist, erlangten. Etliche haben Spott und Geißeln erlitten, dazu Bande und Gefängnis; sie wurden gesteinigt, zerhackt, zerstochen, durchs Schwert getötet; sie sind umhergegangen in Schafpelzen und Ziegenfellen, mit Mangel, mit Trübsal, mit Ungemach (deren die Welt nicht wert war), und sind im Elend umhergeirrt in den Wüsten, auf den Bergen und in den Klüften und Löchern der Erde."

Wir erhielten Schläge, weil wir es wagten, aufzubegehren. Wir mußten kapitulieren vor der Tyrannei und der willkürlichen Gewalt. Wer es nicht tat, erhielt tödliche Schläge. Von Überlebenden aus dem KZ-Lager Buchenwald wird über die Folter eines Pfarrers berichtet, der die Wahrheit mehr liebte als die Lüge: „Im September 1937 wurde Pfarrer Schneider nach Buchenwald gebracht. Als er bei der damals eine Zeitlang üblichen Flaggenparade ... nicht die Mütze abnahm, erhielt er sofort 25 Stockhiebe und wurde in den Bunker geworfen. Dort blieb er mehr als 18 Monate. Später war Schneiders Zelle ständig verdunkelt, auf dem Boden stand das Wasser fünf Zentimeter hoch, die Wände waren völlig naß. Der Pfarrer durfte sich während der ganzen Bunkerhaft niemals waschen, er wurde auch niemals zum Baden geführt, wie es bei anderen Arrestanten der Fall war. Infolgedessen waren seine Kleider völlig verlaust. Am ganzen Körper hatte er bis zu faustgroße Löcher von Schlägen. Die Wunden eiterten ständig, da er selbstverständlich kein Verbandszeug oder ähnliches zum Behandeln erhielt. Als das Martyrium zu lange dauerte, bekam der Pfarrer Herzlähmungsmittel ins tägliche Essen. Er starb an Kollaps, als er abermals von SS-Posten mit Ochsenziemern geprügelt wurde. Seine Frau und seine Kinder baten den Lagerkommandanten Koch um Erlaubnis, den toten Vater noch einmal sehen zu dürfen. Aus Propagandagründen wurde die Erlaubnis erteilt. Um die entsetzlichen Entstellungen der Leiche zu verdecken, wurde der tote Kamerad von einem SS-Friseur geschminkt und bekam eine Perücke aufgesetzt. Dann wurde er unter Blumenschmuck feierlich in der Truppengarage aufgebahrt. Nachdem die Familie unter Tränen von ihrem toten Vater Abschied genommen hatte, wurden die Angehörigen von Koch hinausbegleitet. Bei der Verabschiedung sagte er zu Frau Schneider: »Ihr Mann war mein bester Häftling. Gerade, als ich ihm seine Entlassung mitteilen wollte, starb er an Herzschlag!«"

Zu den religiösen Heuchlern und Lügnern sagte Jesus: *„Weh euch, Schriftgelehrte und Pharisäer, ihr Heuchler, die ihr gleich seid wie die übertünchten Gräber, welche auswendig hübsch scheinen, aber inwendig sind sie voller Totengebeine und alles Unflats! Also auch ihr, von außen scheinet ihr vor den Menschen fromm, aber inwendig seid ihr voller Heuchelei und Untugend."*

Blumenbekränzt, geschminkt und unter einer Perücke und Maske der Lüge quält der Teufel auch heute in allen Ländern der Erde Menschen zu Tode.

Nach außen proklamieren sie Freiheit und sind innerlich entzündet von der Sünde und Hölle. Jedes Ausbrechen aus diesem Teufelskreis ist ohne Christus aussichtslos. Die Menschen gleichen ohne Ihn den Strafgefangenen, die zu lebenslanger Haft in einem dunklen Keller verurteilt sind. Ihnen wäre mit Leichtigkeit zu beweisen, daß eine Petroleumlampe die Sonne sei, oder daß die irdischen Freuden das Himmelreich auf Erden bedeuten. Des Teufels Machtmittel ersticken schon im Kern die bescheidenen Anfänge einer Loslösung von der Sünde. So bleiben die Menschen Knechte der Sünde, sie verharren in blindem Kadavergehorsam gegenüber allgemeinen Ansichten und Meinungen. Was bleibt dem einzelnen, kraftlosen Individuum übrig, als stumpf und willenlos der Masse zu gehorchen und sich dem

Schicksal fatalistisch hinzugeben? Nur ein Weg führt aus der Kette — der Weg über das Kreuz von Golgatha —, der Weg der Erlösung und Befreiung durch Jesus Christus.

Wir müssen Polen verlassen. Nach dem Bombenattentat auf Hitler ist die Frontlage im Osten bedenklich geworden. Schon im Juli 1944 haben die Russen die deutsche Südfront durchbrochen und die rumänische und polnische Grenze überschritten. Die Front verläuft zwischen Tarnopol und Lemberg. Die Partisanentätigkeit nimmt an Intensität merklich zu.

Im dämmrigen, ersten Morgenlicht wird Alarm gegeben. Durch das ganze Haus hallt es, als diesmal der U.v.D. von Tür zu Tür rennt und „Alarm! Alarm! Alarm!" schreit. In aller Eile müssen wir Polen verlassen. Innerhalb von einer Stunde sollen die Einheiten feldmarschmäßig mit allem Gepäck bereitstehen. Ein wildes Kofferpacken beginnt. Mit einem Koffer war man angekommen, aber die Muttis hatten vieles in Paketen nachgeschickt, was sie für notwendig befunden hatten. Wo sollte man jetzt alles unterbringen? Alles versucht man hineinzuzwängen; was über den Kofferrand hinaushängt, wird mit vereinten Kräften hineingedrückt. Man legt dazu quer über den Kofferdeckel eine Bank. Drei bis vier Kameraden setzen sich darauf und mit „Hauruck!" drücken sie mit Hilfe ihres Körpergewichtes den Deckel herunter, so daß sie die Riegel schließen können. Manche Koffer halten diese Gewaltmaßnahme nicht aus und platzen. In Eile müssen Pakete gepackt werden. Und hinter uns treiben die „Führer". Ein Panzerdurchbruch hat die Lage unübersichtlich gemacht. Tiefflieger greifen in die Bodenkämpfe ein.

Mit letzten Kräften erreichen wir den drei Kilometer entfernten Bahnhof. Das Gepäck wird in offene Güterwagen geworfen. Für Tausende von Jugendlichen müßten fünf Züge zur Verfügung stehen, doch nur ein Zug ist am Ort. So werden wir in die Wagen hineingepfercht, wie Ölsardinen zusammengepreßt, nur daß wir dabei stehen müssen. Wegen der Tieffliegerangriffe kann der Zug nicht abfahren. Stunden vergehen. Man raunt sich zu, daß polnische Bahnbeamte die Brücke gesprengt oder Panzer sie gesperrt haben sollen. Erst zur Nachmittagsstunde setzt sich der Zug in Bewegung. In C. müssen wir erneut warten. Ein anderer Zug wird angekoppelt. Wir fahren einige Kilometer und stehen wieder auf freier Strecke.

Meine größte Untugend war bisher die Ungeduld. Dieses Stillstehen, dieses Warten macht mich ganz kribbelig. Jede Gelegenheit nütze ich zum Herumspringen, wenn der Zug halten muß. Mit Kochgeschirren in der Hand versuche ich Wasser zu holen. An den Brunnen und Leitungen steht deutlich die Warnung in deutscher und polnischer Sprache: „Vorsicht! Kein Trinkwasser! Typhusgefahr! Trinken verboten!"

Aber was schert das uns? Durst, entsetzlicher Durst will gelöscht sein! Bis zur Lokomotive rennt man, um sich etwas Wasser zu erbetteln. Gerade stehe ich an einer Wasserzapfstelle, da pfeift die Lokomotive, und der Zug fährt los! Ich renne wie wild und erreiche im letzten Augenblick ein Trittbrett. Es dauert nicht lange, da hält der Zug schon wieder. Gleich bin ich in Bewegung.

Es sollte sich herausstellen, daß meine große Ungeduld in dieser Zeit mich vor einer schlimmen Sache bewahrte, die sich Tage später an den anderen Jungen zeigte, als wir unser Ziel erreicht hatten. Etwa 90 Prozent aller Jungen hatten dick geschwollene Beine. Ihre Gelenke waren so dick, daß sie ihre Stiefel nicht schnüren konnten. Ich war einer der wenigen, die keinerlei Fußbeschwerden hatten, da ich mich ständig in Bewegung gehalten hatte.

Doch im Augenblick erleben wir eine gespenstische Nachtfahrt. Zusammengedrückt, wie wir alle sind, beherrscht uns ein Gefühl, über das man aber nicht reden darf: die Angst! — Werden wir durchkommen?

Werden wir von Feinden geschnappt werden oder zusammengeschossen? — Werden wir nach Sibirien verschleppt oder niedergemetzelt werden?

In Richtung Osten sehen wir einen blutrot gefärbten Himmel. Immer näher scheinen die grell zuckenden Blitze zu kommen. Das laute Rattern der Räder unseres Eisenbahnzuges kann das unheimliche Grollen der Front nicht übertönen. Gespannt lauschen wir den Geräuschen des Zuges. Rattatata — Rattatata — Rattatata hämmern die Räder. Wenn wir nur nicht auf eine Mine fahren. Sch — tata — Sch — tata schnauft die Lokomotive. Solange wir ihr Prusten hören, sind wir etwas beruhigt, bleibt sie stehen, erzittern wir erneut vor Furcht und Ungewißheit. Weit nach Mitternacht, als bereits eine graue Dämmerung den Morgen ankündigt, erreichen wir Krakau. Hohe Partei- und SS-Führer erwarten uns schon sehnlichst. Sie hatten wohl befürchtet, daß wir nicht mehr durchkommen würden. Für sie wäre es entsetzlich gewesen, wenn sich zu den damals noch unglaubwürdig anmutenden Gerüchten über angebliche KZ-Greuel eine weitere

Flüsterpropaganda hinzugesellt hätte: „Sie haben Tausende deutscher Kinder in Polen vergessen! Sie sind von den feindlichen Truppen überrannt worden.“ In Krakau gibt es keinen langen Aufenthalt. Nach einer militärischen Meldung über Anzahl der Jugendlichen und Abfahrtsziel von R. wird grünes Licht zur schnellen Weiterfahrt gegeben. Mit großem Jubel stellen wir bald danach fest, daß die deutsche Grenze überschritten ist. Wir sehen zwar kein Grenzschild, aber einer hat den Rechtsverkehr entdeckt und schreit es über unsere Köpfe hinweg! Deutschland! Wir sind in Oberschlesien. Hier scheint noch alles in tiefem Frieden zu sein. Planmäßige Vorort- und Industriezüge begegnen uns. Auf den Bahnhöfen stehen winkende Menschen. Sie wissen nicht, aus welcher Gefahr, aus welchen Ängsten die Jungen und Mädchen in den Uniformen gekommen sind. Zunächst fahren wir kreuz und quer durch oberschlesisches Industriegebiet. Man weiß offensichtlich nicht, wohin mit uns. Wir sind zu plötzlich gekommen. Das so oft gerühmte Organisationstalent des Regimes versagt. Es vergehen Tag und Nacht. Wir werden nicht einmal umgeladen. Der Zug fährt durch Oppeln und durch Breslau, die Hauptstadt des Landes Schlesien. Ich ahne noch nicht, daß für mich in diesem Landesteil eine Schicksalsführung Gottes über Leben und Tod entscheiden wird, daß ich in dieser Stadt Trauer und Freude zugleich erleben werde.
Es dauert Tage. Langsam aber sicher nähern wir uns der Heimat. Sorau — Sommerfeld — Guben — bald werden wir in Berlin sein! Sie bringen uns in die Heimat — Frankfurt an der Oder!
„Na, haben wir's nicht gleich gesagt?“ Endlich geht's nach Hause! Welch wonnevolles Gefühl nach der hinter uns liegenden harten Zeit! Wir sollen wieder in die Freiheit gelangen! Frankfurt an der Oder — nur 60 Kilometer von der Reichshauptstadt enfernt. In einer Stunde werden wir auf dem Schlesischen Bahnhof in Berlin ankommen. Unbeschreibliche Freude erfüllt uns. Verlorene Söhne kommen heim ins Vaterhaus. Wahrscheinlich wissen die Eltern noch gar nichts davon. Pläne werden geschmiedet, wie wir sie am besten überraschen könnten, wie wir uns verstellen wollen, als würden wir aus Polen telefonieren!
Auf einem anderen Bahnsteig erkennen wir deutlich einen Personenzug, keine 50 Meter von uns entfernt das weiße Schild am Zug mit der Aufschrift „Berlin — Friedrichstraße“. Am Alexanderplatz arbeitet mein Vater. Ob ich ihn wohl als ersten überraschen sollte? Mehr als Kinder sich über eine Weihnachtsbescherung freuen können, über-

wältigt mich der Gedanke, bald in der elterlichen Umgebung sein zu können. Der andere Personenzug setzt sich in Bewegung in Richtung Berlin. Wir winken siegessicher — vielleicht werden wir ihn noch einholen oder sogar überholen, denn wir halten ja nicht in Briesen — Fürstenwalde — Erkner und den anderen Stationen. Wir werden sicher gleich durchfahren.
Auch unser Zug fährt kurze Zeit danach ab. Aber was ist denn das? In entgegengesetzter Richtung? Gibt es auch einen anderen Weg? Vielleicht sollen wir zum Görlitzer Bahnhof über Beeskow? Noch immer befinden wir uns im Grenzgebiet von Berlin. — Bald erstirbt jedoch unser Stimmengewirr. Uns wird ganz elend zumute. Der Zug fährt mit großer Geschwindigkeit in Richtung Süden. Cottbus — Senftenberg — Bautzen — unsere neuerliche Ahnung wird zur Gewißheit: Wir kommen tatsächlich auf dem Görlitzer Bahnhof an, aber nicht in Berlin, sondern in Görlitz! Um unsere maßlose Enttäuschung ein wenig zu illustrieren, möchte ich eine Begebenheit schildern, die sich kurz nach dem Ersten Weltkrieg zutrug!

FLUCHT AUS ST. NAZAIRE

Seit Jahren waren sie gefangen. Vor Reims hatten sie gekämpft und die Kathedrale dieser Stadt getroffen, ein „Heiligtum" der Franzosen! Um so strenger daher ihre Gefangenschaft. Wer jahrelang nur Stacheldrahtzäune, Wachttürme, die aufgepflanzten Seitengewehre und die öden Holzbaracken gesehen hat, dem steht Tag und Nacht nur ein Leitgedanke vor Augen: Freiheit! „Wer einmal aus dem Blechnapf fraß!" Hier waren es Hunderte, die den Gedanken: Zur Freiheit! Zur Freiheit! in sich trugen. Am Tage hatten sie schwerste Arbeit im Hafen zu verrichten, des Nachts schmiedeten sie Pläne für einen Ausbruch.
Viele hatten es schon unter Einsatz ihres Lebens und Aufbietung aller Kraft versucht. Die Freiheit endete jedoch meist sehr schnell, und sie waren wieder ins Gefangenenlager zurückgebracht worden. Der Arrest war strenger, doch es hinderte sie nicht, von neuem an einen Ausbruch zu denken und zu versuchen, die geringen Möglich-

keiten für eine Flucht zu nutzen, um die elende Gefangenschaft zu überwinden.

Einer befand sich unter den Gefangenen, der hatte es schon mehrmals gewagt. Zu zweit, zu dritt, zu viert hatten sie sich jedesmal aufgemacht, waren aber von ihren Häschern ergriffen und zurückgeschleppt worden. Diesmal wollte er es ganz schlau anfangen. Seine Idee war: allein! Ganz allein wollte er es ein weiteres Mal unternehmen. Auch sollte ihm ein anderer Weg zur Freiheit verhelfen. Nicht direkt in Richtung Deutschland, nein, sondern zum Süden über Spanien wollte er es versuchen. Die Wege nach Deutschland waren viel zu scharf überwacht, die Kontrollen überstand man nicht, das hatte die jüngste Vergangenheit bewiesen. Es war zwecklos, sich in dieser Richtung zu bewegen. Noch ehe einer die Grenze erreicht hatte, war er von den Spürhunden der Polizei entdeckt und ging den Weg ins verhaßte Lager zurück — in Handschellen.

Diesmal mußte es ihm gelingen! Er spielte krank. Laufend meldete er sich beim Lagerarzt. Seine Verpflegungsration wurde dann zwar gekürzt, aber er gewann Zeit für seine besondere Arbeit. Wenn die Kameraden im Hafen waren und er allein in der Baracke, machte er sich an seine wagehalsige Aufgabe. Um Zeit zu gewinnen, grub er einen Tunnel. Wenn sein Vorhaben gelang, so hatte er eventuell sechs Stunden Vorsprung, ehe die Wache etwas merkte. Er löste zunächst einige Bretter unter seinem Bett. Die mühevolle Kleinarbeit begann. Es galt, einen 250 bis 300 Meter langen Gang zu graben, der breit genug war, daß ein Mann hindurchkriechen konnte. Wieviel Schweiß, Kräfte und Ausdauer zu solch einem Unternehmen ohne geeignetes Handwerkszeug nötig sind, läßt sich kaum beschreiben. Dabei in ständiger Gefahr, entdeckt zu werden und wieder um eine Hoffnung ärmer zu sein. Zusätzlich das äußerst schwierige Problem, die überflüssige Erde unauffällig zu beseitigen. Tag um Tag, Woche für Woche und Monat um Monat vergingen, ehe es endlich so weit war, daß das Unternehmen „Ausbruch“ gestartet werden konnte.

Erschöpft, müde, zerschlagen kamen die Kameraden von ihrer Arbeit. Nach dem Abendbrot spielten einige noch, andere lasen oder schrieben einen Brief voller Sehnsucht in die Heimat. Bei Anbruch der Dämmerung verkrochen sich die ersten bereits in ihre harten Betten. Bald schliefen alle. Jetzt konnte er beginnen. Es war Sommerzeit, die Nächte kurz, da mußte man schnell handeln, um keine Zeit zu vergeuden. Zum letzten Mal zog der heimliche Ausbrecher die

Dielen unter seinem Bett hervor. Mit etwas zusammengespartem Geld und einiger Verpflegung stieg er in den naßkalten, schmalen, unterirdischen Tunnel. Es ging nur auf allen Vieren voran. Über der Erde waren Schritte zu vernehmen, die Wache ging ihre Runde. Sand stürzte in den Gang, das Herz schien vor Erregung zerspringen zu wollen. Sollte es in letzter Sekunde doch noch schiefgehen? Die Geräusche entfernten sich, der Gefangene atmete auf. Nur noch wenige Meter, dann noch einmal ein bis zwei Meter Sand zurück in den Gang geschüttet, die Arbeit war geschafft. Sommerliche Nachtluft empfing ihn, frischer Sauerstoff drang in seine Lungen. Vorsichtig streckte er den Kopf in die Höhe. Ein Stein fiel von seinem Herzen — er hatte die Richtung nicht verfehlt. Der Ausstieg lag hundert Meter jenseits des Stacheldrahtzaunes. Er konnte die Stimmen der Wachtposten vernehmen. Sie plauderten in ihrer melodischen Sprache.

„Sprung auf — marsch — marsch!" Schnell war er im Dunkel der Nacht untergetaucht und lief, munter wie ein Bach, der Freiheit entgegen.

Nur zu bald wurde es Tag. Er konnte nur nachts marschieren. Am Tage hieß es, einen geeigneten Unterschlupf zu finden, in hohen Kornfeldern und anderen geeigneten Büschen. Es folgten Wochen mit anstrengenden Märschen, großen Entbehrungen und vielfachen Ängsten. Am Tag quälte ihn oft unsäglicher Durst, der Hunger wurde mit Körnern von Roggen und Weizen und anderen Früchten notdürftig gestillt. Da er leider keine Landkarte auftreiben konnte, ging alles mühsam voran. Doch endlich erreichte er das Grenzgebiet nach Spanien hin. Die letzte Nacht verbrachte er in einem Gebüsch, das etwa hundert Meter von der Grenze entfernt war. In der ersten Morgendämmerung rannte er los, wie vom Teufel gejagt, der spanischen Grenze zu. Es hinderten ihn nicht die wunden Füße, die durchnäßten Kleider; seine Gedanken zur nahenden Freiheit allein beflügelten ihn. Sehnsüchtig hielt er Ausschau nach einem Ortsschild. Der Weg zur Grenze schien kein Ende nehmen zu wollen.

„Halt! Stehen bleiben! Hände hoch! Sie sind gefangen!"

Wie ein Donnerschlag traf ihn der plötzliche Anruf. Französische Grenzposten kamen aus einem nahen Gebüsch auf ihn zu und ergriffen ihn.

Zerknirscht und wutentbrannt, von maßloser Enttäuschung gepackt, schaute der Flüchtling auf die bedrohlichen Gewehrläufe. Es war zwecklos, Widerstand zu leisten. Alles war umsonst!

Ein älterer Beamter, offensichtlich der Leiter der Grenzwacht, kommt heran. Aug' in Auge stehen sie sich gegenüber. Der deutsche Flüchtling entdeckt etwas Seltsames: der Franzose hat feuchte Augen! „Schade", sagt er, „schade, Sie waren schon auf spanischem Gebiet! Wenigstens 500 Meter weit waren Sie bereits von der französischen Grenze entfernt. Ich habe Sie genau beobachtet. Die Grenze zieht hier nämlich eine Schleife, und so sind Sie wieder auf französisches Gebiet geraten! Schade, schade!" Dann wird er abgeführt. Er kommt zurück nach St. Nazaire in schärfsten Arrest. Aber alle Mißhandlungen und Strafsonderdienste waren harmlos gegen den Gedanken: „Du Narr! Du warst schon in der Freiheit und hast es nicht gewußt! Du hättest die Heimat erreichen können und bist in eine Falle gelaufen!" Wie oft mag er bei diesem Gedanken geweint haben in ohnmächtiger Wut! So nah und dennoch das Ziel verfehlt!

Unsere Enttäuschung war wohl annähernd so groß, als wir auf dem Görlitzer Bahnhof ankamen und erfahren mußten, daß es in die Tschechoslowakei gehen würde. So nah sind wir unserem Ziel gewesen, der sehnsüchtig erwarteten Heimat. Die Vorortzüge zur Hauptstadt Berlin hatten wir schon gesehen und wurden doch wieder von der Heimat weggeführt.

Wieviel Menschen haben schon das Wort Gottes in Vollmacht und ganzer Klarheit vernommen! Sie kannten Arbeitskollegen, Nachbarn, Verwandte oder Mitschüler, die ihnen Gottes Botschaft vor Augen geführt haben: „Jesus Christus hat das Gefängnis der Sünde gesprengt und den Menschen die Freiheit geschenkt, die Vergebung der Sünden, ein reines Gewissen, unbelastet und fröhlich für Gott zu leben." Viele gibt es, die haben eine Schrift in die Hand bekommen mit der frohen Botschaft des Evangeliums, andere sind sogar eine Zeitlang in die Gottesdienste gegangen, aber sie sind wieder in die Gefangenschaft der Sünde geraten. Sie haben viele Stunden an der Grenze der Entscheidung gestanden.

Ein König hörte einst den Apostel Paulus, der sich freiwillig in die irdische Gefangenschaft begeben hatte, um vor dem Hohen Rat seine Missionsbotschaft predigen zu können. Im biblischen Bericht finden wir folgenden Wortlaut:

„Über dem, da ich auch gen Damaskus reiste mit Macht und Befehl von den Hohenpriestern, sah ich mitten am Tage, o König, auf dem Wege ein Licht vom Himmel, heller denn der Sonne Glanz, das mich und die mit mir reisten, umleuchtete. Da wir aber alle zur Erde niederfielen, hörte ich eine Stimme reden zu mir, die sprach auf he-

bräisch: Saul, Saul, was verfolgst du mich? Es wird dir schwer sein, wider den Stachel zu lecken.
Ich aber sprach: Herr, wer bist du? Er sprach: Ich bin Jesus, den du verfolgst; aber stehe auf und tritt auf deine Füße. Denn dazu bin ich dir erschienen, daß ich dich ordne zum Diener und Zeugen des, das du gesehen hast und das ich dir noch will erscheinen lassen; und will dich erretten von dem Volk und von den Heiden, unter welche ich dich jetzt sende, aufzutun ihre Augen, daß sie sich bekehren von der Finsternis zu dem Licht und von der Gewalt des Satans zu Gott, zu empfangen die Vergebung der Sünden und das Erbe samt denen, die geheiligt werden durch den Glauben an mich.
Daher, König Agrippa, war ich der himmlischen Erscheinung nicht ungläubig, sondern verkündigte zuerst denen zu Damaskus und zu Jerusalem und in alle Gegend des jüdischen Landes und auch den Heiden, daß sie Buße täten und sich bekehrten zu Gott und täten rechtschaffene Werke der Buße.
Um deswillen haben mich die Juden im Tempel gegriffen und versuchten, mich zu töten. Aber durch Gottes Hilfe ist es mir gelungen und stehe ich bis auf diesen Tag und zeuge beiden, den Kleinen und Großen, und sage nichts außer dem, was die Propheten gesagt haben, daß es geschehen sollte, und Mose:
daß Christus sollte leiden und der erste sein aus der Auferstehung von den Toten und verkündigen ein Licht dem Volk und Heiden.
Da er aber solches zur Verantwortung gab, sprach Festus mit lauter Stimme: »Paulus, du rasest! Die große Kunst macht dich rasend.«
Er aber sprach: »Mein teurer Festus, ich rase nicht, sondern ich rede wahre und vernünftige Worte. Denn der König weiß solches wohl, zu welchem ich freudig rede. Denn ich achte, ihm sei der keines verborgen; denn solches ist nicht im Winkel geschehen.«
Glaubst du, König Agrippa, den Propheten? Ich weiß, daß du glaubst!
Agrippa aber sprach zu Paulus: »Es fehlt nicht viel, du überredest mich, daß ich ein Christ würde.«
Paulus aber sprach: »Ich wünschte vor Gott, es fehle nun an viel oder an wenig, daß nicht allein du, sondern alle, die mich heute hören, solche würden, wie ich bin, ausgenommen diese Bande.«"

„Es fehlte nicht viel — ich wäre der ewigen Höllenpein entronnen, ich hätte das Himmelreich durch die Annahme der Gnade Gottes erreicht." Welch ein schauriger Gedanke bei Menschen, die ihre Ewigkeit in großer Qual, entfernt von Gott werden zubringen müssen und immer wieder zu dem Schluß kommen: Es fehlte nicht viel ... beinahe hätte ich es geschafft! Ich kannte alles, aber ich habe es hinausgeschoben, bis es zu spät war. Nun bin ich in Feindesland, verraten, versklavt, verkauft und verloren für die Ewigkeit.

VERIRRT IN FEINDESLAND

Den kleinen Ort „R." in der Tschechoslowakei findet man auf größeren Landkarten nicht. Hier in den unendlich scheinenden böhmischen Wäldern fanden wir unser neues Quartier. Die Standort- und Lagermannschaftsführer waren jetzt Angehörige der Waffen-SS. Nach dem Attentat auf Hitler sollten nicht mehr Offiziere unsere Vorgesetzten sein, sondern „Linientreue". Mit spürbarem Argwohn steigerte sich unser Schleifdienst. Wie gut kann ich mich an das stundenlange Üben vom Antreten erinnern, das einen ganzen Tag lang währte. Dabei fiel sogar das Mittagessen aus. Obwohl wir es in dem vergangenen Jahr schon mehrere hundert Male geübt hatten, so daß wir es wie im Schlaf konnten, ging es unserem neuen Lagermannschaftsführer viel zu langsam. Er hatte sich vorgenommen, daß die ganze Formation in 15 Sekunden vorschriftsmäßig angetreten sein sollte. Dabei mußten wir auf den Ton seiner Pfeife warten, aus dem Zimmer herausstürmen, einen langen Flur entlangrennen und die Treppen förmlich hinunterstürzen. Unten empfing er uns zählend: 21 — 22 — 23 — bis wir keuchend in Reih und Glied standen.
„Was schnauft ihr so, ihr Memmen? Nach 30 Sekunden Spaziergang braucht ihr doch nicht so zu tun, als hättet ihr eine Anstrengung hinter euch, ihr ...! Ich werde euch euern Starrsinn schon brechen!" Es folgte noch ein Repertoir von Kraftausdrücken, das ich hier nicht wiedergeben kann.
„Lagermannschaft weggetreten, marsch, marsch!"
Wiederum ging es in die Stube, und von neuem begann das tragikomische Schauspiel. Einige stürzten auf der Treppe und verletzten sich. Immer dasselbe! Man nannte es eine gute Übung für den Ernstfall.

Das Leben der Sünder bleibt auch immer das gleiche. Es dreht sich wie im Kreise nach der Leierkastenmelodie eines Karussells.
Die Mode wechselt, die Mode diktiert, die Massenmedien führen zu einem starren, uniformierten Einheitsdenken. Idole und Stars steigen aus dem Nichts empor. Glitzernd und strahlend hängen sie am Himmel der Phantasie der Menschen ohne Hoffnung und fallen wie Sternschnuppen wieder ins Nichts.
Unsere damaligen Ideale waren längst zerstört durch die ernüchternden Tatsachen. Wir waren abgestumpft genug, den Ereignissen teilnahmslos entgegenzusehen. Unser Leitspruch hieß: „Stur wie ein Panzer, ohne Geist und Nachdenken zum Verrecken!"
Nur von einem Sehnen waren wir Tag und Nacht erfüllt — dem Heimweh. Heimweh — du unstillbares Verlangen in feindlicher Fremde!
Heimweh — du sehnsüchtiges Verlangen zum Ort des Glücks, der Geborgenheit, der Liebe, der Freude und des Friedens. Eine für manchen anmaßend klingende Wahrheit ist es und wird es bleiben: Alle Menschen, die auf Erden leben und lebten, haben oder hatten ein Heimweh zum Ort der Glückseligkeit, dem Paradies, dem Himmel — zum Vater aller Väter —, zu Gott, dem herrlichen Schöpfer Himmels und der Erde. „Unsere Seele ist unruhig, bis sie ruht, o Gott, in Dir", sprach vor hunderten von Jahren der Kirchenvater Augustin. Der vielgeplagte, weltbekannt gewordene Mann Hiob, ein Mann aus steingrauer Urzeit, erkannte schon die Unruhe der heimwehkranken Seelen aller Menschen: *„Der Mensch, vom Weibe geboren, lebt kurze Zeit und ist voller Unruhe, geht auf wie eine Blume und fällt ab, flieht wie ein Schatten und bleibt nicht."*
Das glückliche Ahnen ist in uns geblieben, ein unbändiges Sehnen zum Paradies — der Heimat für Heimatlose.
Innerlich starb ich fast vor Heimweh. Wie lange schon hatte ich nur geistlose Phrasen, nerventötende Übungen, sinnloses Training und Ausrottung jeder individuellen Regung über mich ergehen lassen müssen. Der uns verblödende Mechanismus, der tötende Zeitvertreib, die ganze Sinnlosigkeit dieser Epoche konnte mir dennoch das Heimweh zu einer anderen Welt nicht zerstören.
Irgendeine Stimme ruft meinen Namen. Ich weiß nicht, wer mich ruft, ich höre nur: „Müller-Bohn, zum Lagermannschaftsführer zur Meldung!" Wie ein dressierter Schäferhund jage ich hinunter zur Schreibstube.
„Melde mich gehorsamst zur Stelle!"

Vor mir steht der Lagermannschaftsführer mit einer lächelnden, vielsagenden Miene. „Ja, mein Lieber, ich habe eine erfreuliche Mitteilung für dich. Du bekommst fünf Tage Heimaturlaub."
„Zu Befehl, fünf Tage Heimaturlaub!"
Wie aus einer Pistole geschossen kommt meine Echoantwort. Vor Freude verspüre ich einen solchen Herzstich, daß ich meine, einer Ohnmacht nahe zu sein. Fast hätte ich geweint, aber das hat man uns abgewöhnt.
„Ja, mein Lieber, da staunst du sicher, fünf Tage Heimaturlaub in einem nicht luftgefährdeten Gebiet — verstanden? Nun verständige deine Eltern, die Urlaubspapiere liegen fertig in der Schreibstube."
Als ich mich im Gang befinde, habe ich das Empfinden zu schweben. Ich ahne nicht, welch eine Fülle an unbeschreiblichen Gefühlen mich in den nächsten Stunden überwältigen werden. Einerseits ist mir, als würde ich mit einer großen Liebe zum Traualtar schreiten, andererseits aber schleicht sich zweifelnde Angst in mein Herz. Wie oft haben wir es schon erlebt, daß ganz plötzlich Urlaubssperre einsetzte. Man kann in diesen Tagen erst sicher sein, wenn man im Zug sitzt. Dann denke ich an Polen. Auch damals war ich schon mal zum Urlaub aufgerufen und hatte mich hemmungslos meiner Freude hingegeben. Doch wenige Tage vor meiner Abreise mußte ich erfahren, daß ein anderer Kamerad, der erst vor kurzer Zeit in Urlaub gewesen war, an meiner Stelle einen Urlaubsschein bekam. Damals ergriff mich ein tödlicher Haß gegen viele. Ich verdächtigte meinen Zugführer, daß er mir vielleicht wegen einer frechen Antwort die Suppe versalzen hatte. Den Lagermannschaftsführer haßte ich, weil er es mir krumm genommen hatte, daß ich ihn nicht mit seinem ganzen Rangtitel anredete, sondern der Einfachheit halber nur „Lamafü" nannte. Intrigen und niederträchtige Gemeinheiten vermutete ich bei vielen meiner Kameraden. Der Kommandeur hatte es mir angesehen, es war ihm nicht entgangen, denn meine Augen blickten finster. So ließ er mich damals in die Schreibstube kommen. „Du glaubst gewiß, dir sei Unrecht geschehen mit der Urlaubssperre. Du beneidest bestimmt deinen Kameraden, der erst kurz vorher aus dem Urlaub von Berlin zurückgekommen ist. Du wirst ihn sicher nicht mehr beneiden, wenn ich dir verrate, warum er diesen Urlaub an deiner Stelle bekommen hat. Dir ist bekannt, daß sein Vater gefallen ist, deshalb hat er seinen ersten Urlaub erhalten. Nun ist seine Mutter aus dem Leben geschieden. Er weiß es noch nicht, aber seine Verwandten werden es ihm mitteilen, wenn er in Berlin angekommen ist."

Wie ein geschlagener Hund schlich ich davon. Nein, dann wollte ich lieber keinen Urlaub.
„Du bist aber der nächste, der in Urlaub geht!" hatte mir der ehemalige Hauptmann noch nachgerufen. Dann kam das Attentat auf Hitler, es folgte der Durchbruch von sowjetischen Truppen, die geschilderte Flucht und danach die lange, lange Urlaubssperre.
Vielleicht würde gerade jetzt wieder etwas dazwischen kommen? Daher meine Zweifel, die mir den rechten Glauben rauben wollten. Warum hatte ausgerechnet ich damals meinen Urlaub zur Verfügung stellen müssen?
Diese Frage wollte mir nicht aus dem Kopf. Heute weiß ich es. Gottes unausdenkbare Voraussicht und Seine gezielte Führung und Bewahrung waren es, die mich leiteten. Obwohl ich Ihn nicht kannte und Ihm auch noch nicht zu folgen gewillt war, umgab mich dennoch Seine vorausschauende Liebe. Welche Auswirkung diese Urlaubsverschiebung von mehreren Monaten haben sollte, begriff ich in der ganzen Tragweite erst Jahre später. Damals hatte ich auf mein „Recht" gepocht. Die Urlaubszeit war vergangen, und bis zum Ende des Krieges hätte ich keinen Anspruch mehr auf ihn gehabt. Aber es ist Gottes Stunde gewesen, was ich als elendes Schicksal angesehen hatte.
Nun war mir auf einmal Urlaub gewährt. Schnell telegrafierte ich nach Berlin. Alle meine Angehörigen und Verwandten waren „Urberliner" und mit Spreewasser getauft, wie man bei uns zu sagen pflegte. Wir hatten keine Verwandten, die in einer anderen Gegend Deutschlands zu Hause gewesen wären, und Berlin war das höchst gefährdete Gebiet mit den vielen Luftangriffen. Die Anordnung, die wir zu beachten hatten, hieß, daß wir uns mit unseren Eltern nur dort treffen dürften — zum Beispiel irgendwo auf dem Lande —, wo keine Gefahr durch Fliegerangriffe gegeben wäre.
Meine Mutter hatte schnell eine Anschrift ausfindig gemacht. In dem Ort Buchendorf, der in Schlesien liegt, wollten wir uns treffen. Das Geld kam nicht mehr rechtzeitig an. Ich hatte aber sehr gespart und so meinen „Notgroschen" zur Hand. In Eile packte ich meine Sachen. Meine Kameraden schauten mir zu wie einem Strafgefangenen, der durch einen Gnadenerlaß vorzeitig seine Zelle verlassen durfte. Mich überkam ein Gefühl, das ich bei der ersten Freude nicht wahrgenommen hatte. Es kam der Tag des Abschieds. Im Unterbewußtsein ahnte ich, daß ein bedeutsamer Abschluß von einer besonders geprägten Zeit meines jungen Lebens bevorstand, ein Abschied vom

Lagerleben, vom militärischen Dienst, von der zusammengewachsenen Kameradschaft in einer Gruppe, die Freud und Leid geteilt hatte. Hunderte Erinnerungen an harte Stunden schossen mir durch den Kopf, die nicht mehr wiederkehren würden.
Eigentümlich, auch die anderen hatten den Eindruck, daß ich nicht mehr zurückkehren könnte. So verlangten sie von mir Andenken. Einer wollte den Flottenkalender, der mir selber nicht gehörte, den ich jemandem zurückgeben mußte. „Wenn ich in Berlin bin und einen neuen entdecke, werde ich dir einen schicken", tröstete ich ihn.
Zunächst fuhr ich nach Prag. Ich sah die „Goldene Stadt" an der Moldau. Ich hatte damals aber keine Ruhe, mir irgendwelche Sehenswürdigkeiten anzusehen. Mich beseelte nur der eine Wunsch, schnellstens mit meiner Mutter zusammenzutreffen. Ich ging zur Bahnhofsauskunft. Dort sagte man mir: „Buchendorf kennen wir nicht." Kurz überlegte ich — ja, richtig! Im Erdkundeunterricht hatten wir es doch gelernt, daß Breslau die Hauptstadt von Schlesien sei. So löste ich eine Fahrkarte dorthin. Auf dem Bahnsteig hatte ich noch etwas Zeit. Ich setzte mich auf eine Bank, stellte den Tornister neben mich und beobachtete die Menschen. Mein Gott, wie sie mich ansahen! Zynisch, verächtlich, haßerfüllt, drohend, gefährlich. Ich sah mich nach anderen Deutschen um, aber es waren weit und breit keine zu sehen. Im Lager hatten wir völlig isoliert gelebt. Wir waren abgeschnitten gewesen vom gesellschaftlichen Leben unseres Volkes. Da unser Haus mitten im Wald stand, weit ab von der Stadt, hatten wir nicht die geringste Berührung mit der tschechischen Bevölkerung gehabt. Ich kannte ja auch die tragische Geschichte dieses Volkes nicht und die bodenlosen Vergewaltigungen. Ich hatte nichts von Lidice gehört oder anderen Greueltaten. Uns Zwölfjährigen hatte man nur gesagt, daß die Tschechen uns um Schutz gebeten hätten. Wir wären also als Freunde im Land. Und nun diese Blicke? — Ich fürchtete mich. Nie hatte ich gleiche Blicke in Polen wahrgenommen. Dort waren wir mit der Bevölkerung sehr gut zusammengekommen, sie war uns immer freundlich begegnet. Hatte es an dem Standortkommandanten gelegen? Eines ahnte ich: Wenn diese Menschen handeln könnten, wie sie wollten, sie würden mich wahrscheinlich zerfleischen. Was hatte ich nur getan? Wenn doch bloß endlich der Zug kommen würde! Wenn ich doch endlich über der Grenze wäre. Ich fragte den Bahnbeamten nach dem Zug. Er gab mir aber keine Antwort.
Da kommt mir eine fragwürdige Hilfe in dieser unangenehmen Situation: Fliegeralarm!

Seit mehr als einem Jahr hörte ich dieses Sirenengeheul nicht mehr. Hier begegne ich wieder der Wirklichkeit des Krieges. Wir müssen in einen Tunnel. Dort treffe ich Deutsche in Uniform. Erleichtert atme ich auf, obwohl ein Luftangriff droht. Doch Prag wurde nicht angegriffen. Als ich mit den Deutschen wieder auf den Bahnsteig komme, wird gerade bekanntgegeben, daß über die Strecke Königgrätz—Kollin kein Zug mehr nach Deutschland fährt. Es war gerade die gewählte Strecke nach Breslau. Die Amerikaner hatten die Eisenbahnschienen zerbombt. Was tun? Der zweite Urlaubstag hatte begonnen. Ich sehe mich nach einer Übersichtskarte um und entdecke sie. Aha, über Brünn in Richtung Osten geht es auch, zwar mit einem gewaltigen Umweg, aber was macht das? Ich will unter allen Umständen heraus aus diesem Land und nach Hause. Plötzlich habe ich nicht nur Heimweh, sondern eine unsichtbare Macht scheint mich aus diesem Land zu ziehen, wo mich solch feindselige Blicke treffen.

Endlich kommt der Zug nach Brünn. Mein Kinderherz schlägt schneller vor Freude. Wenn doch nur der Zug schon abfahren würde! Meine Ungeduld wächst und scheint unerträglich zu werden. Bevor der Zug Brünn erreicht, senkt sich die Nacht über das Land. Im Wartesaal begegnet mir das graue Elend des Krieges — Flüchtlinge und nochmals Flüchtlinge! Die krasse, einschneidende Veränderung der neuen Umgebung rüttelt mich wach.

In unserem Lager inmitten tiefgrüner Tannen hatten wir täglich Blaubeeren gesucht. Eimerweise hatten wir sie in der Küche abgeliefert. Abgesehen vom strengen Dienst waren wir von einer idyllischen Landschaft umgeben. An einem verträumten Wasser mit hohem, undurchsichtigen Schilfrand surrten schlanke, unermüdliche Libellen hin und her — eine märchenhaft schöne Umgebung. Zeitweilig läßt uns der Teufel träumen; die Umwelt erscheint märchenhaft schön und rosarot. Wir träumen und hoffen, doch plötzlich werden wir aus dem sanften Schlaf gerissen.

Der verlorene Sohn glaubte zunächst auch, im Paradies zu sein. Die schönsten Vergnügungen, die reizendsten Gesellschaften, umgeben von einer schwärmerischen Frauenwelt, ein Leben in Saus und Braus, ergötzliche Spiele, Erfüllung aller Wünsche, sichere Geldreserven und keine Verantwortung gegenüber dem „verknöcherten, alten, strengen Vater"! Kleine Unannehmlichkeiten — wer hat sie nicht? Die ersten roten Zahlen auf dem Bankkonto? Aber solange wir Kredit haben, geht noch alles gut. Noch einmal gehoben den funkelnden Wein — süß schläft er ein und erwacht — bei den Schweinen!

Der Anblick des Warteraumes in Brünn wirkte ernüchternd auf mich und war einem Stall ähnlich. Abgehetzte, heruntergekommene, menschenunwürdig aussehende Gestalten lagen herum. Es stank nach Bier, kaltem Zigarettenrauch, Schweiß, Urin und Schlimmerem. Zwei Realitäten standen mir vor Augen: das feindliche Land mit dem Haß in den Augen der Bewohner und eine ungewisse Zukunft.

Erst als sich der Zug von Brünn in Richtung Deutschland in Bewegung setzte, wurde mir wohler ums Herz.

Ein tschechischer Bahnbeamter kommt. Er sagt mir, daß ich einen großen Umweg mache und deshalb nachlösen müsse. Ich erkläre ihm meinen Umstand, daß es doch nicht mein Verschulden sei, daß die Züge nicht fahren können. Er meint zynisch: „Ja, dann hätten Sie in Prag warten müssen, bis die Strecke wieder hergestellt ist!" So übergebe ich ihm mein letztes Geld, er gibt mir dafür einen neuen Fahrausweis. Ein verlorener Sohn ohne Geld ist doppelt elend. Wenn Millionäre den Reichtum Christi verachten und abschlagen, so haben sie sich wenigstens hier einige Annehmlichkeiten schaffen können, die der gewöhnlich Sterbliche sich nur erträumen kann. Stößt aber ein durchschnittlich Bemittelter oder gar ein Armer Christus von sich, so ist er doppelt geschädigt. Der Ewigkeitsruf Gottes an den reichen Kornbauern, dem Millionär damaliger Zeit, hieß: *„Du Narr! Diese Nacht wird man deine Seele von dir fordern; und wes wird's sein, das du bereitet hast? Also geht es, wer sich Schätze sammelt und ist nicht reich in Gott."*

Dem einfachen oder armen, betrogenen Menschen ohne Jesus gilt alles doppelt. Vom Reichen sagte Jesus: *„Es war aber ein reicher Mann, der kleidete sich mit Purpur und köstlicher Leinwand und lebte alle Tage herrlich und in Freuden. — Der Reiche aber starb auch und ward begraben. Als er nun bei den Toten war, hob er seine Augen auf in seiner Qual und sah Abraham ferne und Lazarus in seinem Schoß . . ."*

Nicht die Armut hatte Lazarus ins Himmelreich gebracht, genauso gut brauchte uns irdisches Wohlergehen nicht in die Hölle zu bringen. Es werden am Ort der Qual ehemals Reiche und Arme sein, so auch im Himmelreich Arme und Reiche. Nur ein Unterschied: Die Armen am Ort der Qual werden erkennen, daß sie auf Erden schon so wenig an guten Dingen gehabt haben; viel Not, Kummer, Sorgen, Elend, Krankheiten, Depressionen, Schicksalsverzweiflungen und manches andere waren ihnen beschieden. Hier nun ist die Qual unbeschreiblich größer geworden.

Auf der Fahrt von Brünn nach Deutschland wurde mir auf einmal deutlich bewußt, daß ich in höchster Gefahr stand; ein betrogener, ein beraubter, ein verfolgter und verlorener Sohn.
„Als er nun all das Seine verzehrt hatte, ward eine große Teuerung durch dasselbe Land, und er fing an zu darben."
Hunger hatte ich zwar noch nicht, der sollte erst später kommen. Ich war froh, im richtigen Zug zu sitzen, aus dem feindlichen Land der Heimat entgegenzufahren. Was hätten mir alle Schätze der Erde genützt, wenn ich in Feindesland umgekommen und verdorben wäre?
In Mährisch-Ostrau hält der Zug. Wieder heulen die Sirenen ihren jämmerlichen Todesgesang über Stadt und Land. Zwischen dem Auf und Ab der heulenden Töne hört man in der Ferne unzählige Sirenen wie hundertfaches Echo. Fanfaren des Untergangs, Posaunen wie zum Endgericht, schauerliche Töne zum Auftakt der Zerstörungen. Aus den geöffneten kleinen Wagentüren des Zuges quellen die Menschenmassen hervor. Sie ahnen noch nicht den kommenden Großangriff. Welle auf Welle, ein Bomberstrom über Hunderte von Kilometern naht heran. In der Umgebung befindet sich so viel wie keine Abwehr. Dafür aber geeignete Ziele: Ölraffinerien und Pulverfabriken, die Nachschubvorräte des Todes.
Von Feinden umgeben stehe auch ich in einem schmalen Keller. Wieder treffen mich haßerfüllte Blicke. Von ihren Augen kann ich es ablesen: „Euretwegen müssen wir dies alles erleiden! Ihr Teufel! Ihr Plünderer! Ihr Kriegsverbrecher! Du bist auch einer von ihnen! Deine Uniform hassen wir! Wenn wir das verbogene Kreuz und den Geieradler sehen, kocht uns das Blut! Wir möchten dich anspeien, auch wenn du noch ein Kind bist! Du gehörst zur Satansbrut, in dir ist auch das Blut eines Hitlers, eines Goebbels, Himmlers und Heidrichs, den wir umgebracht haben."
Ich ahne Schreckliches. Wenn hier Bomben fallen, werden sie dich umbringen. Unruhig zwänge ich mich durch die Menge, um nicht an einem Punkt stehen zu bleiben und von einigen intensiv beobachtet zu werden. Immer wieder diese haßerfüllten Blicke, die mich treffen. Da sehe ich endlich einen deutschen Soldaten in feldgrauer Uniform. Auch er ist kreideweiß vor Angst. Gegen diese Übermacht würde auch seine Dienstpistole nichts ausrichten.
„Komm, Junge, wir müssen hier raus!" flüstert er mir zu. „Wenn hier etwas passiert, schneiden sie uns beiden die Kehle durch."
Wir schieben uns durch die fast undurchdringbare Menge der Tschechen in diesem engen Keller. Dann finden wir noch einen ebenso ver-

ängstigten deutschen Eisenbahner und kurz danach noch einen deutschen Soldaten. Draußen tost ein Höllensturm. Die Luft ist erfüllt vom Heulen und Pfeifen und dem Krachen der zerberstenden Bomben. Ein monotones Gebrumme schwillt an und gleicht in den Explosionspausen einem grollenden Erdbeben. Eine Hinrichtung schlimmsten Ausmaßes hat begonnen. Über unzählige Menschen ist das Todesurteil ausgesprochen!

Rudelweise zischen die Bomben ins Ziel. — Reihenwurf um Reihenwurf, immer zwölf Bomben in Serie. Die Welt scheint unterzugehen. Im Keller ringen wir nach Luft. Der Luftdruck legt sich machtvoll auf Lunge, Herz und Sinne. Mit Fingern in den Ohren und geöffnetem Mund stehen die meisten Menschen im Raum. Wir drücken mit aller Gewalt die Tür zum Vorraum, der eine Treppe höher liegt, auf. Dort legen wir uns flach auf den Boden.

Noch immer ist die Luft erfüllt vom Grollen der vorüberziehenden Bombengeschwader. Die eisenharten Schläge donnern wie unvorstellbar große Berglawinen zu Boden. Meine Kehle scheint wie von unsichtbarer Hand zusammengedrückt. Der gewaltige Luftdruck, ausgelöst durch die fortwährend explodierenden Bomben, reißt mir den Atem vom Munde. Das Inferno erreicht seinen Höhepunkt — in einem Sekundenaugenblick scheinen hundert Einschläge die Erde zu zerreißen. Meine Hand krallt sich in den Ärmel des einen Soldaten, der selbst im Todesbeben erzittert. Ständig kommt es näher und schwillt wieder ab. Es will nicht enden. Gibt es denn keine Hilfe mehr für uns? Wie ein Hagelsturm prasselt die tödliche Fracht nieder. Man hört Munitionszüge explodieren und Fabriken in die Luft fliegen. Kein menschlicher Laut kann die detonierenden Untergangsgeschosse übertönen.

Doch auch diese „Hölle“ hat ein Ende. Als wir aus dem Keller kommen, sehen wir das Werk der Vernichtung. Kirchturmhoch ist die Feuersbrunst. Immer noch explodieren Blindgänger und Munitionsdepots in der Umgebung. Wie eine glühende Woge bewegt sich die Feuerwand weiter. Grausiger Kulissenwechsel: Die vorerst friedliche Landschaft ist in ein Chaos aus Phosphor, Pulverdampf und brandsüßlichem Geruch verwandelt worden. Der Rauchpilz des Todes reicht bis an die Wolken. Sind es Wolken?

War nicht die Luft bis vor einer Stunde noch ungetrübt? Wie ein Wunder — die Stadt selbst ist nicht so sehr zerstört, aber die Gleisanlagen, die Fabriken und die militärischen Anlagen — das Ziel war gut abgesteckt. Auf der Bahnhofskommandantur hören wir, was jeder

Oben: Sowjetische Tiefflieger über Ber
Unten: Eine Gruppe jugendlicher »Soldaten«, geführt von einem Offizier, ist
Gefangenschaft gerat
Der große »Kinderfreund« Hitler schickte 10- bis 15jährige in den Ork
des Untergan

Urlauber ahnen kann: Vorerst fährt kein Zug nach Deutschland. Hat sich denn alles wider mich verschworen? Jetzt beginnt der dritte Urlaubstag. Soll ich wirklich nicht die Heimat sehen? Stunde um Stunde verrinnt. Wir warten, sitzen in einer Kantine und warten.
Am Nachmittag wird ein Notgleis gelegt. Zunächst werden geschlossene Transporte durchgeführt. Die Züge können nur im Schrittempo fahren. Schwerverwundete von der Front werden weitergeleitet. Auf einen solchen Transportzug springe ich rauf. Es ist zwar strengstens verboten, aber es interessiert mich jetzt nicht. Soldaten ziehen mich ins Coupé und verstecken mich hinter ihren Mänteln. Sie geben mir zu essen und Geld! — Vor Freude würgt es in meiner Kehle, ich möchte weinen. Mit Gewalt schlucke ich schnell die aufkommenden Gefühle hinunter. „Deutsche Jungen weinen nicht!“ Die Soldaten unterhalten sich über wahnsinnige Befehle, über chaotische Rückzugsmanöver im Feuerhagel feindlicher Maschinengewehrsalven. Die Sinnlosigkeit dieses teuflischen Krieges kommt mir so recht zum Bewußtsein.
Noch am Abend erreiche ich Breslau. Ich eile sofort zur Auskunft und frage: „Wo liegt Buchendorf?“
„Welches Buchendorf meinen Sie? Es gibt mehrere in Schlesien“, antwortet mir der freundliche Bahnbeamte. Eine Welt scheint mir zusammenzubrechen! Ich zerre das Telegramm meiner Mutter aus der Tasche. Es enthält keine näheren Angaben. Jetzt bin ich am Ende meiner Kräfte. Tränen, heiße Tränen steigen mir in die Augen. Eine Rot-Kreuz-Schwester legt mir tröstend einen Arm auf die Schultern: „Wir werden schon das richtige finden. Wo schläfst du?“ Ich weiß es nicht. „Komm, ich bringe dich zur Bahnhofsmission.“ Unter dem Dach hat man Notbetten aufgestellt. Heute sind gar keine Gäste da. Ich fürchte mich, allein in der großen Dachbodenkammer zu schlafen und steige die fünf Stockwerke wieder hinunter. Mit dem Mann in dem Anmelderaum unterhalte ich mich ein wenig. Ganz beiläufig soll meine Frage nach Luftangriffen klingen, ob man auch die Sirenen hören könne, ich sei sehr müde und ob ich geweckt würde. Diese Angst vor neuen Angriffen war dem vorherigen Erlebnis in der Tschechoslowakei entsprungen.
„Hab’ nur keine Angst, in Breslau hat es noch keinen Angriff gegeben. Es wird auch heute nacht keiner erfolgen.“
Ungläubig und verschüchtert steige ich die fünf Treppen wieder empor. Ohnmachtähnlicher Schlaf besiegt meine Furcht. Wie ein Toter schlafe ich. Am nächsten Tag, meinem vierten Urlaubstag, fahre ich

ben: »Für die Reichshauptstadt wird Fliegeralarm gegeben! Bedeutete es nicht
e Vernichtung von unzähligen Menschenleben, Frauen, Kindern, junger Men-
hen und Greisen, man könnte es für ein schönes Feuerwerk halten!«
ten: Feindflieger über einer deutschen Stadt.
r Rauchpilz des Todes reicht bis an die Wolken.

bei klarem Sonnenschein aufs Geradewohl zum erstbesten Buchendorf. Welch eine gnädige Führung! Ich bin am Ziel! Meine Mutter treffe ich zwar nicht an, sie wartet in Oppeln auf mich. Durch Oppeln bin ich am Tag zuvor gefahren. Wie konnte ich aber wissen, daß Oppeln näher am Zielort liegt, als die große Stadt Breslau. Meine Brüder kommen mir so klein und albern vor. Sie lachen und wollen mich umarmen, aber ich kann nicht mehr lachen. Es kommt mir auch zu weibisch vor, sich zu umarmen. So stoße ich sie zurück. Sie blicken mich ganz fragend und befremdet an. Sie betrachten mich nun mit einem gewissen Abstand. In ihren Augen kann ich die Frage erkennen: „Ist das unser großer Bruder?“ Nein! Hier steht vor ihnen: „XYZ“! „Melde mich gehorsamst zum Urlaub!“

Am Abend desselben Tages kommt meine Mutter ermüdet aus Oppeln zurück. Sie hat meine Brüder tagsüber bei der im Telegramm angegebenen Familie gelassen, um nach mir in Oppeln forschen zu können. Nun findet sie mich endlich vor. Auch sie ist entsetzt und entdeckt den harten, gefühls- und seelenlosen Blick ihres ältesten Sohnes.
„Finster, sehr finster hast du ausgesehen“, sagt sie heute noch zu mir, wenn das Gespräch auf diese unglückselige Zeit zurückkommt. Oft weint sie über ihren großen Sohn. Er hat sich sehr entfremdet und sieht so erbarmungswürdig aus.
„Möchtest du etwas zu essen haben?“ fragt meine Mutter.
„Jawoll!“ rufe ich und schlage die Hacken zusammen. Es ist mir in Fleisch und Blut übergegangen. Sie verschwindet rasch in der Küche und weint und weint.
Ich selbst komme mir wie ausgestoßen vor und passe nicht mehr in diese Welt. Es ist wie ein Wehruf aus vergangenen Tagen. Die Kindheit scheint mir wie ein Traum vorübergegangen zu sein, ich bin ihr längst entwachsen. Gottes Liebe aber wachte auch über mir. Hier befinde ich mich an einer der wichtigsten Weichenstellungen meiner Lebensbahn. Die Hand Gottes erkenne ich zwar nicht, aber sie führt mich dennoch. Am fünften Urlaubstag sollte ich eigentlich zurückkehren.
„Nein, Mutti, ich gehe nicht dorthin zurück! Keine zehn Pferde bringen mich noch einmal in die Tschechei. Wenn du sehen könntest, wie die Tschechen uns anblicken! Dort ist es gefährlich zu leben. Wenn da etwas passieren sollte, dann sind wir alle verloren.“

„Aber du mußt zurück! Es wird dir als Fahnenflucht ausgelegt. Sei doch vernünftig ..." Sie selbst bringt diese Worte nur unter innerlichen Qualen hervor. Am liebsten würde sie ihren Sohn sofort mit nach Berlin nehmen. Aber die Furcht vor der Macht des Regimes, vor den Behörden und der Partei veranlaßt sie, mich zur Rückkehr bewegen zu wollen.
„Du kannst reden, soviel du willst, ich gehe nicht mehr zurück! Bitte, Mutti, laß mich doch nach Hause kommen! Ich will nicht mehr ins Lager!"
„Aber in Berlin gibt es doch gar keine Schulen mehr, und du bist schulpflichtig! Sie werden dich woanders hinschicken, vielleicht in eine nationalsozialistische Erziehungsanstalt oder ..." Sie spricht den letzten Gedanken nicht aus.
„Ich fahre nicht mehr in die Tschechoslowakei, und dabei bleibt es!" Ich weiß selber nicht, was mich so entschlossen und fest macht. Schließlich läßt sich meine Mutter überreden: „Also gut, wir wollen es versuchen. Hoffentlich werden wir unterwegs nicht kontrolliert."
Gott führt alles zum Besten. Durch Seine Hand werde ich gerettet. Mit Bewilligung der Behörde versetzt man mich einige Zeit später nach Schwedt an der Oder. Hier bin ich nur 50 Kilometer von Berlin entfernt und nicht mehr in Feindesland.
Die uniformierten Kinder in der Tschechei in R. wurden vergessen. Als Deutschland schon kapituliert hatte, flohen sie zu Fuß durch die weiten Wälder Böhmens. Nur zwei habe ich wiedergesehen, die mir Schreckliches berichteten. Sie hatten erlebt, wie die amerikanischen Tiefflieger Einzelpersonen angriffen. Ihre Maschinen flogen so tief, daß man erkennen konnte, ob ein Weißer oder ein Neger der Pilot war. Von ihren Maschinengewehrgarben wurden viele getroffen, andere sind von der haßerfüllten Bevölkerung angegriffen worden.
„Aug' um Auge — Zahn um Zahn!" Haß erzeugt neuen Haß, ein ewiger Kreislauf des Verderbens.
Gott hatte mich vor dem Grauen der Verfolgung und den fast unerträglichen Gewaltmärschen bewahrt. Die Gebete meiner Mutter waren beantwortet.

AN DER ODERFRONT

Erinnern Sie sich der Schilderung zu Anfang dieses Buches, als von dem letzten deutschen Schicksalsstrom — der Oder — die Rede war, an deren Brücken sich die Flüchtlinge stauten und danach trachteten, so schnell wie möglich hinüber zu gelangen?
Nach Schwedt an der Oder wurde ich versetzt, nachdem man die Genehmigung erteilt hatte und ich nicht mehr in die Tschechoslowakei zurück mußte, sondern hier eine Schule besuchen konnte. Der Schulbetrieb verlief völlig normal, es war alles friedevoll. Feindliche Fliegerangriffe gab es in dieser strategisch unbedeutenden Stadt so gut wie keine. Wenn dennoch einmal die Sirenen heulten, blieben die Bewohner in ihren Betten. Die großen Scheunen, in denen man die vielen Tabakblätter zum Trocknen aufgehängt hatte, waren kein geeignetes Ziel für Bombenangriffe. Von vormilitärischen Diensten konnte ich hier nichts wahrnehmen. Man hat mich in einem Privatquartier untergebracht. Ich gehe mit anderen zur Oberschule und habe meine Freizeit und keine politischen Dienste. Oft laufe ich zur Oder, die an dieser Stelle ihre zwei Wasserläufe hat, wie am Anfang des Buches erwähnt. Es zieht mich Tag für Tag an diesen Strom, die alte und die neue Oder. Auf ihm fährt täglich ein Personenschiff nach Stettin, der berühmten Hafenstadt an der Ostsee. Der Herbst kommt ins Land. In den Wäldern mit dem herrlich gefärbten Laub gibt es viele Rehe und Hirsche.
In den Weihnachtsferien darf ich noch einmal nach Hause fahren. Als wir Geschwister uns wegen der Weihnachtsgeschenke streiten, sagt unser Vater: „Kinder, zankt euch nicht! Vielleicht ist das unser letztes gemeinsames Weihnachtsfest! Wir wissen nicht, was die Zukunft uns bringen wird!"
In diesen Ferientagen fahre ich auch einmal zu meinem Onkel nach Berlin-Friedenau und sehe die furchtbaren Zerstörungen in der großen Hauptstadt. Kaum eine Straße, die nicht zerstörte Häuser hat, von Bomben zerrissen. Von der S-Bahn aus überblicke ich ganze Stadtteile, die niedergebrannt sind. Aus der Ferne sieht alles wie ein Gebirge von Steintrümmern aus. Einzelne, freigeschaufelte Straßenzüge erinnern daran, daß hier ein blühendes Großstadtleben war. Mancher Bewohner der Stadt ist bereits mehrmals „ausgebombt" — ein Wort, das dem deutschen Wortschatz erst in diesen Jahren hinzugefügt werden konnte. Ausgebombt hieß, die Wohnung mit allem

Hab und Gut durch Brand- oder Sprengbomben verloren zu haben. Man hat lediglich die Sachen auf dem Körper und den kleinen Koffer oder die Taschen mit den wichtigsten Papieren, wie Ausweisen, Lebensmittelkarten, Geburtsurkunden und Versicherungsscheinen mancher Art gerettet.

Inmitten der Schutthalden und Trümmerberge pulsiert dennoch das Leben. Es geht weiter, wenn man sich auch manchmal fragt: wie? Man sieht neu gelegte Straßenbahnschienen, einzelne Doppelstockbusse, die die Menschen zu ihren noch vorhandenen Arbeitsplätzen bringen oder auch noch die sehr rar gewordenen Besuche zu Verwandten und Bekannten ermöglichen.

Mein Onkel hatte nicht mit meinem Besuch gerechnet. Schon nach wenigen Worten begann er zu weinen. Kurz vor dem Fest war der so gefürchtete Brief vom Kompaniechef mit der furchtbaren Mitteilung gekommen: „Ihr Sohn ist bei einem Feindgefecht wahrscheinlich schwerverwundet in russische Kriegsgefangenschaft geraten."

Mit 18 Jahren, gerade von der Garnison an die Front gekommen. Der einzige Sohn — vermißt! Ein Schicksal, das Millionen zur gleichen Zeit erleben und doch für jeden Einzelnen ein unsagbar schweres Leid bedeutet. Mein Onkel hatte nur eine Kerze an den ungeschmückten Tannenbaum gesteckt. Allein saß er jeden Tag seit der Nachricht im Schein der einzigen Kerze und ließ seinen Tränen freien Lauf. Mehr Schatten als Licht im Zimmer und — in seinem Herzen! Meine Tante erzählte mir, daß er unter Schluchzen unzählige Male den Namen des vermißten und so geliebten Sohnes ausgerufen habe: „Mein Klaus, mein kleiner Klaus!"

Diese Weihnachtsferien sind so bedrückend für mich, daß ich aufatme, als ich in Schwedt wieder zur Schule gehen kann. Aber auch hier hat sich das Bild gewandelt. Die ersten düsteren Vorboten einer sich anbahnenden Veränderung sind in den Ort gekommen, Flüchtlinge aus dem Grenzgebiet von Ostpreußen. An den Oderbrücken trifft man Vorbereitungen zur Sprengung. Die Übergänge sind von Posten streng bewacht. An dem letzten großen Flußlauf gegen Osten müssen russische Kriegsgefangene Schützengräben in dem hartgefrorenen Winterboden ausheben. Im Ort sind überall an den Litfaßsäulen, an Häuserwänden und Toren große Plakate angebracht. Sie rufen alle Männer im Alter von 16 bis 60 Jahren auf, sich zum Volkssturm zu melden und die Verteidigung der Heimat zu übernehmen. Die Altersgrenze wird aber in der kommenden Zeit nach unten und oben erweitert, so daß schon ab 10 bis 70 Jahren die

männliche Bevölkerung erfaßt und für den Kampf in der Heimat mobil gemacht wird. Die Jungen wie die Alten werden in viel zu weite und zu lange Uniformen gesteckt. Mit Panzerfäusten und anderen noch vorhandenen Waffen schickt man sie in den Kampf. Ich sah eine Formation jugendlicher „Soldaten", die von einem Unteroffizier angeführt wurde, in viel zu langen Mänteln und mit schleifenden Gewehren zum Dienst marschieren. Vorübereilende Erwachsene schüttelten ihre Köpfe. Dieses letzte Aufgebot zur Landesverteidigung wirkte so lächerlich und tragisch zugleich. Man hätte weinen können, wenn man an das Ende dachte. Seltsam mutete mich die Haltung und geistige Verfassung der Bevölkerung an, die mit dumpfer Gleichgültigkeit den Dingen gegenüberstand. Jeder blickte nur bis zu seinen Fußspitzen, erwartete den nächsten Tag mit Gelassenheit und war froh, den vergangenen Tag relativ gut verbracht zu haben.
Der große „Kinderfreund" Hitler schickt sich an, die heißgeliebte Jugend zu opfern. Zehn- bis vierzehnjährige Jungen sollen den Sturm aus dem Osten bremsen und wenn möglich ganz zum Stehen bringen! Die blassen, mager aussehenden Jünglinge aus Städten und Dörfern werden mit Volkssturmbinden versehen, dem „Hoheitszeichen" der „großen Armee" und zur Hauptkampflinie beordert. Mit Fahrrädern ausgerüstet, an denen je zwei Panzerfäuste befestigt sind, sollen sie als „Panzerjagdkommando" den tausenden feindlicher Stahlkolosse den Tod bringen. Wir Berliner, die wir hier nur Gäste sind, werden noch nicht zur Ausbildung und zu Schanzarbeiten herangezogen. Meine Quartiersleute sind hochbetagt. Ihre Tochter in mittleren Jahren wohnt bei ihnen. Am Abend kommt auch der Sohn, ein Familienvater im Alter von etwa 40 Jahren. Vor wenigen Tagen hat man ihn zum Leiter einer Volkssturmabteilung ernannt. Er zeigt sich als überzeugter Nationalsozialist. Ich wundere mich, daß er es bisher ausgehalten, sich vor dem Kriegsdienst zu drücken.
„Jetzt kommen alle ran!" verkündet er am Abendbrottisch. Er berichtet vom Elend der Flüchtlinge, während im Ofen das Feuer lodert. Wenn er zur Schilderung von grausamen Einzelheiten kommt, flüstert er es seiner Schwester zu, denn seine hochbetagten Eltern möchte er offenbar schonen und sie nicht erschrecken. Auch meine jugendlichen Ohren dürfen noch nicht alles hören. Sein eigener vierzehnjähriger Sohn ist bereits gemustert und muß am nächsten Tag zur Ausbildung in die Kaserne. Als Sohn eines überzeugten Nazis ist es geradezu seine Pflicht, die Waffe zur Verteidigung von Volk und

Vaterland in die Hand zu nehmen. Es wird mir zu brenzlig. So schleiche ich mich in mein Zimmer, um nicht unvermittelt gefragt zu werden, ob ich mich schon freiwillig zur Verfügung gestellt habe. In der Nacht kann ich kaum schlafen. Die quietschenden und knarrenden Räder der vielen Flüchtlingswagen, das Stampfen der Pferde, die lauten Flüche der Kutscher, der Lärm der sich ständig in Bewegung befindlichen Menschenmassen dringt hinein bis in mein Zimmer.
Am Morgen in der Schule kommt die schon erwartete Mitteilung, daß auch wir in aller Kürze an der Panzerfaust ausgebildet werden sollen. In den höheren Klassen sind bereits Parteifunktionäre und Offiziere in Aktion, die „Rekruten" auszusortieren. Es wird die Anordnung getroffen, daß wir nur noch in Uniform zu erscheinen hätten.
Am Nachmittag treibt es mich erneut zu den Oderbrücken. Hier hoffe ich, Neuigkeiten erfahren zu können. Sicher kann man hier den Ernst der Lage am besten erkennen. Ich will mich persönlich orientieren, denn man sieht die Realitäten ungeschminkt vor Augen.
Von den lawinenartig anrückenden Flüchtlingstrecks mit all dem Elend ist zu Beginn des Buches schon berichtet. Ein Brückenoffizier der Pioniere steht in seinem schäbig gewordenen Wehrmachtsmantel und blickt mit müden Augen eines alten, erfahrenen „Fronthasen" in die katastrophal werdende Situation an der Brücke. Zwischen hochbepackten Bauernwagen, die oft von Fremdarbeitern gelenkt werden, wie Polen, Franzosen, Holländern und anderen, die man als Knechte auf deutschen Bauernhöfen eingesetzt hatte, versucht sich ein Offizierswagen schnellstens Bahn zu schaffen. Von der Brückenwache wird der Wagen gestoppt. Der Offizier zeigt einen dringenden Marschbefehl seiner Armee und steckt die wichtigen Papiere wieder hastig in die Meldetasche, als sich plötzlich zwei der Männer überrascht erkennen, der Brückenoffizier und der Stabsoffizier im verschlammten Kübelwagen. Ich werde Zeuge eines dramatischen Gesprächs. Der Stabsoffizier ist aus dem Wagen gesprungen. Äußerst kameradschaftlich und völlig unmilitärisch begrüßen sich die von Rußland her bekannten Frontsoldaten.
„Mensch, was machst du denn hier?"
„Brückenkommando", entgegnet der Gefragte.
„Ist das aber eine Überraschung, dich altes Haus in diesem Schlamassel wiederzusehen!"
„Wo kommst du her?" fragt der Brückenoffizier.
„Von der sogenannten HKL (Hauptkampflinie) — die Front ist völlig zusammengebrochen. Wenn der Iwan so weitermacht, ist er in

fünf Tagen hier. Die Panzerspitzen haben alles überrollt. Bin auf dem Weg zur Berichterstattung beim neuen OB der Armeegruppe." Er kramt aus der Manteltasche eine zerdrückte Zigarettenschachtel hervor und bietet sie dem Brückenoffizier an, während er weiterspricht: „Ich bin froh, wenn dieser dreckige Krieg bald zu Ende ist. Wenn wir nur den letzten Mist noch gut überstehen." Verstohlen blicken beide Offiziere sich um; eine Kopfbewegung, die vielen in diesen Jahren in Fleisch und Blut übergegangen ist. Dabei sieht er mich, der ich in Uniform in greifbarer Nähe stehe.

„In fünf Tagen ist der Russe hier!" — Wie ein elektrischer Schlag durchfährt es mich. Ich wollte eine Antwort, wollte mich überzeugen, ob die Gefahr wirklich so nah ist, wie ich am Abend vorher vernommen habe. Plötzlich kommt mir ein Gedanke, der mich nicht wieder loslassen will: Du mußt hier schnellstens verschwinden! Es war einmal mein höchstes Berufsziel, Offizier zu werden. Jetzt aber, als Zwölfjähriger, verspüre ich in mir ein unbeschreibliches Drängen, das mich vor dem drohenden Verderben bewahren will. Noch am selben Abend verlasse ich Schwedt, zunächst mit der Absicht, meinen Eltern „Auf Wiedersehen" zu sagen, sie noch einmal zu sehen und dann gleich zurückzukehren. Da ich aber keinen Urlaubsschein habe, ist sogar dieses Vorhaben strengstens verboten. Überall wimmelt es von Heeresstreifen, die auch uniformierte Kinder anhalten und überprüfen.

Schnell löse ich mir eine Karte nach Bernau, einem Ort dicht bei Berlin. Von dort aus beginnt der elektrifizierte Stadtverkehr. Während der Fahrt wage ich mich nicht in das Abteil, sondern bleibe bei schneidender Kälte auf dem offenen Perron des alten Personenzuges stehen. Da es mir erbärmlich kalt an den Ohren ist und sie zu schmerzen beginnen, ziehe ich die Ohrenklappen der Feldmütze herunter. Kurze Zeit danach stelle ich mit Entsetzen fest, daß meine Hin- und Rückfahrkarte, die ich hinter die Ohrenklappe gesteckt hatte, verschwunden ist. Auch das noch! Sofort suche ich sie fieberhaft auf der dunklen Plattform. Ich kann sie nicht finden. Sie ist offenbar im Fahrtwind davongeflogen. Was nun? Sie sollte mich nicht nur beim Bahnschaffner ausweisen, sondern auch bei eventuellen Kontrollen von Heeresstreifen beweisen, daß ich nicht im Sinn hatte, zu fliehen, sondern wieder nach Schwedt zurückkehren wollte.

Aber ich komme in keine Kontrolle, nicht einmal der Schaffner fragt mich nach meiner Fahrkarte. In Angermünde muß ich umsteigen. Auf dem Bahnhof wimmelt es nur so von „Kettenhunden", so nannten wir die Männer der gefürchteten Feldgendarmerie. Wie versteinert stehe ich auf dem Bahnhof. Wenn doch nur der Schnellzug aus Stettin kommen wollte! Ich beobachte, wie sie einen Soldaten abführen. Andere lassen sich in lange Diskussionen mit den Feldpolizisten ein. Endlich kommt der Zug. Ich sehe, daß niemand von der Heeresstreife mit einsteigt. Wenn keine Feldgendarmerie im Zug sitzt, werde ich durchkommen. Die D-Zugwagen haben leider keine offene Plattform, deshalb halte ich mich im Gang in der Nähe einer Toilette auf. Endlich ist Bernau erreicht. Der Schaffner hat nicht einmal nach meiner Karte gefragt. Im Bahnhofsvorraum stehen wieder Heeresstreifen, aber auch die sprechen mich nicht an. Erst als die S-Bahn abfährt, fällt mir ein Stein vom Herzen. In der Nacht komme ich bei meinen Eltern an.

Daheim sind sie hocherfreut. Auch sie haben von dem rasanten Vormarsch der russischen Armee gehört.

„Ich muß aber morgen wieder nach Schwedt, Mutti! Wir werden nämlich an der Panzerfaust ausgebildet und sollen die Stadt verteidigen."

„Was, ihr Kinder sollt die Russen aufhalten? Das kommt ja gar nicht in Frage! Du bleibst hier!" erwidert meine Mutter.

„Ich habe aber gar keinen Urlaubsschein. Wir bekommen nicht einmal Lebensmittelkarten, Mutti. Meine Kleider und Sachen sind doch auch alle dort!" gebe ich zur Antwort.

„Auf keinen Fall fährst du zurück!" sagt meine Mutter mit Nachdruck. Es war meine Rettung!

Nach Kriegsende bin ich unter schwierigen Umständen nach Schwedt gefahren und teilweise gelaufen. Die Stadt war so zerstört, so verwüstet, daß ich nicht eine Straße erkennen konnte. Sie glich einer einzigen Steinwüste. Von meinen Sachen habe ich nichts mehr finden können.

Aber mein Leben war von neuem durch eine unsichtbare Hand geführt worden. Die vorauseilende Gnade Gottes! Wieviel Menschen haben das erlebt und nicht als Rettung Gottes erkannt oder anerkannt.

Schicksal? — Glück gehabt? — Mit einem blauen Auge davongekommen? — Dies sind Erklärungen, die zu klein sind für solche Retterwege. Es ist Gottes Liebe, die uns die wichtige Gnadenzeit zur Vorbereitung auf eine himmlische Ewigkeit schenkt.

Doch noch immer verstand ich nichts von alledem.

DER TOD FLOG VORBEI

März 1945. Im Zimmer steht das Rundfunkgerät. Wieder erklingt die Stimme des diensthabenden Offiziers vom Divisionsgefechtsstand Berlin: „Achtung! Achtung! Der Divisionsgefechtsstand gibt bekannt: Die ins Reichsgebiet eingeflogenen starken Bomberverbände haben mit ihren Spitzen den Raum Perleberg—Pasewalk erreicht. Für die Reichshauptstadt wird Vollalarm gegeben!"
„Achtung! Achtung! Der Divisionsgefechtsstand gibt bekannt..."
Immer wieder hallt die Stimme aus dem Flakbunker am Berliner Zoo durch den Äther. Eine Sirene beginnt in der Ferne zu heulen, dann die nächste und näherkommend stimmen die vielen anderen Sirenen mit ein. Plötzlich setzt auch unsere Orts-Sirene ein. Schaurig laut, wie eine Posaune zum Endgericht dieser Welt, läßt sie ihre Stimme ertönen. Wie ein Echo tragen sie den Warnruf von Dorf zu Dorf, von Stadtteil zu Stadtteil über die Mark Brandenburg und über den Flakring des Sperrgürtels um Berlin, hinein in das Zentrum der Hauptstadt. Tausende von „Heulorgeln" schreien ein finsteres Konzert, die Ouvertüre zu einer neuen Bombenschlächterei, in jedes Ohr. Der Schrei der Sirenen ist verklungen, in den Ohren hallt es noch schrecklich nach. Minuten der Stille folgen. Für alle Luftabwehrtruppen ist jetzt Alarmstufe I gegeben. Von den Feldflughäfen Rangsdorf und Werneuchen steigen verschwindend wenig Nachtjäger auf. Als eindrucksvolle Luftabwehr kann man sie leider nicht mehr bezeichnen. Der Batteriechef der 8,8-cm-Flak greift zum Stahlhelm und meldet sich zum Kampf bei seinem Regimentskommandeur ab.
Es ist Befehl gegeben, Munition zu sparen. Die Scheinwerferbatterien haben Alarm. Mit voller Lichtkraft strahlen sie den wolkenverhangenen Himmel an. Eine letzte, verzweifelte Abwehrtaktik soll dem leidgeprüften Land helfen. Die Angriffshöhe des Feindes ist auf 8000 Meter angegeben. Bis zu der Höhe reicht die Treffsicherheit der 8,8-cm-Flakbatterie sowieso nicht. Der Batteriechef prüft die Fernsprechverbindung und meldet seine Abteilung „feuerbereit". Währenddessen warten in 9000 Meter Höhe deutsche „Rammjäger" (Todesflieger), die ohne Rücksicht auf ihr eigenes Leben in die Bomberpulks hineinstürzen. Oft reißen sie acht bis zehn Bomber auf einmal hinunter. Um die Feindbomber gut erkennen zu können, sollen die Scheinwerfer volles Licht von unten geben, damit sie die schwarzen Umrisse der fliegenden Festungen sichtbar machen.

Noch ist Stille. Lautlos tasten die grellen Lichtarme den stürmischen Nachthimmel ab. Schnelle englische Nachtbomber, genannt „Moskitos“, sind gemeldet. Zwei- bis viermal kommen sie jetzt jede Nacht und greifen die Reichshauptstadt an. Schon hört man das noch schwache, aber näherkommende Brummen, den typischen Ton der feindlichen Flugzeuge. Das dumpfe Grollen der Motoren wird stärker, Geschwader um Geschwader zieht heran. Ohnmächtig müssen die Kanoniere an den Geschützen dem militärischen Paradeanflug einer weit überlegenen Feindesmacht zusehen. Am südlichen Abschnitt Berlins beginnt ein Feuerregen wie einst über Sodom und Gomorra. Christus hatte über die letzte Zeit gesagt: *„Also wird es auch sein in den Tagen des Menschensohnes ... an dem Tag aber, da Lot aus Sodom ging, da regnete es Feuer und Schwefel vom Himmel, und brachte sie alle um. Auf diese Weise wird's auch gehen an dem Tage, wenn des Menschen Sohn soll offenbart werden.“*
Deshalb glaubten viele Christen während dieser entsetzlichen Bombenangriffe, daß sich bereits hier das Wort des Herrn erfüllen würde. Sie ahnten nicht, daß zum Ende des zweiten, großen Weltkrieges eine einzige Bombe, von einem einzigen Flugzeug abgeworfen, eine ganze Stadt zerstören und 70000 Menschen auf einmal den Tod bringen würde.
Wir stehen hinter dem Türeingang und sehen den Beginn des schaurigen, tödlichen Feuerwerks. Wäre es nicht zur Vernichtung Tausender von Frauen, Kindern, jungen Menschen und Greisen, man könnte es für ein schönes Feuerwerk halten. Zehn, zwölf grellweiße „Weihnachtsbäume“, die Leuchtmarkierungsbomben, schweben an Fallschirmen sanft zur Erde. Sie grenzen das gewisse Zielgebiet für die nachfolgenden Bomber ab. Wer sich in einem solchen Gebiet befindet, kann sein letztes Gebet sprechen.
Gleich anschließend erblicken wir einen karmesinroten „Weihnachtsbaum“ schwebend vom Himmel herniederkommen. Zuerst ist es nur eine leuchtende Kugel, dann schießen drei weitere aus ihr heraus, und regenartig vermehren sich die Kugeln aus der einzigen Bombe. Sie hängen wie eine riesige, glühende Traube für eine Weile in der Luft und färben das Häusermeer unter sich blutrot. In wenigen Minuten schweben Hunderte von Menschen in Gefahr, durch rollende Luftminen zerfetzt zu werden. Ein grünes Lichtsignal, das wie ein Komet vom Himmel schießt, zeigt den Angriffsbeginn an.
Fünfzehn Kilometer vom Stadtkern entfernt bebt und dröhnt jetzt die Erde. Die Bomben fallen in großen Mengen. Phosphorbomben

entzünden an vielen Punkten gleichzeitig ein rot-violett-flackerndes Feuer. Soweit man sehen kann, leuchtet der Himmel rot. Menschen werden verschüttet; das Wasser von gebrochenen Rohren dringt in die Räume der Verschütteten. Sie ertrinken und ersticken. Gespenstisch spiegelt sich der Widerschein einer brennenden Millionenstadt in den tiefhängenden Wolken. Zwischen dem flammenden Rot steigen bedrohlich schwarze Rauchwolken empor. Bald leuchtet es hier und da hell auf, scheint zu verlöschen, wird wieder blitzartig heller, geht über in Gelb, Orange und Purpurrot. An anderen Stellen bleibt das Feuer konstant. Mein Vater erinnert sich an Brandnächte, die er als Luftschutzwart im Zentrum von Berlin erlebte. Sie standen mit Sandschaufeln und Wassereimern dem gefährlich spritzenden Phosphorfeuer machtlos gegenüber. Ganze Straßenzüge wurden zu einem Brandmeer, und der Teerbelag der Straßen begann zu brennen. Mit nassen Säcken behängt, buchstäblich in letzter Minute, retteten sich Menschen in die dunklen U-Bahnschächte. Stundenlang irrten sie im Labyrinth der unterirdischen Tunnel umher und erreichten irgendwann einen mehr oder weniger verschonten Berliner Stadtteil.
Von Ferne beobachten wir einen brennenden Vorort von Berlin. Wir können erkennen, daß der Feind ganze Arbeit geleistet hat. Blühende Stadtteile versinken in Schutt und Asche. Menschen schmoren gräßlich zusammen in der unbeschreiblichen Hitzeentwicklung. Die Luft ist erfüllt von widerlichen Gerüchen. Der Wind treibt sie uns entgegen. Nach einer Stunde tritt Beruhigung ein. Standen kurz vorher die Scheinwerfer noch steil zum Himmel gerichtet, so sind sie jetzt verschwunden.
Der Angriff scheint vorüber zu sein. In den Luftschutzkellern warten die Überlebenden auf den erlösenden Ton der Sirene, die Entwarnung. — Warum gibt es keine Entwarnung? Kommt eine neue Angriffswelle? In der Ferne suchen die schlanken Lichtstrahlen der Scheinwerfer erneut den gespenstischen Nachthimmel ab. Gleichtönig rauscht der Wind in den Bäumen. Die Frühlingslüfte streichen sammetweich über die Landschaft.
Ich stehe in unserem Hauseingang mit einem Fremdarbeiter. Er kam bisher nie in den Luftschutzkeller. Sehnlich wartet er auf die Befreiung durch die herannahenden Feindtruppen. Er hat sich eine Zigarette angezündet, deren kleinen Lichtschein er mit der hohlen Handfläche abdeckt. Rauchen ist bei Fliegerangriffen strengstens verboten, denn selbst einen glimmenden Zigarettenstummel können die Flieger erkennen. Flächenbrände, durch gefährliche Phosphorbomben

entfacht, können leider nicht verboten werden! Sie erleuchten ganze Stadtteile taghell! Eine Sinnlosigkeit in einem Meer von Sinnlosigkeiten eines solchen Krieges.
In die gerade herrschende Stille hinein bellt plötzlich aus großer Höhe Maschinengewehrfeuer. Ganz deutlich vernehmen wir das gleichmäßige Tak — tak — tak!
„Maschinengewehrfeuer!" sage ich und deute zum Nachthimmel.
„Maschinengewehrfeuer? Woher soll es kommen? — Die Deutschen haben doch keine Flugzeuge mehr!"
Provozierend und siegesbewußt klingen die Worte des Ausländers. Was die meisten hierzulande ahnen, wagt einer auszusprechen. Er weiß aber, in wessen Gegenwart er es äußert, denn er kann zwischen einzelnen Deutschen gut unterscheiden.
Am Himmel wird es lebendig. Immer wieder kommen kurze Feuerstöße aus einem Maschinengewehr. Dazu verstärkt sich das Gebrumm von Flugzeugmotoren. Im Dunkel der Nacht wird ein farbenprächtiges Feuerwerk sichtbar. Geschosse von Leuchtspurmunition zischen in schlanken Linien durch unsere Gegend. Jetzt kommt es auf uns zu. Die Motoren der Maschine heulen mehrmals stark auf, der Pilot startet immer wieder neu durch und versucht offensichtlich, sein Flugzeug abzufangen.
Pfeifend, heulend und gurgelnd fallen Bomben im Notwurf zur Erde. Wie eine todbringende Riesenfackel, wie ein großer, feuriger Komet kommt das nach allen Seiten feuerspeiende Ungeheuer auf uns zu! Wir beide springen zurück und hinunter in den Keller, einer reißt den anderen in rücksichtslosem Lauf um. Ein ohrenbetäubender Lärm fährt über uns hinweg. Angstverzerrt sind die Gesichter. Wir klammern uns aneinander. Alle werfen sich instinktiv flach auf die Erde. Das Heulen, Krachen und Bersten hat seinen Höhepunkt erreicht. Kinder wimmern, Erwachsene schreien zu Gott. Ein getretener Hund jault auf. Es folgt ein gewaltiger Aufprall! — Dann ist es still.
Wir haben uns schnell gefaßt und springen hoch, um nach draußen zu eilen. Da! — Zweihundert Meter hinter unserem Garten brennt es lichterloh! Meterhoch schießen die Flammen empor. Die ersten von uns, die die abgestürzte Maschine erreichen, sehen, wie zwei englische Piloten verzweifelt um sich schlagen. Durch den Aufprall sind die Benzintanks explodiert, und die Besatzung ist an glühheiße Metallteile angeschmort. Sie müssen elendiglich umkommen, denn keiner ist in der Lage, sich ihnen zu nähern.
Am nächsten Morgen kann man die verkohlten Körperteile zweier

Menschen in einen Eimer werfen, so wenig ist von ihnen übrig geblieben.
Es kommen zwei deutsche Luftwaffenexperten, um die Absturzstelle zu besichtigen. Der eine diktiert dem anderen: „Zweimotorige, englische »Moskito« durch deutsche Nachtjäger abgeschossen!"
Dann blickt er plötzlich zu unserem Wohnhaus hinüber. Sekundenlang starren seine Augen auf das unversehrte Gebäude.
„Die haben aber Schwein gehabt! Sehen Sie sich das an, haargenau die Flugschneise! Das Flugzeug muß in etwa 50 Meter Höhe hinübergebraust sein. Dort wäre niemand lebendig herausgekommen, wenn es das Haus getroffen hätte!"
Schwein gehabt?
„Denn er hat seinen Engeln befohlen über dir, daß sie dich behüten auf allen deinen Wegen . . ."
In unserem Luftschutzkeller befanden sich immer drei Erwachsene, die zu Gott beteten in jeder Gefahr, bei jedem Angriff. Unter ihnen war eine Frau, die jahrelang für mich persönlich gebetet hat, bis ich zum lebendigen Glauben kam; das war meine liebe Mutter.
Engel sind ausgesandt zu Dienstleistungen für die, die das Himmelreich ererben sollen. Durch Gottes Gnade sind aus unserer Familie im Laufe der späteren Jahre alle zum Glauben an Jesus Christus gekommen. Mein Vater, meine Schwester und meine beiden Brüder sind nicht nur vor der irdischen Feuersbrunst damals bewahrt worden, sondern sind auch errettet von dem höllischen Verderben in der Ewigkeit. Durch Gottes Gnade und Führung sind wir drei Brüder Diener Gottes geworden und predigen das Evangelium zur Befreiung der Menschen aus Satans Fesseln.
„Schwein" gehabt? — Nein! G n a d e !

EIN WORT KENNE ICH NICHT — KAPITULATION

Bis hierher war ich bewahrt geblieben durch alle Gefahren und Bedrohungen, mit heiler Haut davongekommen! Ich war zu jung, um darüber nachzudenken, warum mir dies geschah und ich bevorzugt schien. Von der jenseitigen Welt wußte ich wenig und hielt sie auch nicht für möglich. Berührungspunkte gab es nur bei Todesängsten, die ich bei Bombenabwürfen und anderen Kriegsereignissen erlebt hatte. Mit Hunderttausenden verlorener Söhne war ich in die Fremde gezogen; verhärtet und verroht war ich heimgekommen. Die schlimmste Finsternis auf Erden ist die der Seele. In mir war völlige Finsternis. Einen Feuerregen dämonischen Wetterleuchtens hatten meine Augen schon gesehen. Durch Phrasen und Lügen war ich verblendet. Wohl war ich kein ausgesprochener Hitlerfreund, doch für mich gab es keinen Gott, weder den im Himmel, noch den damaligen Pseudogott der Deutschen Nation auf Erden. Aber ich glaubte an den Triumph und die Herrlichkeit der „Heiligen deutschen Nation". Von dem verbrecherischen Untermenschentum, dem satanischen Gedankenausfluß der KZ-Schergen und ihren fast unbeschreiblichen Taten hatte ich nie etwas gehört.

Durch Unbesonnenheit brachte ich meinen Vater noch wenige Monate vor Kriegsschluß in höchste Gefahr. Ich führte ein Gespräch mit einem Schulfreund, der nicht mit nach Polen und der Tschechoslowakei evakuiert worden war. Man belauschte uns. Hinter der Hecke stand die Magd des Bürgermeisters, einem 150prozentigen Nationalsozialisten. Meinem Freund hatte ich erklärt: „Die Rückschläge, die unsere deutsche Wehrmacht hinnehmen muß, gehen auf das Schuldkonto des Führers! Er war ja nur ein Gefreiter und kann daher unmöglich militärische Entscheidungen diesen Ausmaßes treffen. Sieh einmal", erklärte ich weiter, „als der erste Weltkrieg begann, zog sich Kaiser Wilhelm II. von den militärischen Entscheidungen zurück und überließ diese dem Generalfeldmarschall von Hindenburg, obwohl der Kaiser ja als Kronprinz jahrelang die Militärakademie besucht hatte und gewiß mehr von militärischen Dingen verstand als Hitler." So hatte es mir nämlich mein Vater erklärt. Wir wußten nicht, daß wir belauscht wurden, ungesehen belauscht!

Es ist den meisten Menschen nicht bekannt, daß sie alle ungesehen belauscht und beobachtet werden. Der sie belauscht, ist der größte Verkläger, der höchste Generalstaatsanwalt aus dem finsteren Reich der Hölle. Jede Ungerechtigkeit, jede Sünde, jedes ungöttliche Wort, ja sogar jeden ungöttlichen Gedanken gebraucht der Satan gegen uns als Anklage vor Gott. Doch wird seine Anklage zuschanden, wenn er dem größten Rechtsanwalt aller Welt und Zeiten gegenübersteht: Jesus Christus!

Dabei ist es selbstverständlich, daß dieser Rechtsanwalt unsere Verteidigung übernommen haben muß. Das wiederum setzt voraus, daß wir Ihm hierfür alle Vollmacht über unseren freien Willen übergeben, Ihm die vergangenen Verschuldungen bekannt und Ihn gebeten haben, uns im kommenden Weltgericht zu vertreten. Die Einmaligkeit dieses Rechtsanwaltes wird darin bestehen, daß Er Richter und Verteidiger in einer Person ist. Er wird dem Fürsten dieser Welt, dem Teufel entgegenschleudern: „Der Herr schelte dich, du Satan; denn du trittst als Verkläger auf, und du selber warst es, der die Menschen zur Sünde verführt hat.“ Hierin liegt aber keine Entschuldigung für die verführten Sünder, sondern nur für die, die ihn, den Verführer überwunden haben durch des Lammes Blut!

„Und ich hörte eine große Stimme, die sprach im Himmel: Nun ist das Heil und die Kraft und das Reich unsers Gottes geworden und die Macht seines Christus, weil der Verkläger unserer Brüder verworfen ist, der sie verklagte Tag und Nacht vor Gott. Und sie haben ihn überwunden durch des Lammes Blut und durch das Wort ihres Zeugnisses und haben ihr Leben nicht geliebt bis an den Tod.“

Der letzte Satz dokumentiert eindeutig die Voraussetzung, die gegeben sein muß, um von der Anklage vor Gott frei zu sein.

Wir waren also belauscht worden, und alles, was ich gesprochen hatte, wurde wortwörtlich dem Bürgermeister übermittelt.

Am Tag darauf begegne ich ihm. Er kommt mit seinem Fahrrad die Dorfstraße entlang. Nichts ahnend grüße ich ihn. Er ruft mich zur anderen Straßenseite herüber, wo er finster blickend auf mich wartet. „Sag mal, was hast du da von unserem Führer Adolf Hitler und dem Kaiser gesagt?“ brüllt er mich an. „Ich will dir etwas sagen: Du bist ein Vollidiot! Merke dir das! Das hat dir wohl der Alte gesagt? (Gemeint war mein Vater.) Ich werde dafür sorgen, daß du nie wieder die Hitleruniform anziehen darfst, du dummer Junge!“

In großer Erregung steigt er auf sein Fahrrad und fährt davon. Wie ein begossener Pudel stehe ich da. Ich kann kein Wort über meine Lippen bringen. Ein unheimliches Ahnen zieht durch meine Brust: Du hast deinen Vater jetzt in höchste Gefahr gebracht!

Zu meinem Vater sagt der Bürgermeister dann später wörtlich: „Ich werde Sie von der Gestapo abholen lassen, Sie Vaterlandsverräter!“

Wie viele Menschen werden durch Worte zur Sünde verführt, nur durch Worte. Worte haben eine ungeahnte Wirkung. Sie bringen die meisten Menschen in die Hölle. Es waren zum Beispiel nur Worte — vier Worte: „Wir werden sie ausradieren!“ — Welch grauenhafte Folgen!

Doch zurück zum Ausgangspunkt. Mein Vater machte mir bittere Vorwürfe. Über eines war ich aber dennoch sehr froh. Dieser Ortsgruppenleiter hatte ausgesprochen, was ich ja schon längst gern getan hätte, nämlich meine Uniform nicht mehr anziehen zu müssen. Wurde ich nicht gerade dadurch vor der letzten großen Kriegsschlächterei bewahrt? Weder in der Abwehrschlacht in Schwedt an der Oder, noch bei der Vorbereitung zum Endkampf um Berlin brauchte ich eine Uniform zu tragen. Durch höchste Gefahr in höchster Bewahrung! Fast unverständlich, aber Realität. Es gibt Mächte, die über unser allgemein menschliches Denken hinaus unsichtbar existieren und wirken. Es dauerte nur noch wenige Tage. Die letzten Nächte vor der unmittelbaren Feindberührung verbrachten wir in den schon so gewohnten Luftschutzkellern.

Fliegeralarm wurde nicht mehr gegeben, obwohl pausenlos Angriffe stattfanden. Bei Kerzenschein saßen wir auf Bänken und Kisten. Immer wieder flackerte das Licht und erlosch durch den Luftdruck der Bomben. Es wurde Feindalarm gegeben. Die Elektrizitätswerke hatten ihre Arbeit eingestellt. Zur teuflischen Schlachtmusik vom Himmel gesellten sich Klänge eines dumpfen Trommelwirbels aus der östlichen Richtung. Berlin brannte an allen Enden. Ganze Stadtteile waren schon ausgebrannt. Von der Oderfront her aber wälzte sich jetzt eine breite Feuersbrunst auf das schon in Flammen stehende Berlin zu.

B e r l i n, der Ausgangspunkt zu grauenhaften Entscheidungen über Juden- und Völkermord.

B e r l i n, die Stadt, in der der Thron des Stellvertreters der Hölle stand.

B e r l i n, das zur unüberwindlichen Festung erklärt worden war, wurde nun das große Ziel der Feindangriffe.

An den übriggebliebenen Mauerresten stand heroisch geschrieben: „Berlin bleibt deutsch — Wien wird wieder deutsch!“ Na also — unüberwindlich scheint die Deutsche Nation. Im Keller hatten wir nicht nur gemischte Gefühle, sondern waren eindeutig davon überzeugt, daß die letzte Stunde geschlagen habe.

Als ich am frühen Morgen, im ersten Grauen des 19. April 1945, den Keller verlasse, zwängt sich ein Strom bespannter Pferdewagen mit Flüchtlingen durch unsere enge Dorfstraße. Wie bei einer Wasserflut ist der Weg von Flüchtlingen überschwemmt. In doppelten Kolonnen fahren sie. Auf dem Radfahrweg unter den Linden, auf dem Fußgängerweg laufen und rennen sie mit Handwagen und selbstgebastelten Fahrgestellen, Kinderwagen hochbepackt, mit Fahrrädern — ganze Familien mit Säuglingen, Kleinkindern und Urgroßeltern. Sie blicken weder rechts noch links, ihre Gesichter sind in Panik verzerrt.

An Zäunen entlang, hinter den Gärten schleichen dunkle Gestalten — Soldaten. Die feldgrauen Uniformen passen ihnen nicht, für die Kinder von 12 bis 16 Jahren sind sie zu groß, für die ganz alten bis zu 70 Jahren zu breit. Die Kinder halten ihre alten Beutegewehre von „anno 1800" angestrengt hoch. Sie können sie nicht über den Schultern tragen, weil sonst die Gewehrschäfte ständig auf der Erde entlangschleifen würden. Die meisten von ihnen haben überhaupt keine Gewehre. Kämpfer im Alter von 20 bis 40 Jahren kann man nur vereinzelt erkennen, und wenn, dann rennen sie in einer ganz anderen Richtung. Sie versuchen nämlich, den rettenden Westen zu erreichen. Zwei Bekannte treffen sich, ein junger und ein älterer Soldat, der bisher beim Troß gedient hat.

„Wo wollt ihr denn mit dem Kindergarten und dem Altersheim hin?" fragte der, der von der Ostfront gekommen ist. Ein alter Mann ohne Waffen lacht diabolisch: „Ja Mensch, siehst du's denn nicht? Das ist die erste Gardearmee. Wir bilden heut die erste Linie. Wir werden euch was vormachen. Wir halten die ganze russische Armee auf."

„Na dann: Prost Mahlzeit!" schreit der andere. Schnell springt er auf einen Kübelwagen, der verzweifelt versucht, zwischen den unbeweglichen Bauernwagen hindurchzukommen.

Ich schaue auf die Ortsschilder an den Wagen: Frankfurt/Oder — Seelow — Werneuchen — Schwanebeck. „Mein Gott!" Bernau — Zepernick — Berlin-Buch! Ein Nachbar ruft: „Sind denn die Russen schon so weit?"

„Macht, daß ihr fortkommt! Die Panzer stehen keine sechs Kilometer von hier entfernt!" Ein Mann vom Volkssturm kommt aufgeregt die Straße entlang. „In Hobrechtsfelde und im Zietenbusch liegen die russischen Voraustruppen, also nur noch etwa drei Kilometer entfernt."

Eine aufgeriebene Gruppe von Frontsoldaten rennt die Dorfstraße entlang. Einer von ihnen packt mich am Kragen und reißt mich schreiend in einen Hausflur: „Tiefflieger! Tiefflieger!" Dasselbe ruft man jetzt auch auf der Straße. Unwissende glauben noch, es seien deutsche Maschinen. Da beginnt das Mündungsfeuer an den Tragflächen der herunterstürzenden Maschinen zu blitzen.

„Sie brennen", schreien einige Kinder und laufen vor Freude auf den Hof.
„Ihr blöden Schafe!" schreit ein Feldwebel. Er weiß, was alte Fronthasen genau wissen: Es ist das Mündungsfeuer! Auf der Erde sieht man die Sandfontänen in Fluglinie des Schlachtfliegers auf uns zukommen.
„Karl-Heinz! Karl-Heinz! Mein Karl-Heinz!" schreit verzweifelt eine Mutter. Sie sieht ihren Jungen auf dem Hof vor Vergnügen auf und ab springen. Eine tödliche Feuerlinie kommt auf ihn zu. Den Feldwebel packt eine wilde Wut: „Können Sie nicht besser auf Ihre Gören aufpassen, Sie blöde Henne!" In letzter Sekunde springt er heraus und reißt den Knaben mit hartem Griff in den Hausflur.
Das Knallen der Geschoßgarben ist an Wänden, auf Dächern und am Boden zu hören. Die arme Mutter hält die Hände zum Himmel empor und schreit immer wieder: „Die Welt geht unter! Mein Gott, die Welt geht unter!"
Der Angriff ist vorbei, die Soldaten sind längst auf und davon. Die Straße ist wie leergefegt. Ich eile zu unserer Wohnung, um Bericht zu erstatten.
„Mutti, die Russen sind schon in Berlin-Buch!"
Meine Mutter läuft zum Bürgermeister, der meinen Vater noch von der Gestapo abholen lassen wollte. Er ist nicht in der Wohnung, er füttert die Hühner. Sein Glaube an den Führer scheint unüberwindlich.
„Ach, das ist doch der größte Quatsch! Lassen Sie sich doch nicht von eingestreuter Feindpropaganda irremachen. Das werden wir gleich geklärt haben."
Siegesbewußt tragen seine Beine den schweren Körper über den Hof in die Wohnung. Er will mit der Parteileitung in Berlin-Buch telefonieren. Meine Mutter steht neben ihm. Er wählt einmal, zweimal und zum dritten Mal — kein Zeichen! Weder das Besetztzeichen noch irgendein anderer Ton ist in der Leitung, sie ist tot. Er versucht, bei anderen Stellen durchzukommen — keine Antwort! Seine Augen beginnen zu flackern, die Stimme zittert: „Da scheint etwas nicht in Ordnung zu sein! Sie bekommen gleich Nachricht."
Wir brauchen keine Antwort mehr. Schnell raffen die Bewohner des Hauses die schon zurechtgelegten Habseligkeiten zusammen und stürmen zur Tür hinaus. Die vor Minuten noch leere Straße ist wieder verstopft, jetzt aber mit Fahrzeugen von Bewohnern aus unserem Ort. Wir haben keinen Wagen, niemand hält an. Meine Mutter aber

betet ohne Unterlaß. Endlich erwischt sie doch einen Wagen, der hält. Schnell wird das Nötigste hinaufbefördert, und ab geht es.

Der Volkssturm des Ortes übernimmt die Verteidigung. Es sind etwa 20 bis 30 Männer ohne Uniformen, aber einer Armbinde mit der Aufschrift: „Deutscher Volkssturm". Ob die beiden Badoglio-Gewehre und die zwei Dienstpistolen, die den Männern zur Verfügung stehen, auf die heranrückenden russischen Heerscharen Eindruck machen werden?

Wir fliehen durch den nächsten Ort. An der Eisenbahnlinie unserer kleinen „Heidekrautbahn", die zum Lustschloß des Reichsmarschalls Göring in die Schorfheide führt, ist eine unscheinbare Frontlinie aufgebaut. Die schwarzen Erdlöcher wirken wie Rosinen in einem riesigen Kuchenteig. Alle 200 Meter ein Schützenloch. Am Bahnhof stehen zwei Flakgeschütze.

Hinter dem Dorf kommt ein verirrter deutscher Panzer auf uns zu. Der Kommandant springt aus der Luke und hält unseren Wagen an.

„Wo steht der Russe?" fragt er erregt.

„Wir wissen es selbst nicht, bei Schönerlinde sind die ersten Panzerwagen gesehen worden."

„Wie weit ist es bis dahin?"

„Ungefähr vier Kilometer", erklären wir.

„Vier Kilometer? Los!" schreit er den Panzerfahrer an, „dort in den Wald rein, alles vorbereiten zur Sprengung!"

Nach wenigen Minuten hören wir eine starke Detonation. Wir sehen die Panzerbesatzung aus dem Wald fliehen. Unsere Flüchtlingswagen fahren weiter in die Wälder hinein. Am Wegesrand entdecken wir einen Lkw mit einer Gulaschkanone, eine fahrbare Feldküche. Der „Küchenbulle", rund und puterrot, winkt uns heran. Er schimpft wie ein Rohrspatz. „Los, ran hier! Essenempfang! Ich will das Zeug endlich loswerden!"

Er sollte zur Front. Die Tiefflieger aber kamen unaufhörlich. Die Front verschob sich zusehends, so daß er fürchtete, letzten Endes noch die Russen füttern zu müssen. Wir nehmen unsere Töpfe und Behälter. Es gibt ein typisches Landsermahl: Erbsen mit Schweinefleisch. Es schwimmt so viel Schweinefleisch in der Suppe, daß man die Erbsen zählen kann und man das Gericht „Schweinefleischsuppe mit Erbsengeschmack" nennen könnte. Es ist vorerst unsere letzte warme Mahlzeit.

Wir können nicht mehr weiterflüchten, die Tiefflieger beharken alle Haupt- und Nebenstraßen. Die Wagen werden in den nächsten Wald gelenkt. An der Straße lassen wir Beobachtungsposten zurück. Plötzlich kommen versprengte deutsche Soldaten aus westlicher Richtung angerannt. Wollen sie zur Ostfront? Nein! Sie kommen auch von der Front. Die russischen Truppen haben Berlin bereits umzingelt. Wir sitzen im Kessel. Was wird kommen? Wir haben keine Vorstellung von der Entwicklung der nächsten Stunden. Der Himmel ist trübe geworden. Ein leichter Sprühregen nieselt herab. So wird es früh dunkel. Eine gespenstisch dunkle Nacht senkt sich herab über die großen Wälder um Berlin.

Der Horizont ist gefärbt mit grausigem Rot aller Schattierungen. Dazwischen flammt es rot-bläulich auf; an anderer Stelle gibt es blitzartig einen rot-gelben Feuerschein, er geht über in violett, ja wird sogar grünlich. Aus einer orangefarbenen Tönung steigen weiße Raketenwolken zum Himmel. Berlin liegt in den letzten Todeszukkungen. Ein gigantisches Schauspiel — wenn es nicht so ungeheuer grausam wäre. Dieser unheimliche Maler scheint mit Wollust alle Farben von seiner Todespalette verschwenden zu wollen. Unaufhörlich sprüht er neue Farbflächen an den Himmel, vom hellsten bis zum dunkelsten Rot. Deutschlands Reichshauptstadt stirbt in einem Flammenmeer. Das „Dritte Reich" liegt begraben unter einer brandschwarzen Trümmerschicht. Die Häuser sind versunken wie bei einem starken Erdbeben, die Straßenzüge mit Schutthalden bedeckt. Überlebende reißen Möbelstücke aus den flammenden Fassaden. In zerfetzten Bäumen und Straßenbahnoberleitungen hängen Reste von Hausrat. Rußgeschwärzte Männer und Frauen versuchen, durch die Schächte der Untergrundbahnen dem Grauen zu entfliehen.

Dieses Grauen bricht über Millionen herein, weil ein Mann in der Zwangsvorstellung lebt: „Ein Wort kenne ich nicht — Kapitulation!"

Über ihnen geht das Dröhnen der Schlacht weiter. Häuser werden durch Raketen vom Dach bis zum Keller zerstört. Zerrissene Straßenbahnwagen liegen verstreut umher. Vor zusammengeschmorten, kaum noch erkennbaren Menschengestalten, schreien Frauen und Kinder hinein in das Höllenkonzert der Stalinorgeln. Wir sehen vom Stadtrand aus den Untergang einer einst vitalen Stadt. Kaiser Nero dagegen hat im Vergleich zu diesem Ausmaß wahrscheinlich nur ein relativ kleines Feuer gesehen, als er Rom niederbrennen ließ.

Wir sitzen auf unseren offenen Wagen. Es wird eine Nacht der Weltveränderung, Abschluß eines bedeutsamen Lebensabschnittes. Eine Welt versinkt. Ob je wieder eine andere aufsteigt? Wir Kinder glau-

ben, daß das Ende aller Zeit gekommen sei. Die Älteren haben mehr Hoffnung, aber auch sie fragen: „Was wird der nächste Tag uns bringen?"
An einer solchen Schaltstation des Lebens tritt einem ungewollt die Ahnung von einer jenseitigen Welt entgegen. Es kann doch dies nicht der Sinn und das Ende des Daseins überhaupt sein! Es muß doch irgendwo ein Weiterleben geben. Warum denken die Menschen in solchen Situationen des Lebens an die Ewigkeit?
Wir sind alle übermüdet, unsere Kleidung ist klamm. Der Regen ist schlimmer als die Dunkelheit. In den nassen Kleidern mag man sich gar nicht bewegen. Die Nerven sind zum Zerreißen gespannt. Doch für viele kommt jetzt der Punkt völliger Gleichgültigkeit und Erschöpfung. Sie schlafen ein. Eine Weile noch starre ich in die Wipfel der Bäume, die windschiefen Kiefern. Es tanzt und schwimmt mir vor den Augen. Es funkelt, als wären es lauter kleine Glühwürmchen. In den Ästen regt und bewegt es sich. Plötzlich sehe ich in den Baumkronen Köpfe und Arme — Gespenster? Erschrocken klammere ich mich an meine Mutter. Sie nicken und flüstern! Erlkönigs Geisterreich scheint erwacht zu sein. Mir ist zumute wie dem Kind im nächtlichen Wald.
Doch dann sehe ich im Unterholz tatsächlich eine schwarze Gestalt mit Stahlhelm auf uns zukommen. Ich wecke meine Mutter. Alle wachen sofort auf. Einer flüstert es dem anderen zu: „Die Russen! Macht die Hände hoch!"
„Die Hände hoch! Die Hände hoch!" zischt es von allen Seiten. Alle folgen der Aufforderung. Immer deutlicher kann man den Soldaten erkennen, das Gewehr, den Tornister, die Stiefel. Der Herzschlag scheint stocken zu wollen. Meine Hände sind noch nicht erhoben. Das Knacken im Unterholz kommt näher. In der Ferne hört man Hämmern von Maschinengewehren, auch das Schreien von Soldaten und Frauen. Meine Mutter kneift mich in den Oberarm. „Mach die Hände hoch!" raunt sie mir zu. Unwillig folge ich ihrer Aufforderung.
Jetzt ist der Iwan nur noch etwa 20 Meter von uns entfernt. Wortlos kommt er Schritt für Schritt näher. „Hallo, seid ihr Deutsche?" ruft er uns entgegen. Sein Deutsch klingt nicht nach Russisch, sondern nach einem österreichischen Dialekt. Es handelt sich um einen Waffen-SS-Soldaten, der auf Schleichpfaden durch aufgewühlte Felder einen Weg aus dieser Hölle sucht.
„Wo sind die Russen?" fragt er angstvoll. Wir wissen es auch nicht.

„Ach, es ist ja alles egal, wo man umkommt", sagt er und sackt wie ein Toter zu Boden. Wir rütteln ihn und möchten, daß er weitergeht, denn es ist sehr gefährlich, einen Waffen-SS-Mann in der Nähe zu haben. Die Männer stoßen ihn an. Er liegt wie tot und rührt sich nicht. Stundenlang bleibt er in dieser schrecklichen Nacht neben unserem Wagen liegen. Dann springt er wie ein aufgescheuchter Hase empor: „Wo sind die Russen?" Wir wissen es noch immer nicht. Wir hören nur das Maschinengewehrfeuer, Einzelschüsse und hin und wieder das greuliche Geschrei: „Uräh — Uräh — Urääääh!"
„Machen Sie, daß Sie fortkommen! Sie bringen uns alle in Gefahr!"
Er lacht — ein Lachen, das man mit Worten kaum wiedergeben kann. „Es ist doch egal, wo man verreckt", sagt er, „ich laufe schon zwei Wochen, immer nur rennen und laufen!"
„Versuchen Sie doch, Zivilkleider zu bekommen, es ist höchste Zeit", rät ihm einer.
„Wo sind die nächsten Häuser?" Wir zeigen ihm die Richtung. Holpernd trottet er davon. Langsam entschwindet sein Schatten im milchigen Grau der anbrechenden Morgendämmerung. Erschüttert folgen meine Augen dem namenlosen Flüchtling.
Er ist mir zum Sinnbild aller Menschen ohne Christus geworden. Sie kommen gehetzt, geplagt und beladen aus dem Dunkel der Nacht, begegnen anderen Menschen, die ihnen auch kein Allheilmittel zur Lösung ihrer Probleme anbieten können. Vor Erschöpfung fallen sie nieder, können die Last zeitweilig nicht mehr tragen, erschrecken, raffen sich auf und verschwinden wieder im Dunkel der Zukunft. Sie laufen in ihr todsicheres Verderben ohne Umkehr. Dieser versprengte österreichische SS-Soldat, der betrogene Bruder, wußte nicht woher und wohin. Sein Leben war eine sinnlose Wanderung in der Finsternis, ein Irrweg ohne erstrebenswertes Ziel.
Wir befinden uns in gleicher Lage. Der Wald wird uns immer unheimlicher. Die lastende Finsternis, das verhallende Echo eines näherkommenden Infanteriegefechtes, die aufgereizten, übernächtigten Nerven steigern die Furcht vor der Ungewißheit. Ungeduld war schon immer meine Schwäche. Als sich im ersten Morgengrauen die Nebelschleier auflösen, gehe ich mit einem Mann aus unserem Dorf zur Hauptstraße, die am Waldesrand entlangführt. Wir blicken über das gähnende Feld. Wie ein Leichentuch schiebt sich das milchige Grau des Morgennebels über den Boden.
„Wir können doch eigentlich bis zu den ersten Häusern gehen und fragen, ob dort schon Russen gesehen worden sind!"

„Ja“, antwortet der Mann und ist einverstanden.
Jetzt bin ich munter und froh, meine steifgewordenen Glieder in Bewegung bringen zu können. Wir pochen an die Fensterläden. Zaghaft werden sie geöffnet. Verängstigt blicken uns die Bewohner an. „Nein, hier waren noch keine Russen, aber in M. sollen sie schon sein.“
Wir gehen weiter, dem Ort entgegen. Die Sonne steigt allmählich höher. Der Schlachtenlärm hat fast aufgehört. Nur in der Ferne dröhnen Motoren, und hin und wieder fauchen MG-Salven. Es ist der 20. April, sonst ein hoher Feiertag: Des „Führers Geburtstag“ — Aufmärsche, Fahnenspalier, wirbelnder Trommelklang, grelle Fanfarenklänge — Festreden und Märsche, Ordensverleihungen und Beförderungen. Doch das war vor der Sintflut. Die Überlebenden der Kriegskatastrophe denken jetzt nicht an den Verführer des deutschen Volkes.
Wir kommen an einem zerschossenen Haus vorbei. Am Straßenrand entdecken wir Handkarren der deutschen Infanterie mit Lebensmitteln. Plötzlich greift mich mein Begleiter erschrocken am Arm: „Da!“ stößt er hervor und zeigt mit seiner Hand zu einem kleinen Hügel, etwa 300 Meter von uns entfernt. „Da, siehst du, ein Russe!“ Wie versteinert bleiben wir beide stehen. Im Dämmerlicht der Morgenstunde, zum Sonnenaufgang hin, erblicken wir die Umrisse eines russischen Vorpostens. Langsam geht er am Hügel auf und ab. Ich schiele zu dem Verpflegungswagen am rechten Straßenrand: „Wir müssen uns was zum Essen mitnehmen“, sage ich.
„Nein, dann schießt er!“ entgegnet mein Begleiter.
„Er wird es nicht gleich bemerken“, sage ich und bin mit einem Satz im Graben. Schon in der Fremde hatte ich es gelernt, schnell das Notwendigste zu organisieren. In aller Eile füllte ich die Zeltplane mit Konservenbüchsen, Brot, Butter und anderen Dingen mehr. Dann schleiche ich mich zurück auf die Straße.
„Wir müssen aufrecht weitergehen!“
Vorsichtig, wie über eine spiegelglatte Eisfläche, gehen wir auf der trockenen Straße weiter. Wir wollen keine verdächtigen, ungeschickten Bewegungen machen. Der Posten verfolgt uns mit seinem Fernglas. Mein Herz schlägt bis zum Halse. Endlich erreichen wir das Dorf M. Die Panzersperre, die an die Seite gedrückt und unzerstört ist, erkenne ich zunächst als einziges wieder. Hinter ihr sieht es wirklich wie nach einer Sintflut aus. Ein Anblick, als hätten gewaltige Wassermassen alle Gegenstände durcheinandergespült. Zerbrochene

Türen und Fenster, Möbelstücke aller Art stehen oder liegen auf der Straße. Stühle, Küchenschränke, Betten, Bilder — ja sogar ein Klavier steht unter freiem Himmel. Wir steigen über Scherben, Bücher und Balken. Die Straße ist so entstellt, daß ich den mir bekannten Ort nicht wiedererkenne. Ich weiß gar nicht, wo ich mich in M. befinde. Wir haben auch gar keine Zeit zum Überlegen. Aus einem Haus kommt polternd ein Russe. Als Gefangene habe ich sie schon zu Hunderten gesehen — aber jetzt? Was wird kommen? Gehen wir selbst in die Gefangenschaft? Werden wir alle nach Sibirien verschleppt, wie man es uns in den letzten Wochen eingehämmert hatte? Große Furcht kommt über mich, obwohl der Russe lacht. Im Herzen beginne ich zu beten, ich, der ich gar nicht zu beten gewohnt bin. „Herrgott hilf! Hilf, so hilf uns doch!"
Der Deutsche, mit dem ich gekommen bin, kann gut Russisch. Er beginnt eine Unterhaltung. Dabei habe ich Zeit, den ersten russischen Soldaten in Ruhe zu betrachten. Seine Pelzmütze mit dem roten Stern hat er tief in die Stirn gedrückt. Der verschmutzte Mantel ist ausgefranst und teilweise zerrissen. Statt eines Koppels hat er einen Strick um den Bauch gebunden. In einer Hand hält er offenbar Lebensmittel. Er zeigt uns, in welcher Richtung wir weiterlaufen sollen. So gelangen wir zu einem Gutshof. In der schmalen Ausfahrt kommt uns ein russischer Soldat in einer provisorischen Uniform entgegen. Auf mich zeigend sagt er: „Du in Schwäädt? — Ich kennen!" Spricht er so verzerrt oder ist es meine Aufregung, daß ich ihn nicht verstehe? Mein Begleiter spricht ihn auf Russisch an. Sie verhandeln eine Weile. Immer wieder fällt der Name „Schwedt". Langsam dämmert es in mir: Jener kommt aus Schwedt an der Oder, von wo er mich kennt. Offensichtlich ist er ein befreiter Kriegsgefangener. Sie arbeiteten damals zu Hunderten an den Oderbrücken und am Flußbett, um die letzte deutsche Verteidigungslinie zu bauen.
„Warst du mal in Schwedt an der Oder?" fragt mich der Deutsche. Ich nicke. Wieder spricht der Russe, und dann läuft er eiligst davon. „Er hat dich gesehen, du hast in Uniform an der Brücke von Schwedt gestanden. Er will einen Kameraden holen, der dich ebenfalls kennt." Hilflos sieht mich der Mann an. Die Sekunden sind kostbar. Was sollen wir tun? Zurück können wir nicht, er würde uns gewiß einholen. So stehen wir ratlos in der hohlen Gasse, links eine Hauswand ohne Fenster, rechts eine hohe Mauer. Die Mauer! In der Bibel lesen wir, daß David einst sagte: „Mit meinem Gott springe ich über die Mauer." Meine Mutter hatte es mir einmal erzählt.

„Hilf mir über die Mauer!" sage ich erregt. Der Mann schiebt mich an den Steinen empor. Kaum kann ich den Mauerrand erfassen. Er selbst steigt auf einen Stein, so daß ich die Kante erreiche. Ich ziehe mich im Klimmzug empor, verliere das Gleichgewicht und falle auf der anderen Seite mitten in eine lagernde Russeneinheit hinein.
Sie fangen alle an zu lachen. Wahrscheinlich denken sie, ich wäre dort herumgeturnt und durch Übermut von der Mauer gefallen. Es war aber alles andere als Mut. Später habe ich klar erkannt, daß mich auch hier unsichtbare Kräfte über die Mauer geleitet haben. Die beschützende Macht Gottes bewahrte mich vor der Kriegsgefangenschaft oder einer Inhaftierung überhaupt. Beinahe hätten sie den zurückgebliebenen Deutschen abgeführt aus Wut darüber, daß ich verschwunden war.
Mit den lachenden Russen auf der anderen Seite lache auch ich und tue so, als wäre ich rein zufällig von der Mauer gefallen. Doch jetzt gilt es, schnellstens fortzukommen. Auf dem Gutshof geht es bunt zu. Die Soldaten haben die Traktoren aus dem Schuppen geholt. Sie können damit noch nicht fahren. Es ist ihre erste Fahrstunde. Ruckartig schießt ein Traktor los. Wie ein wildgewordener Bulle fegt er über den Hof. Eine Linkskurve, eine scharfe Rechtskurve, rückwärts, vorwärts und dann mehrere Traktoren zusammen. Ich weiß nicht, wo ich hinlaufen soll, um nicht ein „Fahrstundenopfer" zu werden. Doch auch durch dieses wilde Hindernis komme ich sicher hindurch und kann den Gutshof an der anderen Seite mit raschen Schritten verlassen. Ich bin gerettet! Vor mir liegt das Bahnhofsgelände von Mühlenbeck.
Ich komme hinter dem kleinen Bahnhofsgebäude hervor. Die Uhr ist stehen geblieben, Fensterscheiben sind zerbrochen. Zwischen der Güterabfertigung und dem Hauptgebäude steht eines der verlassenen deutschen 8,8-cm-Flakgeschütze. Wir durften als Kinder zur „Wehrertüchtigung" einmal daran spielen. Wir übten durch die Zielgeräte schauen, das Rohr zum Himmel drehen und die Ladekammer öffnen. Heute steht das Rohr flach über dem Erdboden. Ich wage gar nicht, mich diesem Monstrum zu nähern. Mich beschleicht das Gefühl, als würde ich mich dann mit einer Zeitepoche identifizieren, die wie die Pest wirkt und mich vernichten will. Darum gehe ich in respektvollem Abstand um das Geschütz herum und wage es aus Angst vor den Russen kaum anzusehen. Nun nähere ich mich dem Bahnübergang. Die beiden Schranken ragen vorschriftsmäßig gen Himmel und laden ein, hinüber zu kommen. Die Straße ist an diesem Punkt ziem-

lich belebt und von allerlei Menschenrassen bevölkert, denen man hier früher nicht begegnete. Ich erkenne Weißrussen, Mongolen, Polen, Letten, Kaukasier und andere, ein Gewimmel wie zur Zeit des Dreißigjährigen Krieges. Hochdekorierte Offiziere sehen lachend dem Treiben zu, neben rauhen Kriegsmännern eine Schar Zivilisten, die um ihre nackte Existenz kämpfen müssen. Mir kommt alles wie eine lebensnahe Aufführung von „Wallensteins Lager" vor. Laut höre ich den Kapuzinermönch rufen:

„Wieder ein Gebot ist: Du sollst nicht stehlen!
Ja, das befolgt ihr nach dem Wort;
Denn ihr tragt alles offen fort.
Vor euren Klauen- und Geiersgriffen,
Vor euren Praktiken und bösen Kniffen
Ist das Geld nicht geborgen in der Truh,
Das Kalb nicht sicher in der Kuh,
Ihr nehmt das Ei und das Huhn dazu."

Es erscheint mir wie ein erregender, böser Traum. Lebe ich? Habe ich offene Augen? Ist das, was ich wahrnehme, Wirklichkeit oder Ahnung von einer Zeit völliger Zucht- und Rechtlosigkeit, die einmal kommen soll?
Die offenen Bahnschranken scheinen immer noch einzuladen: „Kommen Sie nur! Immer hereinspaziert, es gibt noch viel zu raffen, zu rauben und zu plündern!"
Da steht ein Wagen, ein Anhänger ohne Traktor. Ich kenne ihn, denn er gehört einem Bauern aus unserem Dorf. In ihm rumort es wie in einem Bienenhaus. Was dort geschieht, weiß ich nicht — die Zeltplanen sind unzerstört über die Stangen des Wagens gespannt. An der Ladeklappe, dem Eingang zu dieser Höhle, klettern ständig uniformierte Gestalten hinauf, andere springen herunter. Wenn sie aus dem „Kaufhaus" kommen, tragen sie wie Jagdhunde irgendeine Trophäe lachend und schwenkend in der Hand. Eine Jacke, ein Paar Stiefel, eine Wanduhr, eine Kaffeemühle — ja, es herrscht größte Freude über eine Kaffeemühle aus Großmutters Zeiten, mehr als über ein Paar Stiefel. Das Zauberwort heißt „Maschienka" — „Maschienka", für was, wissen sie selber nicht. Man erkennt nur den außergewöhnlichen Respekt vor dem Monstrum „Maschienka". Au-

ßerhalb des Wagens stehen Zivilisten. Sie müssen die Hände erheben. Sie werden mit Maschinenpistolen bedroht, die man dicht an ihren Leib preßt. Man filzt sie gründlich.
„Du Uri, Uri, Uri — Schnaaps?" Sie schütteln mit den Köpfen. Schläge sollen sie gefügig machen, versteckte Uhren oder Schnapsvorräte zum Vorschein zu bringen. Wer hätte je gedacht, daß einmal solch ein Uhrenmangel herrschen und eine äußerst rege Nachfrage nach der „Tik-Tak-Maschienka" am Arm auftreten könnte. Wenn auch jeder Deutsche einen ganzen Uhrenladen bei sich gehabt hätte, wäre der Hunger nach diesem Wunderwerk der Technik doch nicht gestillt gewesen. Panjewagen mit zottigen Steppen-Pferdchen werden angehalten. Wieder wird alles durchschnüffelt. Die eben gerade entlassenen Deutschen werden erneut zur systematischen Durchsuchung gerufen. Eigentümlich mutet es mich an, daß wertloser Plunder oft gierig verstaut wird, während man kostbare Dinge, wie Gemälde, antike Polstermöbel und anderes mehr vernichtet, indem man es aufschneidet und dann fortwirft. Dieses Treiben hat beim längeren Zusehen für mich etwas Bestürzendes an sich. Ich komme mir vor wie ein Geisteskranker, der alle Dinge verkehrt sieht. Mir scheint mein Bewußtsein gespalten zu sein — es ist alles so unwirklich. Ich erlebe diese Zeiten wie einen nie gekannten Traum. Es bedrückt mich entsetzlich. Ich möchte schreien oder auch lachen, fliehen oder dazwischenschlagen, doch bin ich wie gelähmt. Meine Sinne registrieren alles. Ich bin bei Bewußtsein, aber es ist zu viel, um es begreifen zu können.
Der deutsche Bauer kommt, dem der Wagen gehört, in dem die Bären wie in einem verlassenen Bienenstock hausen.
„Komm!" sagt er zu mir und reißt mich am Arm fort. „Komm mit!"
In Gedanken versunken folge ich ihm. Gerade erscheint am Eingang des Wagens ein Soldat mit allerlei Gegenständen. Mein Begleiter will ihm etwas entreißen, aber der Sohn aus der Kalmückischen Steppe springt über ihn hinweg und läuft wie ein Sieger nach sportlichem Wettkampf mit den errungenen Trophäen fort. Wir steigen nun in den Wagen und erblicken ein unbeschreibliches Durcheinander. Geld und Papiere fliegen in der Gegend umher, alle Kisten werden gerade einer gründlichen Inspektion unterzogen. Die Schnüffler sind so emsig in ihrem Treiben, daß sie uns beide zunächst gar nicht wahrnehmen. Mit Händen und Füßen vollführen sie ihr Werk. Immer wieder werden die Wäsche- und Kleiderhaufen durchwühlt und untersucht. Wir bahnen uns einen Weg durch die stark beschäftigten Männer. Knur-

rend lassen sie sich für Augenblicke zur Seite schieben, als würden sie von eigenen Kameraden gestört. Systematisch setzen sie ihre „Ausgrabungsarbeiten“ fort.

Jetzt packt der Deutsche einen Russen beim Kragen. Wütend zieht er ihn aus der Kiste, in der jener mit seinem Kopf fast verschwunden war.

„Raus! — Mach, daß du wegkommst, das ist mein Wagen!“

Der Russe starrt ihn entgeistert an.

„Das deine Wagän?“ sagt er gedehnt.

„Ja, alles meine Wagään!“ äfft der Bauer ihm nach. „Mach schnell, daß du rauskommst!“

Mir scheint das Blut in den Adern stocken zu wollen. Hätte ich sein Vorhaben eher gewußt, wäre ich ihm nicht in den Wagen gefolgt. Finster blicken uns die anderen an. Mir zittern alle Glieder. Was wird jetzt passieren? Sicher werden sie über uns herfallen, uns niederschießen oder sonst etwas tun. Doch entgegen meinen Befürchtungen geschieht etwas, das so traumhaft unwirklich anmutet wie überhaupt alles. Die Russen lachen betreten vor sich hin und verschwinden einer nach dem anderen mit den gerade in ihren Händen befindlichen Gegenständen.

Wir beide bleiben allein, allein in diesem bunten Durcheinander!

Die Bären haben den Bienenstock verlassen. Konservenbüchsen, Vorratsbehälter, zerschlagene Gläser, Teller, Tischdecken, Wäsche aller Art, aufgeschlitzte Säcke, Bücher und anderer Haushaltskram bilden ein Chaos wie Strandgut nach einer Springflut.

Der Bauer wühlt in seinem Hab und Gut herum. Wie vorher die Russen, so sucht er in dem übriggebliebenen Müll nach Dingen, die jetzt wichtig sind. Er holt drei Konservenbüchsen und ein Brot hervor und sagt: „Hier, nimm das mit!“

Da ich meine Vorräte beim Sprung über die Mauer verloren habe, bin ich ihm sehr dankbar und packe mir ein neues Verpflegungsbündel zusammen. Ich soll noch mehr von ihm bekommen, doch ich habe Angst, daß die Russen ergrimmt zurückkommen könnten, und so verabschiede ich mich schnell.

„Bleib hier! Das gehört mir doch alles!“ ruft mir der Mann hinterher.

„Ich muß noch meine Eltern suchen“, antworte ich entschuldigend und lasse ihn mit den Habseligkeiten seines einstigen Hausstandes allein.

Wieder komme ich an die geöffneten Bahnschranken. Noch immer ist ein munteres Treiben im Gange. Ein Offizier mit einer grünen

Mütze patrouilliert an den Gleisen entlang. Ich frage ihn, ob ich über die Gleise in eine bestimmte Richtung gehen darf. Mit einem drohenden Blick gibt er mir zur Antwort: „Nix! Dawai! — Gäh — dort Njemizt Soldatka."
Da ich „Njemizt" nicht verstehe, denke ich, daß es sich nur um deutsche Soldaten handeln kann. Sollten etwa in meinem Heimatort noch deutsche Soldaten liegen und den Russen widerstehen? Ich gehe kurz zurück und warte auf einen günstigen Augenblick, um doch den Bahnübergang passieren zu können. Da entdecke ich einen Gefallenen am Bahndamm, einen deutschen Polizeioffizier. Den ersten Toten, den ich mir in nächster Nähe ansehen kann. Fassungslos stehe ich vor einer zerstörten Kreatur Gottes — vor einem Menschen, der einem gewaltsamen Tod anheimgefallen ist. Mir scheint, als stünde Kain vor seinem erschlagenen Bruder Abel. Der Gedanke, daß ich in Sekundenschnelle gleichfalls so daliegen könnte wie jener, ergreift mich mit Entsetzen. Warum er und nicht ich? Sein Kopf ist kalkweiß wie die Wand eines Stalles, auch die eine Hand, die wie in anklagender Gebärde zum Himmel zeigt, ist blutleer. Die andere Hand kann man nicht sehen. Sie ist in den aufgerissenen, blutverschmierten Leib hineingebohrt. Zwischen zerrissenen Därmen sollte sie wohl noch in letzten Lebensaugenblicken eine Schmerzlinderung bringen. Hat dieser zerstörte Körper wirklich einmal gelebt? Hat der Mensch gelacht, gesungen und gesprochen wie ich? Er ist nicht der erste Tote, den ich bisher gesehen habe, doch ist dieser hier mir bis heute so erschütternd deutlich in Erinnerung geblieben.
Ein kameradschaftlicher Schlag auf meine Schulter bringt mich aus den Gedanken in die nackte Wirklichkeit zurück. Mein Kamerad, der mir vor kurzem über die Mauer geholfen hat, ist wieder da.
„Na Junge, gut durchgekommen? Beinah hätten sie mich mitgenommen, weil ich nicht sagen konnte, wo du hinverschwunden bist. Sie wollten dich haben und gefangen nehmen. Da hast du aber Glück gehabt!"
Glück gehabt? — War alles nur Glück, daß ich noch lebte und alle bisherigen, gefahrvollen Klippen meines Lebens heil umschifft hatte?
„Komm, wir gehen jetzt nach Schönerlinde!"
„Nein, wir können nicht, wir dürfen den Bahnübergang nicht überqueren! Der russische Offizier hat mich vorhin nicht durchgelassen", sage ich und zeige ihm den Toten längs der Bahngleise.
„Ach komm, wir versuchen es einfach nochmal. Wo sollen wir sonst hin?" Er geht auf den Offizier zu und spricht mit ihm russisch. Ich

sehe, daß der Russe mit dem Kopf schüttelt und auch ihn fortschicken will. Der Deutsche redet aber weiter auf ihn ein. Währenddessen wird der Offizier von russischen Infanteriesoldaten in Anspruch genommen; er ist abgelenkt, und der Deutsche winkt mir. Wir schleichen unbemerkt am Wachtposten vorbei. Als wir bereits etwa 200 Meter vom Bahnübergang entfernt sind, hören wir ihn wild hinter uns herschreien. Wir gehen unseren Weg verbissen weiter und sehen uns nicht um. Die Straße ist belebt von russischen Soldaten, an denen wir mit großer Angst im Herzen vorbeilaufen. Niemand nimmt jedoch Notiz von uns, und wir kommen unversehrt aus der schrecklichen Gefahrenzone.

Das Erlebte der letzten Stunden lähmt mich so, daß ich nicht fähig bin, ordentliche Gedanken zu fassen und für nur wenige Stunden etwas Sinnvolles zu planen, geschweige denn es auszuführen. Ich komme mir vor wie innerlich ausgelöscht, ausgehöhlt, zum Dahinvegetieren verdammt ohne einen kleinen Hoffnungsschimmer, aus der chaotischen Lage herauszukommen. Ständig in Gefahr, den Tod anderer Mitbürger noch in diesen Augenblicken erleiden zu müssen, aber doch abgestumpft von dem Erlebten, trotte ich scheinbar geistlos voran.

In der Ferne erkennen wir eine neue Völkerwanderung. Panjewagen, vollbeladen von singenden Soldaten mit fremdländischen Lauten: Tam — Tam — Tamteramtam — Tamteramtam — Tamteramtam — Tam, so etwa klingt es in meinen Ohren. Die Völkerstämme Asiens machen einen kriegerischen Ausflug in den „unkultivierten" Teil Westeuropas. Sie haben uns etwas ganz Neues mitgebracht, ein Souvenir aus ihrer Heimat: „Kultura".

„Du verstehen Kultura?" Kultura scheint eine Entwöhnungskur vom zivilisierten Leben zu sein. Mit Neugierde erblicken wir Ungesehenes. Offiziere gehen an die Wasserpumpe auf einem Hof, schlürfen die Mundhöhle voll Wasser, erwärmen es für einige Augenblicke und speien es dann in ihre Hände, um sich damit ihr Gesicht zu waschen. Wasserleitungen sind ihnen unheimlich. Daß „Wasser aus der Wand" kommt, haben die Naturvölker noch nicht gesehen oder sich noch nicht daran gewöhnen können. Es gibt welche, die halten die Toiletten für Waschbecken, in denen sie Kartoffeln oder Kirschen waschen können. Voller Interesse ziehen sie an dem Griff zum Wasserkasten und schreien empört auf, wenn die hineingelegten Lebensmittel wie durch Zauberhand hinweggespült werden. „Zabzarab, Zabzarab!" zu Deutsch: „Geklaut, geklaut!" Und dabei zerschießen

sie in ohnmächtiger Wut die Toilettenbecken. Sie schießen überhaupt so viel sinnlos entzwei: Spiegel, Vasen, Türen und Fenster. Einige Deutsche versuchen später, ihnen klarzumachen, daß das Toilettenbecken sind. Aber jede Neuerung ist für die Soldaten zunächst ziemlich unverständlich. Aller Anfang ist halt schwer. Nicht selten kommt es vor, daß sie sich, anstatt hinzusetzen, mit den Füßen auf den Rand stellen und so versuchen, ihr Bedürfnis zu verrichten. Dabei treffen sie natürlich nicht unbedingt ins umrandete Ziel.
Als ich in unsere Wohnung komme, sieht es dort auch entsprechend aus. Irgendein militärischer Stab hat sich bei uns einquartiert. Ein johlender Haufen Soldaten bevölkert unsere Zimmer, und vor dem Gartentor steht ein Posten. Da ich noch ein Kind bin, läßt er mich vorbei. Über den Hof flattern Wäschestücke und Bücherteile. Ich arbeite mich die Treppe hoch, denn sie ist besät mit allerlei Hausrat, den man wahllos herumgestreut hat. Überall herrscht das gleiche Bild: totale Unordnung und Verwüstung von menschlichem Eigentum. Was sich Menschen in friedlichen Zeiten erarbeitet und aufgebaut haben, wird in kurzen Augenblicken sinnlos der Vernichtung preisgegeben. Aus dem Gewühl werden hier und da die herausgerissenen Sachen sortiert und zum eigenen Gebrauch genommen. Ein Zigeunerlager kann nicht schlimmer aussehen, von dem man so seine unklaren Vorstellungen hat. Alle Tisch- und Schrankschubladen sind einfach über dem Fußboden ausgeschüttet worden. Sogar Federbetten haben sie zerschnitten; überall fliegen Federn umher.
Unsere umfangreiche Bibliothek — ein Erbstück meines Großvaters, der Schriftsteller gewesen ist — liegt aus den Schränken herausgerissen über den ganzen Fußboden verteilt in wüster Unordnung. In den Zimmerecken sehe ich Kothaufen liegen. Das scheint für unsere neuen „Untermieter" aber kein Hindernis zu sein, in aller Gemütsruhe am großen Tisch zu speisen. Außerdem haben sie eins der großen Geschichtswerke meines Großvaters aufgeschlagen auf dem Tisch liegen und betrachten die Photographie Kaiser Wilhelms II. Ein Russe entdeckt mich und winkt mich heran.
„—ier, Gietler kapuut!" Es soll offenbar heißen: „Hier, sieh! Hitler kaputt!"
Er lacht schallend im Kreis seiner Kameraden. Ich schüttle meinen Kopf und sage: „Das ist nicht Hitler, das ist der frühere Kaiser!"
„Nix — Gietler kapuut!" Er ergreift das Buch und wirft es mit voller Wucht auf den Boden. Wohin ich nur blicke — überall in unserer Wohnung ist Dreck und eine Wüstenei. Mir scheint, als sei es

gar nicht unsere Wohnung. Nur die äußere Fassade des Hauses stimmt noch. Sie ist unversehrt und ohne jegliche Veränderung. Man könnte sagen: „Wie's darinnen aussieht, geht keinen was an!"
Wir kennen in unserem Erdenleben allerdings nicht nur die Behausungen, die uns umgeben und die von fürchterlicher Unordnung gekennzeichnet sein können. Unser irdischer Leib umschließt gleichfalls ein „Inneres", in dem große Unordnung herrschen kann, ja sogar mehr als Unordnung: es kann die Brutstätte zu scheußlichsten Verbrechen sein.
Jesus selbst hat den menschlichen Körper einmal mit einem Haus verglichen, in dem sich Mord, Ehebruch, Hurerei, Dieberei, Lästerung, Neid und anderes unter der äußeren Fassade verborgen halten. Wir sind in der Lage, unser Aussehen meisterlich herzurichten und dadurch all das Böse, das in uns schlummert, zu verdecken. Dazu ist Jesus vom Vater gesandt worden, uns zu reinigen von all dem Unflat, der uns verunreinigt und belastet. In Gottes Wort heißt es, daß niemand ohne Reinigung und Heiligung in einem geordneten Leben Gott schauen wird.
Wir waren nur wenige Tage aus der Wohnung fort, um die Entwicklung der Ereignisse abzuwarten. Aber wie schlimm sah es jetzt aus! Nicht nur die Besatzungstruppen, sondern auch andere Ausländer, ja sogar Nachbarn machten sich in unserer Wohnung zu schaffen und hausten nach Belieben. Hatten die einen die Räume verlassen, so erschienen nicht lange danach die nächsten, um sich Brauchbares anzueignen.
So kann es auch in unserem geistlichen Leben vor sich gehen! Wir können unsere Herzen einem steten Wechsel von Gut und Böse öffnen und werden innerlich zerrissen sein. Wir lesen in der Heiligen Schrift folgendes:
„Wenn der unsaubere Geist von dem Menschen ausgefahren ist, so durchwandelt er (der unsaubere Geist) dürre Stätten, sucht Ruhe und findet sie nicht.
Da spricht er dann: Ich will wieder umkehren in mein Haus, daraus ich gegangen bin. Und wenn er kommt, so findet er's leer, gekehrt und geschmückt. Dann geht er hin und nimmt zu sich sieben andere Geister, die ärger sind als er selbst; und wenn sie hineinkommen, wohnen sie allda; und es wird mit demselben Menschen hernach ärger, als es zuvor war. So wird's auch dem argen Geschlecht gehen."
Menschen, die in ihren Herzen nicht den Geist Christi haben, beherbergen einen anderen Geist, viele sogar Geister. Wenn sie in die

Entscheidung kommen und sich für Jesus öffnen, müssen sie dafür Sorge tragen, daß ihr gereinigtes Herz nicht leer bleibt, sondern von Gottes Geist beseelt ist, damit das Alte, Belastende nicht eines Tages wieder von ihnen Besitz ergreift. Sie sind sonst Spielball böser Mächte und zu allem Schlechten fähig. Sie werden beherrscht von Leidenschaften, Süchten und manch anderen schmutzigen Sünden.

Unsere Wohnung ist nun schmutzig wie die Sünde. Die Gardinen liegen heruntergerissen am Boden, die Spiegel sind zerschlagen, und alles sieht einem Müllplatz ähnlicher als einer menschenwürdigen Behausung.

Auf unserem Hof haben sich Panjewagen, Lkws und Handwagen verschiedenster Art angesammelt. Zum großen Teil sind sie bunt bepackt, schlecht abgedeckt und jeder Witterung ausgesetzt. Wie viele Wertgegenstände gehen entzwei, Klaviere, Gemälde, Bücher, Uhren und anderes mehr. Während einerseits die Tische, Stühle und anderer Hausrat auf die Straße geworfen werden, bringen sie die kleinen zottigen Pferdchen in die „gute Stube". Überall hocken asiatische Männer herum, deren Uniformen nach Phantasiekostümen aussehen. Sie haben sogar mitreisende Dirnen bei sich. Über einem größeren Feuer kochen sie ihre Kohlsuppe. Ihre eisernen Rationen bestehen aus steinhartem Brot und Zwiebeln. Von unserem Küchenfenster aus kann ich weit in die Runde blicken. Am südlichen Horizont kann ich ausgedehnte Rauchwolken erkennen. Die Reste der Reichshauptstadt Berlin sinken in Schutt und Asche. Auf einem weiten Feld sehe ich in Staubwolken gehüllte Panzer fahren. Die Luft ist erfüllt von Donner und Grollen.

Aus unserem Schlafzimmer hole ich mir noch unbeschädigte Kopfkissen und Oberbetten. Vorsichtig schleife ich sie hinter mir her, um sie augenblicklich loslassen zu können, falls Soldaten auftauchen sollten, damit sie den Eindruck haben, ich hätte hier nur einmal zufällig hineingeschaut. Ich muß tatsächlich mein Vorhaben unterbrechen, doch später kann ich zurückkommen und die Betten holen und in den Keller bringen. So rette ich wenigstens etwas von unserer Habe. Überhaupt scheint zur Zeit die Parole zu gelten: Alles gehört allen und niemandem gehört nichts! Besitz und Besitzer wechseln einander so schnell wie Regen und Sonnenschein im April.

„Der Mensch ist ein Gewohnheitstier", sagt der Volksmund.

An schlechte Sitten und üble Taten gewöhnt sich der Mensch nur allzu schnell. Was eben noch Entsetzen auslöst, ist am nächsten Tag bereits „Mode".

Hierbei geht es nicht um einzelne Völker, wie Russen, Polen, Deutsche, Franzosen oder Amerikaner — es geht um die internationale Macht der Sünde, von der alle Menschen erfaßt werden. Dabei wird die irdische Gesinnung der Menschen offenbar, die Gott aus ihrem Leben verbannt haben und nach ihren Lüsten und Begierden handeln. In dieser Situation zeigt es sich, wozu Menschen fähig sind: Zu allem Bösen! Den Idealmenschen gibt es nicht. Die aufgestellten Parolen wie: „Edel sei der Mensch, hilfreich und gut!“ oder „Der gute Mensch denkt an sich selbst zuletzt“ gelten nicht in solchen Zeiten, wie sie der Krieg schafft, sondern jetzt heißt es: „Jeder ist sich selbst der Nächste!“

Ideale, Wunschträume schweben den Menschen wie Sterne vor Augen, die sie doch nicht ergreifen können.

Wie realistisch klingen da die Worte eines Friedrich von Schiller, der ein weltbekanntes Gedicht niedergeschrieben hat: „Die Glocke“. Darin heißt es:

„Weh, wenn sich in dem Schoß der Städte
Der Feuerzunder still gehäuft,
Das Volk, zerreißend seine Kette,
Zur Eigenhilfe schrecklich greift!

Da zerret an der Glocke Strängen
Der Aufruhr, daß sie heulend schallt
Und, nur geweiht zu Friedensklängen,
Die Losung anstimmt zur Gewalt.

Freiheit und Gleichheit! hört man schallen;
Der ruh'ge Bürger greift zur Wehr,
Die Straßen füllen sich, die Hallen,
Und Würgerbanden ziehn umher.

Da werden Weiber zu Hyänen
Und treiben mit Entsetzen Scherz;
Noch zuckend, mit des Panthers Zähnen,
Zerreißen sie des Feindes Herz.

Nichts Heiliges ist mehr, es lösen
Sich alle Bande frommer Scheu;
Der Gute räumt den Platz dem Bösen,
Und alle Laster walten frei.

Gefährlich ist's, den Leu zu wecken,
Verderblich ist des Tigers Zahn;
Jedoch der schrecklichste der Schrecken,
Das ist der Mensch in seinem Wahn.

Weh denen, die dem Ewigblinden
Des Lichtes Himmelsfackel leihn!
Sie strahlt ihm nicht, sie kann nur zünden,
Und äschert Städt' und Länder ein."

In mir selbst geht auch eine Veränderung vor, die ich mit Erschrekken registriere. Es ist nicht nur das Furchtbare, das ich zu sehen bekomme, sondern auch das, was sich in meinem Inneren zu regen beginnt. In mir selbst keimt der Gedanke und wird zur fixen Idee: Wenn ich nur groß wäre und zu den Siegern gehören würde! Der Mensch ohne Beziehung zu Gott und Christus kann tiefer in einen Schlamm geraten als das schmutzigste Tier, nämlich in den Morast böser Gedanken und Wünsche.

Da in unserer Wohnung vorerst kein Platz für mich ist, bin ich gezwungen, mir eine andere Unterkunft zu besorgen. Es ist wohl außergewöhnlich, daß ein 13jähriger Junge auf „Wohnungssuche" geht. Zunächst fällt es mir auch schwer, doch die Not steht dahinter und treibt mich. Als ich mich auf den Weg gemacht habe, treffe ich meinen russisch sprechenden Freund wieder. Er nimmt mich mit in die Wohnung seiner Verwandten. Auch hier sieht es aus, als hätten Vandalen gehaust. In einer etwas geeigneten Ecke bereiten wir uns ein Lager. Es wird Nacht. Es soll eine gespenstische Nacht werden, eine Nacht der Dämonen und unsauberen Geister. In der Ferne tobt unaufhörlich der Schlachtenlärm um die letzten Teile Berlins. Dort verbluten noch immer Deutsche und Russen, ertrinken Tausende in den U-Bahnschächten und S-Bahntunneln, in denen man Schutz suchte und erwartete, die jedoch zu Massengräbern wurden, weil der rasende Sohn der Hölle — der Führer des Großdeutschen Reiches — die Unterführungen der Spree hatte sprengen lassen. So konnten sich die Wassermassen in die unterirdischen Gänge des Berliner Stadtbahnnetzes ergießen. Seine Rechnung für das eigene Leben ging nicht auf, und das Leben des Deutschen Volkes ist für ihn unwert, wenn er es nicht zum Sieg führen und regieren kann. So peitscht die kleine Minderheit einer gewissen „Herrenrasse" noch immer mit verführerischer Propaganda die jüngsten und ältesten Kämpfer zu sinnlosem

Widerstand an. Mit dem Mut der Verzweiflung, unter viel zu großen Stahlhelmen, kämpfen Jungen und Greise, bewaffnet mit wenigen Panzerfäusten, und verteidigen Meter um Meter im aussichtslosen Ringen. Immer kleiner wird der zu haltende Raum, und Menschen zweier Nationen, die Brüder sein und in Eintracht nebeneinander leben könnten, müssen sich gegenseitig zerfleischen. Die Erde wird mit Blut getränkt und der Boden mit Leichen bedeckt.
Hinter düsteren Bahnhofs- und Häuserruinen wartet der Tod. Mit eisernen Zangenarmen hält er die Reste einer einst stolzen, vaterländischen Armee als Kanonenfutter gefangen. Aus jedem Loch, aus jedem Schlupfwinkel, aus hohlen Fenstern zischt der eisenharte Hauch der Vernichtung.
Eine höllische Atmosphäre herrscht in der heimgesuchten Stadt, eine Atmosphäre aus Dynamit, Staub, Steinen, Feuerflammen und zerfetzten Menschenleibern. Bis kurz vor Toresschluß wird die Residenz des Statthalters der Hölle verteidigt. Mit Barrikaden aus Baumstämmen, Sandsäcken, alten Straßenbahnwagen und Autowracks sucht man dem Feind zu trotzen, doch nichts hält die asiatischen Heerscharen auf. Berlin steht vor einem grausigen Ende. Der ohrenbetäubende Lärm hallt über ein unbeschreiblich großes Ruinenmeer. Hier und da ragen noch einzelne Häuser empor. Die ehemals breit angelegten Straßen sind jetzt zugedeckt mit hohen Schutthalden. Wie ein feuriger Lavastrom, der vor Zeiten die Stadt Pompeji überflutete, so wälzt sich jetzt mit grenzenloser Zerstörungswut ein Heer über diese Stadt und vernichtet, was im Wege steht. Häuser werden halbiert wie mit Rasiermessern. Hoch oben in bloßgelegten Stockwerken hängen an wankenden Mauern Öfen und Herde für jedermann sichtbar. Aufgebrochene Munitionskisten liegen herum. Ganze Straßenzüge sehen wie zerzauste Bürsten aus. Wie einzelne Borsten starren freistehende Schornsteine, Kirchtürme oder Hausecken aus dem Trümmerfeld zum Himmel empor.
Dreieinhalb Millionen Bürger dieser Stadt zittern, fluchen, schreien, liegen in letzten Todesqualen in Kellern, U-Bahnschächten, Ruinen oder anderen Löchern und erleben so die letzten, dramatischen Kriegstage.
Es gibt auch Bürger, die Bibelverse vor sich hinsagen, beten, geistliche Lieder singen und an den auferstandenen Siegesfürsten glauben. Gleichzeitig hört man den Schlachtenruf der Asiaten: „Urrääåh — Urrääåh!" Nervenaufreizend dringt er durch Flammen- und Rauchwände, über die Wüstenei einer zerstörten Stadt. Der Tag des Ge-

richtes hat Einzug gehalten. Aus Tausenden und Abertausenden von Gewehrläufen, aus Geschützrohren und anderen mörderischen Waffen kommt der Tod, um eine reiche Ernte zu halten.
Im unterirdischen Verließ, dem „bombensicheren Führerbunker“, schleicht die Gestalt eines alten, gebrochenen Mannes umher, der finsteren Mächten ausgeliefert ist. Von den Augenzeugen, die Hitler noch zuletzt sehen konnten, wird später berichtet, daß er vor Schmerzen und den Nachwirkungen eines Schlagflusses gekrümmt, mit purpurroten Flecken im Gesicht, wie eine Ratte im unterirdischen Bau umherschlich. Seine Hände und Füße vollführten dabei ruckartige Bewegungen wie bei einem Veitstanz.
Hitler ist nur noch der Schatten eines unsauberen Geistes, in sich zusammengefallen hängt er in seinen Kleidern. Seine Augen blicken ins Leere. Die Hölle nimmt sich bald ihr Opfer. Er wünscht noch nicht zu sterben, so läßt er die Massenschlächterei bis zum Äußersten andauern. Haß, Wut und dämonisches Gift entflieht seinem Munde bis zum letzten Atemzug. An die Sintflut einer millionenfachen Qual auf Erden, an die Schmerzen, die Schande und das unbeschreibliche Leid denkt er nicht. Die Opfer der KZ-Lager können ihn nicht zum Schaffott schleifen. Sein ganzer Haß galt den Juden, dem auserwählten Volk Gottes. Sie verflucht er bis in Ewigkeit.
Seine letzte Anordnung lautete:
„Vor allem aber trage ich dem Führer der Nation, wie den ihm Unterstellten die genaue Beachtung der Rassengesetze und die erbarmungslose Gegnerschaft zu dem Weltvergifter aller Völker, dem internationalen Judentum, auf.“
Der wahre Weltvergifter aller Menschheit, der Lügner von Anfang, wälzt die Ungeheuerlichkeit der Schuld dieses Massenmordes auf das Volk Israel ab.
Doch von diesen Tatsachen erfahre ich erst später. Noch befinde ich mich inmitten der Weltuntergangsatmosphäre. Schreie hallen durch die Nacht. Aus den Häusern und Kellern höre ich das Geschrei von Frauen und Mädchen.
„Schieß doch, Iwan, schieß doch!“ so flehen sie um einen raschen Tod. „Kamerad, schieß doch!“
Aber die „Kameraden“ wollen gar nicht schießen. Die Opfer sollen lebend verzehrt werden. Die Gier nach Schnaps und Frauen scheint uferlos. Viele der Geplagten haben keine Kraft mehr zum Widerstand; willenlos lassen sie alles über sich ergehen. Ihre Seelen sind

zertrampelt, erstorben. Ein blödes, viehisches Lachen entringt sich den geschändeten Leibern. Es macht die Soldaten noch wilder. Unmöglich ist es, all die Qualen und Leiden zu beschreiben. Lange bin ich Ohrenzeuge des schrecklichen Höllenkonzertes. Dann übermannt mich der Schlaf. Ich versinke wie ohnmächtig in ein Nichts. Um mich herum die Hölle, Tod und Dämonen.

Als ich wieder erwache, weiß ich nicht mehr, wer und wo ich bin. Meine Glieder scheinen zermartert — allmählich kommt mir alles ins Bewußtsein zurück; denn draußen dröhnt noch immer Schlachtenlärm. Ich erinnere mich: „Ach ja, es ist ja noch Krieg — und ich lebe!"

Noch halb betäubt erhebe ich mich und steige über die am Boden liegenden Gegenstände aller Art. Draußen sind Tiefflieger beim Angriff. Ihre Bordkanonen hämmern: Rattatat — poff — poff — poff — Rattatat — poff — poff.

Über unsere Dorfstraße unter den frisch ergrünten Bäumen jagen Kosaken auf windschnellen Pferden dahin. Eine Nachschubkolonne sucht verzweifelt Schutz unter den Bäumen und möchte dem Tieffliegerangriff ausweichen. Da sinkt auch schon ein Kutscher leblos vom Wagen. Er ist getroffen. Ein anderer springt auf den leeren Platz und ergreift die Zügel. Die Pferde bäumen sich auf, ihre Vorderhufe in die Höhe — so wollen sie dem Inferno entrinnen. In etwa 200 Meter Höhe brausen deutsche Jagdflugzeuge feuerspeiend über die Kolonne hinweg. Man kann die Piloten in den Kanzeln deutlich erkennen. Mein Begleiter ist ebenfalls erwacht und kommt schlaftrunken ans Fenster. Die Flieger drehen nach Norden ab. Der Spuk ist vorüber.

Der Tag hat begonnen. Jemand kommt polternd die Treppe herauf. Ein russischer Soldat beginnt mit dem neuen „Gesellschaftsspiel"! Ohne uns eines Blickes zu würdigen, kramt er in den schon mannigfaltig durchwühlten Dingen auf dem Boden herum. Er findet ein Paar Lederhandschuhe mit Stulpen. Sich freuend wie ein Kind, springt er mit seiner Beute umher.

„Kamerad, das sind meine Handschuhe!" sagt mein Begleiter auf Russisch. Ein Schwall drohender, harter, mir unverständlicher Worte bricht über den Deutschen herein. Warum hat er nicht den Mund gehalten? Es ist mir unverständlich.

„Komm! Idi-zuda! Dawai! Komm!" Er zerrt ihn am Arm aus dem Raum und stößt ihn hart die Treppe hinunter. Wie ein Faß schlägt er unten auf, versucht aber, schnell hochzukommen und zu fliehen.

Doch der Russe ist ihm nachgesprungen. Wie ein Tiger packt er ihn am Kragen und zieht ihn zur Tür hinaus. Was wird jetzt passieren? Ich eile hinterher. Auf dem Hof ist ein Völkergemisch des Ostens versammelt. Sie singen und gröhlen. Durch Alkohol verrohen sie zusehends. Alle erlebten Schrecknisse dieses Krieges haben sie aufgeputscht. Die deutschen Zivilisten sind jetzt Freiwild — Ratten, die man einfach totschlagen sollte.
Hinter einer Tür verborgen sehe ich mit Entsetzen, was sie mit dem Verhafteten vorhaben. Der Russe verschafft sich eine Schießbahn. Die Zuschauer haben schnell einen Kreis gebildet und lachen diabolisch. Mein Bekannter muß sich an die Mauer stellen. Da er Russisch kann, bekommt er Befehl in der ausländischen Sprache: „Hände hoch! Umdrehen und mit dem Gesicht zur Wand!"
Er tut es nicht, sondern fällt vor seinem Häscher nieder und winselt um sein Leben. Dieser stößt und zerrt ihn hoch. Er muß sich wieder aufstellen. Der Russe nimmt sein Gewehr. Ich höre das Klacken — er hat geladen. Der Deutsche dreht sich um und fällt vor dem Russen auf die Knie. Er weint und bettelt um sein Leben. Welche Schrecken! In der Nacht das Schreien der Frauen, die sich den Tod wünschen, und jetzt das Schreien des Mannes, der leben möchte!
Die anderen lachen und johlen, während der Russe erneut seine Befehle gibt. Drei- bis viermal wiederholt sich das grausame Spiel, dann schickt er ihn mit einem verächtlichen Stoß fort. Er hatte sich eine sadistische Freude bereitet.
Mit schlotternden Gliedern kommt mein Bekannter zu mir und sagt mit zitternder Stimme: „Stell' — dir — vor, der w-w-wollte mich abknallen! W-w-wie — ein Vieh — niederschießen!"
„Warum waren Sie nur so dumm, um die Handschuhe ein solches Palaver zu machen! Wir sind denen doch gänzlich ausgeliefert!" war meine Antwort.
„Na, ich — ich k-k-k-onnte doch nicht ahnen, d-d-daß der mich gleich erschießen will!" Vor innerer Erregung stottert er. Schweiß steht ihm auf der fahlen Stirn.
Wie Ägypten einst heimgesucht wurde durch Gottes Plagen, so kommen jetzt anscheinend alle Plagen des Bundes auf uns.

O GOTT, DASS WIR SO GESÜNDIGT HABEN

Nach Jahren wurde mir diese erste Zeit der Besetzung durch Feindtruppen wieder so in Erinnerung gebracht, als ich aus Jeremias Klageliedern las:

„Gedenke, Herr, wie es uns geht; schaue und siehe an unsre Schmach! Unser Erbe ist den Fremden zuteil geworden und unsere Häuser den Ausländern. Wir sind Waisen und haben keinen Vater; unsre Mütter sind wie Witwen. Unser Wasser müssen wir um Geld trinken; unser Holz muß man bezahlt bringen lassen. Man treibt uns über Hals; und wenn wir schon müde sind, läßt man uns doch keine Ruhe. Wir haben uns müssen Ägypten und Assur ergeben, auf daß wir doch Brot satt zu essen haben.

Unsere Väter haben gesündigt und sind nicht mehr vorhanden, und wir müssen ihre Missetaten entgelten.

Knechte herrschen über uns, und ist niemand, der uns von ihrer Hand errette. Wir müssen unser Brot mit Gefahr unseres Lebens holen von dem Schwert in der Wüste. Unsre Haut ist verbrannt wie in einem Ofen vor dem greulichen Hunger. Sie haben die Weiber zu Zion geschwächt und die Jungfrauen in den Städten Judas. Die Fürsten sind von ihnen gehenkt, und die Person der Alten hat man nicht geehrt. Die Jünglinge haben Mühlsteine müssen tragen und die Knaben über dem Holztragen straucheln.

Es sitzen die Alten nicht mehr unter dem Tor, und die Jünglinge treiben kein Saitenspiel mehr.

Unseres Herzens Freude hat ein Ende; unser Reigen ist in Wehklagen verkehrt. Die Krone unseres Hauptes ist abgefallen. O weh, daß wir so gesündigt haben!"

Diese Plagen, diese Not haben wir am eigenen Leibe verspürt und miterlebt.

„O weh, daß wir so gesündigt haben!"

Vielleicht wird so der Höllengesang tönen im Jenseits, angestimmt von den ewig Verdammten.

„O weh, daß wir so gesündigt haben!"

Die Sünde ist wie ein Korallenriff, sie wächst und wächst. Sie gleicht einer atomaren Kettenreaktion. Aus Willkür wird Dämonie, — aus Mutwillen wird fanatischer Sadismus, — aus Haß wird Tollwut, — aus Ungerechtigkeit wird Gesetzlosigkeit, — aus Mordlust wird Vandalismus, ein irrsinniges Treiben von Höllenmächten.

Wir hatten zuerst gesündigt — in Polen, Holland, Belgien, Frankreich, Jugoslawien, Griechenland, Norwegen und dann in Rußland. Nun überschwemmt die Sintflut der Rache unser Land. — Wir haben gesündigt? Wir waren doch noch Kinder. Es treibt mich fort. Ich fürchte, der johlende Haufe könnte auch an mir Rache üben. Darum schleiche ich allein die beschmutzte Treppe hinunter. Der Hof scheint leergefegt zu sein, das heißt, nur die Soldaten haben sich entfernt. Ansonsten sieht es wie auf einem vom Sturmwind durchwehten Müllplatz aus. Schwelende Feuerreste, leere Konservenbüchsen, zerfetzte Betten, Töpfe, Pfannen, sogar ein Klavier steht mitten auf dem Hof. Noch tagelang sollte es dort stehen. Bis tief hinein in die Nächte sangen sie. Der Widerschein eines Lagerfeuers war auf den Gesichtern zu sehen: „Wolga, Wolga, meine Mutter" — das Wolgalied.

Aber was hast du uns für Kinder geschickt, du weitentfernte Mutter? Man hat den Eindruck, daß „Heute" nicht heute ist, sondern die Weltgeschichte sich um Hunderte oder sogar um tausend Jahre zurückgedreht hat. Gerade als ich unter dem Plunder auf dem Hofe etwas Eßbares zu suchen beginne, zerren zwei Soldaten eine Frau aus dem Keller. Sie wehrt sich mit Händen und Füßen. Die beiden Soldaten sehen sehr unterschiedlich aus, der eine klein und korpulent und mit einer verschmutzten Uniform, der andere groß und blond und einer zusammengestellten Beuteuniform, deutsche Stiefel und Koppel, eine blaugraue Jacke mit dem sowjetischen Stern und Achselstücken, anscheinend ein befreiter Kriegsgefangener, der sich eine Uniform selber verordnet hat aus vorhandenen Stücken. Die Frau sieht schon sehr abgekämpft aus, als hätte sie sich schon längere Zeit gewehrt. Sie ist zerzaust und die Kleidung ziemlich zerrissen. Sie läuft auf Strümpfen. Als mich der eine entdeckt, schreit er mich wütend an. Schnell springe ich in einen Holzschuppen. Durch die Türritzen kann ich beobachten, wie die beiden versuchen, ihr Opfer wieder in den Keller zu ziehen. Mit erwachter Neugierde sehe ich das „Katz- und Mausspiel". Es ist jedoch kein Spiel, es ist ein Tanz auf Leben und Tod. Die Frau leistet mit Krallen und Zähnen Widerstand. Endlich haben sie sie hinter einen Schuppen geschleift. Sie richtet sich noch einmal auf und will versuchen zu fliehen, doch der Große hält sie eisern fest. Laut ruft er dem anderen etwas zu. Der zweite zieht seine Pistole aus der Tasche. Die Frau steht ihm aufrecht und jetzt lächelnd gegenüber, wie bei einer Siegerin leuchtet ihr Gesicht. Es fällt ein Schuß — wie ein Pfahl schlägt sie auf die

Erde. Die Mörder rennen davon. Ich bin zu Tode erschrocken und schaue noch immer durch den Türspalt. Ich wage nicht hinauszugehen, vielleicht steht die Frau wieder auf? Es könnte ja sein, daß sie sich nur tot stellt. Es erscheint mir unmöglich. So schnell kommt doch nicht der Tod — oder? Warum rührt sie sich nicht? Es ist mir unbegreiflich. Dann halte ich es in meinem Versteck nicht mehr aus. Ängstlich nach allen Seiten spähend schleiche ich ihr entgegen und komme immer näher. Dort liegt sie! Rührt sie sich wirklich nicht? Atmet sie nicht doch noch ein wenig? — Schritt für Schritt komme ich näher. Einen Meter vor ihr bleibe ich stehen. Sie scheint noch immer zu lächeln; es sieht wie ein Triumph aus. Ihre Augen aber sind gebrochen, die Lider halb geschlossen. Ich sehe die glasigen Augen — tot! Keine fünf Minuten sind vergangen — tot!
Ich kann den Anblick nicht mehr ertragen. Tote, die schon länger herumliegen, sehe ich kaum noch, aber in diesem Fall war ich persönlicher Zeuge eines Mordes. Ich fliehe wie die Mörder selbst.
Unsere Dorfstraße scheint zu dieser Zeit eine Nachschubader von größter Bedeutung zu sein. Auf der gepflasterten Straße knattern die Lastkraftwagen mit ihren unterschiedlichen Ladungen wie Soldaten, Verwundeten, Gefangenen, Munition, Verpflegungs- und Beutestücken. Auf den Feldwegen rechts und links neben der Straße mit ihren Linden trotten kleine Panjepferdchen mit Wagen. Vor der kleinen Dorfkirche befinden sich Soldaten auf der Wiese. Wie Herbstlaub liegen sie dicht aneinandergereiht in ihren braunen Uniformen. Einer ruft mich heran, als ich in ihre Nähe komme: „Hä — du Kamerad! Idi-zuda! Du hören, was Hietler gesagt?“ Ich schüttle mit meinem Kopf.
„Hietler sagen: Russe kapuut! Nix Russe kapuut — Hietler kapuut!“ Dabei lacht er und zeigt auf die vorüberziehenden, schwer bewaffneten Militärkolonnen. Und tatsächlich, wie ein Lavastrom, der nicht enden will, fließt es an uns vorbei. Wenn ich daran denke, die wenigen deutschen Soldaten, die ich in den letzten Stunden zur Verteidigung des Randgebietes von Berlin sah, so muß ich staunen, wie sie überhaupt noch so lange Widerstand haben leisten können.
Auf einmal entsteht eine gefährliche Situation. Einer der Russen springt auf, als wäre er von einer Tarantel gestochen, zieht seine Pistole aus der Tasche und schießt auf einen Kosaken zu Pferde. Ich habe gerade noch Zeit, zur Seite zu springen und schnell um die Dorfkirche zu laufen. Geduckt hinter einer Hecke sehe ich, wie sich zwei russische Soldaten mit scharfer Munition beschießen. Was ist

geschehen? Bis heute weiß ich es nicht. Vielleicht war der schlafende Soldat von dem Pferd berührt worden. Offiziere springen dazwischen und bringen die beiden Kampfhähne auseinander.

Jenseits der Kirche befindet sich ein größerer Platz. Dort sind ebenfalls russische Soldaten. Sie sind jeder mit einer „Maschienka" beschäftigt. Fahrräder sind für sie eine aufregende Sache! Dreißig bis vierzig Soldaten versuchen zu fahren. Sie könnten zu einem Zirkus gehören, der seine Clowns an einer Nummer ausbildet. Es ist eine urkomische Szene: Aufsteigen, wellenförmige Schleuderfahrt, Zusammenstöße am laufenden Band, Schimpfen mit drohenden Gebärden, erneutes Aufsteigen, Hinfallen, Aufstehen, eine kurze Slalomfahrt, wieder Zusammenstöße und so fort — ein neues Spiel auf einer Maschienka zum Treten.

Offiziere geben Befehle. Die Einheit soll antreten. Die fröhlichen Besitzer dieser kostbaren „Maschinen" wollen sie nicht hergeben, sondern mit ihnen an die Front fahren. Mit Stolz zeigen einige Fahrschüler ihre fortgeschrittenen Künste, schwanken aber noch immer wie Matrosen bei starkem Seegang. Die Offiziere geben strenge Anweisungen, sie müssen antreten und die Fahrräder neben sich halten. Ein Leutnant zieht ein Messer aus der Tasche und zerschneidet alle Vorderreifen. Zischend entweicht die Luft. Sie werfen nun alle Fahrräder auf einen Haufen. Danach marschieren sie ab. Da liegt er nun, der Schrotthaufen!

Auf einmal regt sich in mir ein Gefühl: Hunger! Die Eindrücke der letzten Stunden hatten mich so gefangen genommen, daß ich noch zu keinem Frühstück gekommen war. Was hatte ich aber auch alles an diesem Vormittag erlebt!

Einen kurzen, harten Tieffliegerangriff über reitenden Kosaken auf unserer Dorfstraße. — Generalprobe zur Erschießung eines bestohlenen Mannes, der um sein Leben winselt! — Exekution einer jungen Frau, die ihre Ehre mehr schätzte als ihr Leben! — Duell eines Infanteristen mit einem Kosaken! — Und dann die „Lustspielaufführung" einer Fahrschule mit Fahrrädern mit traurigem Abschluß durchs Schlachtmesser! — Dazu die vielen kleinen Einzelheiten, die man nicht alle beschreiben kann.

Hunger! — Wo bekomme ich nur etwas zu essen? Die Kaufläden sind geplündert, die Lebensmittel im Straßenschmutz verstreut und zertreten. Die Bauern hatten ja hinter ihren Häusern in den Gärten so manchen Schinken vergraben. Aber die Urvölker Asiens zeigten dafür einen fast tierischen Instinkt. Mit langen Stangen stocherten

sie im Boden herum, als wären sie Vermessungsangestellte. So haben sie die Verstecke ausfindig gemacht. Wo soll ich nun etwas finden? Ich gehe in ein ehemaliges Gasthaus. Auch hier sieht es nach einer Räuberhöhle aus. Die vorhandenen Nahrungsmittel sind im Schmutz zertreten worden. In dem Gastraum stehen wie überall Sofas herum, die Bezüge zerschnitten und abgerissen. Auch Stroh ist im ganzen Raum verstreut. Hinter einem Schrank entdecke ich einen Türrahmen. Der Schrank ist schwer wie Eisen. Ich kann ihn keinen Zentimeter bewegen. Vielleicht haben andere es auch schon versucht, denn am Rahmen sieht man Einkerbungen, die offensichtlich von Stangen herrühren. Der Schrank jedoch blieb unverrückbar. Zehn oder fünfzehn Zentimeter scheint der Spalt groß zu sein, durch den ich eine gefüllte Speisekammer erblicken kann. Meine Augen gehen über beim Anblick von Schinken, Würsten und den vielen Gläsern mit Eingewecktem. Es müßte doch möglich sein für einen ausgemergelten Kinderbrustkorb, durch den vorhandenen Spalt hindurchzukommen. Zunächst komme ich nur bis zur Knopflinie an meiner Jacke. Die Knöpfe sind im Wege. Ich schiebe mich zurück aus dem Spalt, um die Jacke auszuziehen. So sind wenigstens einige Millimeter gewonnen. Dann versuche ich es erneut und komme zentimeterweise voran. Doch es scheint nicht auszureichen! Ich komme nicht durch, und mein Brustkorb schmerzt schon. Wie eine festgeklemmte Axt stecke ich im Spalt. Ich hole Luft und versuche es weiter. Mal hebe ich die rechte, mal die linke Schulter und zerre und drücke, es geht nur millimeterweise voran. Meine Anstrengungen scheinen aussichtslos zu sein, doch endlich bin ich hindurch. Heißhungrig mache ich mich über die Schätze her. Die Würste, der Speck und all die anderen schönen Dinge lassen mich vorübergehend mein freiwillig gewähltes Gefängnis vergessen.
Ich erinnere mich an eine Fabel, die von einem Fuchs und einem Bären berichtet, die in die Vorratskammer eines Bauern eingedrungen waren, um sich dort satt zu essen. Der Bär fraß sich maßlos voll, während der Fuchs zwischendurch mehrmals durch das Fenster schlüpfte und feststellte, daß er noch nicht zu dick war, um im Notfall fliehen zu können. Als plötzlich der Bauer kam, konnte der Fuchs schnell entweichen. Der Bär aber war so dick geworden, daß er nicht mehr den Rückzug antreten konnte. Er mußte gefangen in dem Keller auf sein grausames Ende warten.
Gerade diese Geschichte kam mir in den Sinn, als ich gut versorgt in meiner Falle saß. Ob ich wohl wieder hinauskommen werde? Zu-

nächst interessierte es mich noch nicht so stark. Als aber der größte Hunger gestillt war, versuchte ich, den Rückzug anzutreten. Vergeblich! Was mir Augenblicke vorher durch den Sinn gegangen war, sollte sich hier bestätigen. Ob es nun wirklich von dem Essen kam oder die glatte Rückwand des Schrankes ihre Tücken hatte, die mich immer wieder abrutschen ließ und mir keinen festen Halt geben konnte, ich weiß es nicht! Ich kam jedenfalls nicht hindurch. Es nützten keine Anstrengungen. Da ich keinen Stuhl zur Hand hatte, setzte ich mich erstmal auf ein Gurkenfaß. Dabei betrachtete ich den Spalt. Er kam mir von innen viel schmaler vor. Nach einer kleinen Ruhepause versuchte ich es wieder. Mein Bauch ließ sich jedoch nicht mehr so einziehen wie vorher und mein Körper kam mir nicht mehr geschmeidig genug vor, deshalb mußte ich den Versuch aufgeben. Ich fing an zu lachen. Es war doch zu komisch, hier in der Speisekammer gefangen zu sein. Die Vorräte reichten sicher einige Wochen, aber wie sollte ich schlafen? Und noch schlimmer: Wo sollte ich das gewisse Eckchen finden für bestimmte Notwendigkeiten? Vielleicht würden mich irgendwann Leute entdecken und aus meinem Gefängnis befreien. Aber wie lange konnte so etwas dauern?

Ich lachte wie blöd vor mich hin wie ein Betrunkener, der nicht mehr ganz Herr seiner Sinne ist, aber doch alles genau wahrnimmt.

Von draußen vernahm ich neuen Schlachtenlärm. Ich setzte mich und wartete ergeben, was die nächsten Augenblicke bringen würden.

Im Gastzimmer wird es lebendig, man räumt schon wieder in den Sachen herum. Wie Schlachtfeldhyänen durchwühlen sie alles, jede Ecke, zertreten Glas und schurren mit ihren Stiefeln. Soll ich mich bemerkbar machen? Rufen? Ich hocke unschlüssig hinter dem großen Schrank. Sie können ja meinen, ich sei ein versteckter Feind und gleich schießen! So ziehe ich es vor, mich still zu verhalten und vorerst in meinem Gefängnis zu bleiben.

Als sich alles beruhigt hat, versuche ich nochmals, durch den Spalt zu kommen. Es gelingt. Offenbar haben sich die Speisen im Leib verteilt, daß es jetzt möglich werden konnte. Vorsorglich habe ich mir einige der kostbaren Lebensmittel an den Spalt gestellt, um sie mitnehmen zu können. Ich packe alles zusammen und begebe mich vorsichtig auf die Straße. Als ich die vielen Soldaten sehe, beschließe ich, mich hinter Hecken und Gärten davonzuschleichen. Am Friedhof haben sich Frauen an kleinen Weidenbäumen erhängt, um der unsagbaren Schmach und Qual zu entgehen. Ihre leblosen Körper baumeln im Wind.

Eine Selbstmordepidemie scheint das Volk ergriffen zu haben. Ob es eine solche jemals vorher auf dieser Erde gegeben hat? Ganze Familien gehen in Flüsse und Seen, andere durchschneiden sich die Pulsadern oder erhängen sich. Manche haben sich schon vorher mit Zyankali eingedeckt und nehmen jetzt das Gift, um dem Grauen ein Ende zu bereiten. Auf meinen planlosen Erkundungsgängen begegne ich den Leichen hier und da. Ist das alles Wirklichkeit? Kann man das alles recht begreifen? Ich muß mich aufraffen und zusammennehmen, um weiterzukommen. Manchmal werden die Toten beneidet; denn viele wünschten wohl, sie hätten das Ende erreicht und Frieden im Tode gefunden. Wenn doch diese Tage nur ein Ende hätten!

Wo ich in der kommenden Nacht schlafen kann, weiß ich noch nicht. Auch weiß ich nicht, wo meine Eltern und Geschwister sich befinden und ob sie überhaupt noch leben. Wen ich auch an bekannten Menschen treffe, keiner kann mir Auskunft geben. Im hohen Wellengang der unergründlichen, nächsten Augenblicke tauchen vor mir Gestalten auf und verschwinden wieder: Zivilisten, Uniformierte, Sieger und Besiegte, bekannte und unbekannte Menschen.

Ich selbst treibe wie ein Strandgut an der Meeresoberfläche, bleibe auf einer Sanddüne liegen, blicke umher und komme mir vor wie Robinson, der auf eine wüste Insel verschlagen worden ist. Allmählich bemächtigt sich meiner eine tödliche Gleichgültigkeit. Es ist der ärgste Feind.

Die Toten auf den freien Feldern haben den Schein von etwas Friedvollem. Man sieht sie schon von weitem und ist vorbereitet, ihnen zu begegnen. Daran habe ich mich bereits gewöhnt. Überall liegen welche.

Schockierend fährt es einem jedoch in die Glieder, wenn man völlig ahnungslos in eine durchwühlte Wohnung kommt und hinter einer Tür ganz unvermutet eine Leiche entdeckt! So passiert es mir, als ich in eine fremde Wohnung gehe und gleich hinter der Tür einen Polen mit aufgeschnittenen Pulsadern liegen sehe. Der Schreck bohrt sich wie ein Messer in meine Brust. Fassungslos bleibe ich stehen. Der Körper liegt in einer großen Blutlache. Dann drehe ich mich auf der Stelle um und laufe stracks davon. Wie ein Verbrecher fliehe ich vom Tatort.

Von nun an taste ich mich sehr vorsichtig in fremde Wohnungen hinein. Meine Lebensmittel habe ich in Sicherheit gebracht, das heißt sicher ist in dieser Zeit nichts. Ich treffe einen weiteren Deutschen, der auch auf Wohnungssuche ist. Wir beide steigen in das obere Stockwerk eines Zweifamilienhauses und beratschlagen, wo wir uns am besten für die nächste Nacht einquartieren können. Da kommt ein russischer Offizier hereingepoltert. „Idi-zuda! Dawai! Schnell raus, komm! Gleich große Bombän!" schreit er uns entgegen. Verwundert blicken wir uns an. Sehr unsanft werden wir aus dem Zimmer gewiesen. Will er vielleicht nur räubern? Wir denken an unsere Lebensmittel. Schnell gehen wir in einen anderen Raum und nicht in den Keller, wie er es angeordnet hat. Zu unserem Erstaunen hören wir, wie er selber die Treppe hinabeilt. Was soll das bedeuten? Wollen sie das Haus in die Luft sprengen? Wir schleichen wieder in das andere Zimmer zurück. Ich trete ans Fenster und erkenne den Grund seiner Aufregung. Hinter unserem Dorf, parallel zur Längsseite, haben sie Geschütze, sogenannte Stalinorgeln aufgebaut. Das Dorf hat eine Länge von etwa einem Kilometer. In dieser Breite stehen nun, und zwar in mehreren Reihen hintereinander, die Raketenwagen. Sie sehen eigentlich nur wie Feuerwehren mit Auszugsleitern aus, aber in den Gerüsten hängen je acht lange Raketen. Es ist ein gigantisches Bild eines militärischen Aufmarsches. Drohend sind die Schlünde gegen Berlin gerichtet. Auf dem Bauernhof uns gegenüber, jenseits der Dorfstraße, steht eine größere Anzahl Artillerieoffiziere. Alle blicken konzentriert auf ihre Armbanduhren! Plötzlich schreit einer der Offiziere einen Befehl dem Feldwebel entgegen, der in der Nähe eines großen, geöffneten Scheunentores steht. Im gleichen Augenblick schießt dieser mit seiner Pistole Leuchtspurmunition in die mit Stroh gefüllte Scheune, die in Sekundenschnelle zu einem Flammenmeer wird. Das Zeichen zum Angriff! Ein ohrenbetäubender, mörderischer Schlag gellt durch die Luft, wir werden rückwärts vom Fenster gegen die Wand geschleudert und fallen zu Boden. Wie eine entfesselte Hölle bricht es über uns herein. Ein Pfeifen, Jaulen, Zischen, Donnern und Heulen, als ginge die Welt unter. Weder Abschuß noch Aufschlag sind in diesem Konzert zu unterscheiden. Es ist der finstere, gräßliche Orkan einer totalen Vernichtung. Der Offizier hatte uns also mit Nachdruck gewarnt, denn er kannte diesen mörderischen Luftdruck. Später habe ich die beschossenen Stadtteile mit eigenen Augen gesehen! Die Häuserblocks waren zerfetzt, zerhackt, zermalmt, wie Glasscheiben zersplittert, bis zur Unkenntlichkeit verwüstet. Ruinenberge von erschreckendem und nicht zu beschreibendem Ausmaß! Die einstmals bekannten Straßen konnte ich nicht mehr erkennen, sondern nur ahnen, wo sie gewesen sind.

Nach „ewigen Zeiten“, so kommt es einem vor, endet dieses Höllenkonzert. Ganz benommen und wie betäubt fühlt man sich. Das Haus steht noch, aber die Fensterscheiben sind sämtlich in kleinste Teilchen zersplittert, die Ziegel vom Dach geflogen und zerschellt. Wir erheben uns langsam und versuchen, von draußen ein Bild zu bekommen. Die Scheune ist restlos ausgebrannt, die Offiziere nicht mehr vorhanden. Bei den Geschützen sind die Kanoniere an der Arbeit. Die Stalinorgeln werden nacheinander hinweggerollt. Die Mähdrescher des Todes haben ihr Werk vollbracht. Am südlichen Horizont steht eine Rauchwand, schwarz wie die Nacht, und kommt auf uns zu! Eine Millionenstadt brennt.
Unser Quartier ist jetzt zu luftig geworden. Für eine kalte Aprilnacht können wir uns hier kein Lager mehr aufschlagen. Ich verabschiede mich von dem Deutschen, hole mein Bündelchen hervor und gehe auf Suche nach —? Ohne Plan und Ziel irre ich in unserem Dorf umher. Ich tue lauter Dinge, die mir gerade in den Sinn kommen. Unter einer Linde am Straßenrand sehe ich ein Pferd stehen. Verlassen, geduldig seinem Schicksal ergeben, steht es da wie ein Standbild. Wenn es nicht hin und wieder mit seinem Schwanz wedeln würde oder ab und zu mit den fast geschlossenen Augenlidern zucken, so könnte man meinen, es wäre aus Stein. Wie hat sich doch mein Heimatdorf verändert! Ich kann es nicht begreifen. Benommen gehe ich Schritt für Schritt vorwärts. Jetzt gibt es viele streunende Hunde. Ich komme mir selbst wie ein solcher vor und habe offenbar schon einiges von ihnen gelernt. Meine Blicke suchen ständig den Erdboden nach brauchbaren Gegenständen ab. Findet sich überraschenderweise etwas, so stecke ich es schnell in mein Bündel. Die Dunkelheit senkt sich allmählich herab. Der Ort erscheint wie ausgestorben. Ich komme an dem Haus mit dem Storchennest vorüber und sehe Dorfbewohner, die wohl gerade zurückgekommen sind. Sie laden mich ein, in eine leerstehende Wohnung in demselben Hause mitzukommen. Jeder freut sich, wenn er ein bekanntes Gesicht aus der früheren Dorfgemeinschaft erblickt, und wenn es nur ein Kind ist. In einer Ecke richte ich mir mein Lager her. Die mitgebrachten Lebensmittel verstecke ich in einer Kiste. Dann sinke ich auf einer Bettstelle nieder. Die Kleider wage ich gar nicht auszuziehen. In meiner völligen Erschöpfung habe ich nur noch den einen Wunsch: Schlafen! Und nochmals schlafen!
Als ich am nächsten Morgen erwache, bin ich erstaunt, daß alles so ruhig ist. Wo bin ich eigentlich? — Auch die Decke über mir ist

fremd. — Was war gestern? — Langsam, ganz langsam kommt mir die Erinnerung; mein Gedächtnis beginnt wieder zu arbeiten. Nur zögernd kommt das Gestern ins Bewußtsein zurück. Meine Kleider am Leibe sind getrocknet. Sie kommen mir wie eine zweite Haut aus Leder vor. Die Nacht scheint merkwürdig ruhig gewesen zu sein. Doch mein Nachbar erzählt mir von der rauhen Wirklichkeit, daß die Soldaten in der Nacht Frauen gejagt haben. Plötzlich entsinne auch ich mich, des öfteren von Taschenlampen angeleuchtet worden zu sein und in ziemlicher Entfernung die Frage gehört zu haben: „Du wissen, wo deutsche Soldat?"

Der Schlaf hatte mich aber so gefangen gehalten, daß ich bei diesen nächtlichen Störungen nicht richtig wach geworden bin. Nun vernehme ich wieder in der Ferne die hämmernden Kriegsmaschinen. Der Kampf um Berlin scheint noch immer nicht beendet zu sein. Ich setze mich hoch auf der Bettkante und denke nach. Unten auf der Straße ist es ebenfalls lebendig geworden. Die feindlichen Truppen sind in Bewegung. Ich habe aber kein Verlangen, zum Fenster zu gehen und ihnen zuzusehen. So gehe ich erstmal an meine Verpflegungskiste, um mich zu stärken. Hunger brauche ich im Augenblick nicht zu leiden; mir fehlt zwar der richtige Appetit, darum esse ich nur, weil es mir notwendig erscheint.

Danach mache ich mich auf, um eine weitere Entdeckungsreise zu unternehmen. Am südlichen Horizont steht noch immer die himmelhohe Rauchwand wie ein Mahnmal über der Stadt Berlin. Eine Riesenschlange nachrückender Feindtruppen wälzt sich durch die Straßen. Die deutschen Einheiten leisten weiterhin Widerstand. Den Wechsel der kriegerischen Szenen kann man kaum beschreiben. Eine grenzenlose Abgestumpftheit bemächtigt sich meiner, als ich die ständig wechselnden Eindrücke, die Bilder des Kriegsgeschehens, über mich ergehen lassen muß. Man könnte den Verstand verlieren, wenn man über die Greuel nachdenkt, die man mit eigenen Augen ansehen muß.

Als ich einem weiteren Dorfbewohner begegne, erzählt mir dieser, daß der Ortsgruppenleiter der NSDAP mit der ganzen Familie tot in seiner Wohnung über dem Gasthaus liegt. Als die feindlichen Truppen einmarschiert seien, hätte er die Hakenkreuzfahne am Haus gehißt, zuerst seine Enkelkinder erschossen, danach seine Schwiegertochter, seine Frau und zuletzt die Pistole gegen seine eigene Schläfe gerichtet und sich erschossen.

Wir gehen es uns ansehen. In einer tadellosen Parteiuniform, blut-

überströmt, liegt er wie ein Wachhund vor der Eingangstür zur Wohnung. Man wagt nicht, über seine Leiche zu steigen. So blicke ich nur durch die geöffnete Tür ins ehemalige Schlafzimmer und erkenne seine Frau auf dem Bett. Die übrigen liegen im Kinderzimmer. Er war ein großer Idealist, der niemanden wegen einer parteifeindlichen Äußerung angezeigt hätte. Er glaubte so bedingungslos an seinen Führer wie wahre Christen an Jesus. Er ging für seinen „Gott" in den Tod und ahnte nicht, welchem Dämon er seinen Glauben, sein Leben, ja sogar seine Ewigkeit geopfert hatte. In seiner umfangreichen Bücherei entdecke ich sogar Geschichtswerke meines Großvaters: „Die Befreiungskriege 1812/13". Damals kamen die Russen als Befreier — heute sind sie hier als Eroberer. Zutiefst erschüttert verlasse ich die Wohnung. Später legte man die ganze Familie in eine große Truhe und senkte sie in ein Massengrab.
Am Vormittag versuche ich, Kochmöglichkeiten zu finden. Seit drei Tagen habe ich nichts Warmes mehr gegessen. Der Erbseneintopf mit dem vielen Fleisch ist die letzte warme Mahlzeit gewesen. Holz finde ich genug; auch Töpfe liegen überall herum. Streichhölzer entdecke ich aber nicht. Jemanden danach zu fragen, wage ich nicht, weil ich befürchte, daß man mir mein Lebensmittelversteck plündern könnte. Als ich gerade damit beschäftigt bin, auf einem Feldweg einen Kochtopf zu untersuchen, ob er für meinen Küchenhaushalt geeignet sei, sehe ich zwei Personen die Dorfstraße entlanggehen. Sie sind noch in einiger Entfernung. Ich erkenne einen Mann und einen kleinen Jungen mit einer viel zu großen Soldatenmütze auf dem Kopf: Es ist mein Bruder! Er schaut sich ängstlich nach allen Seiten um. Vielleicht hat er dem großen Mann erzählt, wo wir wohnen und findet sich nun nicht mehr zurecht wegen der äußeren Veränderungen. Plötzlich sieht er mich, schreit voller Freude meinen Namen und läuft mir entgegen. Seine beiden Arme sind mir entgegengestreckt, und Freudentränen rinnen ihm über die Wangen. Der Mann kommt ebenfalls näher und begrüßt mich. „Das ist mein großer Bruder", erklärt er dem Fremden, der sich daraufhin verabschiedet: „Na, dann ist ja alles gut!"
„Du, unser Haus ist von Russen besetzt", sagt mein Bruder bedeutungsvoll. „Ja, ich weiß es schon. Aber wo sind denn Vati und Mutti, Peter und Thea?" ist meine Frage.
Sein Gesicht wird wieder ganz ängstlich und traurig. Er beginnt hemmungslos zu schluchzen: „Ich weiß nicht. Wir kamen zu einer Straße, da schoß ein Maschinengewehr, und die Russen kamen. Plötz-

lich waren sie verschwunden. Ich bin nochmal zurückgelaufen und habe nach ihnen gerufen, aber sie waren nicht da!"
Vor den feindlichen Soldaten hat er eine panische Angst.
„Was machen wir jetzt?" fragt er mich.
„Wir gehen dort hinauf in das Haus!" Ungläubig blickt er mich und dann das Haus an.
„Aber, das ist doch gar nicht unser Haus!"
„Ja, schon, aber ich wohne jetzt dort."
„Und wenn die Leute wiederkommen?"
„Dann werden wir eben sehen, wo wir Platz finden."
Wir beide machen uns auf den Weg zu dem Haus und steigen dort die Treppen hinauf zu meinem Quartier. Mißtrauisch blickt er zunächst in alle Ecken. Es ist ihm noch so ungeheuerlich, ohne zu fragen in ein fremdes Haus einzudringen. Oben in meiner Ecke frage ich ihn, ob er Hunger habe. Mit weinerlicher Stimme sagt er daraufhin, daß er schon einen ganzen Tag nichts gegessen habe. Aus meiner Schatzkiste kann ich Brot und Schweineschmalzwurst hervorholen und ihm eine Scheibe dick bestreichen. Nachdem ich ihm die Schnitte gereicht habe und er die ersten Bissen zu sich genommen hat, fängt er wieder bitterlich an zu weinen. Auch für ihn waren all die kriegerischen Eindrücke schockierend. Nun löst sich allmählich die Spannung. Er fühlt sich gerettet, geborgen. Gott hat auch über seinem Leben Seine schützende Hand walten lassen in den vielen Gefahren. Heute darf er ebenfalls Gottes Wohltaten und frohe Botschaft als Prediger verkündigen.
Ich versuche, von ihm noch etwas über die Eltern zu erfahren, aber er kann sich nicht erinnern, nur, daß sie plötzlich verschwunden waren und er verzweifelt nach ihnen geschrien habe.
„Wir müssen einfach hierbleiben und warten, bis sie zurückkommen!" tröste ich ihn. Er hat einen mächtigen Appetit. Dann beschließen wir, noch einmal zu meiner „Speisekammer" zu gehen, um vielleicht weiteren Vorrat zu organisieren. „Du bist kleiner als ich, du kannst sicher viel besser durch den schmalen Spalt kommen", sage ich.
Als wir vor dem Gasthaus ankommen, fällt mir eine Begebenheit ein, die sich nur wenige Wochen zuvor an dieser Stelle zugetragen hat. Damals hatte sich in dem Gasthaus ein Gefechtsstand einer Kampfgruppe einquartiert. An der Tür stand ein Volkssturmmann mit grüner Bauernjacke, ohne Waffen, aber mit der bedeutungsvollen Armbinde „Deutscher Volkssturm". Ich kam gerade dazu, als ein Schwarm von Parteiführern und Offizieren das Haus verließ. Die

Parteileute trugen goldene Hoheitsabzeichen. Einer von ihnen schien der Mittelpunkt zu sein. Der Wächter an der Tür versuchte, militärische Haltung anzunehmen. Einige Personenwagen wurden herangefahren. Die Fahrer sprangen aus ihren Wagen und öffneten die Türen. Ein Oberstleutnant, der mit dem Ritterkreuz ausgezeichnet war, öffnete dem großen Parteiführer eine Tür und sagte: „Bitte, Herr Minister, diesen Wagen zu benutzen wegen der Sicherheit!" Alle stiegen ein, und brausend fuhr die Kolonne davon.

Als die kurze Szene vorüber war, fragte mich der Mann vom Volkssturm, ob ich die hohe Persönlichkeit von der Partei erkannt hätte. Als ich es verneinte, meinte er mit pathetischer Stimme: „Das soeben war der Reichsminister Dr. Robert Ley! Merk dir das!" Und mit dem Ton einer unterschwelligen Ironie fügte er hinzu: „Das zu wissen, ist jetzt sehr wichtig!"

Ich hatte also den Leiter der großen „Kraft durch Freude"-Bewegung jener Zeit persönlich aus nächster Entfernung gesehen. Nun hatten wir durch seine Mithilfe die „große Freude", unser Leben unter größten Gefahren einigermaßen zu fristen.

Als wir die Treppe zum Gasthaus emporsteigen, ist mir alles so deutlich in Erinnerung, wie es hier vor nur kurzer Zeit ausgesehen hat.

Meine Speisekammer ist leider schon heimgesucht und restlos ausgeräumt worden. Tief enttäuscht und mißmutig treten wir den Rückweg an. Es bleibt uns nichts weiter übrig, als in das Quartier zurückzugehen. Doch auch dort ist man inzwischen am Werk gewesen und hat meine Lebensmittelkiste geleert! In dieser schrecklichen Zeit nahm jeder, was ihm vor Augen kam. Nun hatten wir erstmal nichts. Am Nachmittag marschieren wir zu dem Haus, in dem wir vorher gewohnt hatten. Es ist immer noch besetzt. Ich zeige meinem Bruder die versteckten Betten im Keller. Im Kohlenkeller finden wir deutsche Soldatenuniformen. Man hat sicher hier die Kleider gewechselt, um in Zivil unauffällig verschwinden zu können. Die Anzüge meines Vaters haben bestimmt dankbare Abnehmer gefunden. Auf dem Hof geht es bunt zu. Dort haben sie einen Lastwagen mit dampfenden Kesseln aufgestellt. Ein Russe winkt uns heran: „Du Unger, Kamerad?" Er greift in einen großen Sack. Da ich nichts bei mir habe, wohin ich die Gaben tun könnte, die er mir vom Wagen herunterreichen will, halte ich ihm meine Mütze hin. Es klappert so eigentümlich — und wir entdecken knochenharte Brotstücke in der Mütze. Das ist die „eiserne Ration" der russischen Armee.

In der folgenden Nacht werden wir wieder angeleuchtet. Man sucht und stöbert überall herum. Wir sind immer noch überzeugt, daß sie deutsche Soldaten suchen. Zu unserem großen Glück sind in diesem Hause keine Frauen und Mädchen. So werden wir wenigstens in einigen Nächten von dem entsetzlichen Geschrei gepeinigter Frauen verschont.
In den kommenden Tagen erfahren wir, daß unsere Eltern auf einem Rittergut untergekommen sind. Da dieses nur zwei Kilometer entfernt liegt, beschließen wir, zu ihnen zu gehen. Unser Wiedersehen ist so unwirklich, wie überhaupt alles, was uns treibt, plagt und verfolgt, außergewöhnlich ist. Wir begrüßen uns, als wären wir eben von einem kurzen Spaziergang zurückgekommen. Nur eine Frage haben meine Eltern: „Wie sieht es in unserem Dorf aus? Sind die Russen dort auch so wild?"

FRAUEN, SCHNAPS UND UHREN

Wo gibt es in jener Zeit einen Ort, der nicht heimgesucht und eingenommen worden ist von den Quälgeistern? Wo könnten wir für unsere Mutter Sicherheit finden? Schon in der ersten Nacht unseres Dortseins geht die Plage los. Wir hausen in einer der Arbeiterwohnungen des Gutes. Die Kriegshorden fallen wie ausgehungerte Raubtiere über ihre Beute her, stürmen in die Räume und leuchten alles ab, um nichts zu übersehen. Meine Mutter hat ihre beiden kleinsten Kinder mit ins Bett genommen und hält sie fest umklammert. Immer von neuem wird die Tür aufgerissen und in die Betten geleuchtet. Meine Mutter betet laut in Herzensnöten zu Gott, während aus der Nachbarwohnung gellende Hilfeschreie dringen. Es hört sich so grauenvoll an, als würden dort Menschen geschlachtet. Wir Kinder, die wir über die Vorgänge nicht Bescheid wissen, stellen an unsere Eltern die törichtsten Fragen. Dauernd müssen wir zur Ruhe ermahnt werden. Es ist eine höllische Nacht. Wir können keine halbe Stunde in Ruhe schlafen. Die Dunkelheit scheint nicht enden zu wollen.

Gegen Morgen, als die Sonne schon am Himmel steht, sinken wir in einen Dämmerschlaf. Plötzlich werden wir durch eine wilde Schießerei auf dem Hof aus dem Schlaf gerissen. Wir eilen zum Fenster und sehen, daß die Soldaten zur Spanferkeljagd angetreten sind. Nach vielen vergeblichen Schüssen bleibt das entsetzlich quiekende Tier endlich liegen und erhält von einem dazueilenden Deutschen den Gnadenstich. Es ist der Vater von dem Mädchen, das in der hinter uns liegenden Nacht so gequält worden ist. Später erfuhren wir die volle Wahrheit. Offiziere hatten sie, auf einem Tisch liegend, vor den Augen ihres Vaters mehrfach vergewaltigt. Danach war sie geflohen, und niemand wußte wohin.
Im Hause finden wir Nahrungsmittel wie Mehl, Fett, Zucker und einen Sack voll Salz. In einem Holzschuppen hält mein Vater eine Gans gefangen. Wo er sie aufgelesen hat, wissen wir nicht.
„Komm mal mit", sagt er zu mir. Die anderen müssen zurückbleiben. Wir beide wollen versuchen, das Tier zu schlachten. Bisher hatten wir so etwas nicht zu tun brauchen, darum ist unser Versuch ziemlich unglücklich und mit großer Anstrengung verbunden. Mein Vater hält das Tier an seinen Flügeln fest, und ich schlage mit einer stumpfen Axt auf den Hals. Das Beil federt beim ersten Mal zurück, als hätte ich auf ein Gummiseil geschlagen. Wenn man noch nie ein Tier geschlachtet hat, kostet es eine große Überwindung. Endlich hört das Schreien auf. Wir haben es geschafft und eilen mit unserem Beutestück ins Haus. Stundenlang hat meine Mutter sie gekocht, das Fleisch wurde nicht weich. Es muß ein ganz altes Tier gewesen sein. Zum Mittagessen gibt es Pfannkuchen. Als wir gerade beim Essen sind, kommt ein Russe herein. Mein Vater tritt ihm rasch entgegen, während sich unsere Mutter schnell versteckt.
„Du Solt, Kamerad?" fragt er meinen Vater.
„Ich kein Soldat!" beteuert er.
„Äh, nix Soldatka! Du Solt?"
„Ich habe kein Soldbuch." Dabei zeigt mein Vater gleich seinen Ausweis. „Äh, nix, du Solt?" Dabei macht er eine Bewegung mit Daumen und Zeigefinger. Mein Vater versteht es nicht. Zuerst hatte ich es auch nicht begriffen, doch jetzt durchfährt es mich: „Vati, er will Salz!"
„Ach so, ja, das kann er haben." Mein Vater gibt ihm gleich eine Tüte voll. Freudestrahlend eilt der Russe davon.
Auf der Straße am Gut vorbei fahren unablässig die russischen Wagen. Es scheint kein Ende nehmen zu wollen. Einer unserer Nach-

barn hat gehört, daß es auf dem Gut Milch geben soll. Ich werde erwählt, welche zu holen. Mit einem größeren Gefäß mache ich mich auf den Weg.

Leider komme ich zum Haupttor nicht hinein. Der russische Posten davor schickt mich mürrisch fort. Als ich einen Deutschen erblicke, frage ich ihn nach der Stelle, wo man Milch bekommen könne. Er zeigt mir den Weg. Seitlich vom Gut an einer anderen Ausfahrt soll die Empfangsstelle eingerichtet sein. Ich umgehe die Mauer und muß ein ziemliches Ende laufen, um an die besagte Stelle zu gelangen. Direkt neben dem Schweinesilo finde ich ein offenes Tor. Ich gehe hinein und sehe den wüsten Gutshof. Vor den Gebäuden türmt sich in kleinen Hügeln all der Hausrat, vermischt mit Stroh und Müllabfall. Sogar Ratten huschen umher und finden hier sicher reiche Nahrung. Die Ausgabestelle für Milch finde ich nicht. Unverrichteter Dinge muß ich umkehren. Schon von ferne sehe ich auf der Mühlenbecker Chaussee lange Wagenkolonnen. Auf einigen Feldwegen üben sich Russen im Fahrradfahren. Es geht schon ganz gut, obwohl es wie erste „Gehversuche" kleiner Kinder aussieht. Sie können sich schon besser auf den Satteln halten, nur der Abstieg gelingt nicht. Sie lassen sich dann einfach auf die Seite fallen. Unermüdlich sind sie mit der technischen Erfindung beschäftigt. Mit wildem Klingeln fahren sie aneinander vorbei, hin und wieder auch gegeneinander. Dabei lachen und johlen sie ausgelassen wie kleine Kinder. Am liebsten fahren sie durch Wasserlachen. Ihre Freude kennt dabei keine Grenzen. Bis zur Unerträglichkeit lassen sie Hupen und Signalhörner ertönen.

Von den Kolonnen auf der Hauptstraße kann man Gesang hören. Die Soldaten singen das Wolgalied — melancholisch klingt es, wie aus einer anderen Welt. Man hört förmlich die Schwermut heraus, hervorgerufen durch die jahrhundertelange Unterdrückung und die Weite der Landschaft. Einer beginnt zu singen, die übrigen stimmen wie auf Befehl in den Gesang mit ein. Wie ein großer Volkschor hört es sich an. Hier entdeckt man die menschlichen Züge des fremden Volkes, das durch den Krieg hart und wild geworden ist.

Sie sind Meister im Zerstören, wie im Improvisieren. Letzteres müssen sie viel, weil sie die Vorzüge der Technik nicht kennen oder gerade das für den nächsten Augenblick Notwendige zerschossen oder zertreten haben. Zigarettenpapier belächeln sie. Diese hauchdünnen Blättchen gehen unter ihren Fingern schnell kaputt. Viel gewandter geht es da mit der eigenen „Prawda". Man reißt ein Stück heraus,

Oben: Ein feindliches Flugzeug ist getroffen zu Boden gestür
Unten: Hitlerjungen im Kriegseinsatz. An den Fahrrädern haben sie Panzerfäus
angebrac

Welle auf Welle, ein Bomberstrom zieht heran.
Rudelweise zischen die Bomben ins Ziel. Die Welt scheint unterzugehen. In de
Luftschutzkellern ringt man nach Luft.

streut grobkrümeligen Machorka (Tabak) in die gefaltete Mitte des Papiers und rollt es zwischen den Fingern zusammen; die Endstücke werden zweimal geknifft, und fertig ist die Rauchröhre. Die Größe ähnelt oftmals der einer Zigarre. Nicht nur die einfachen Soldaten rauchen so, sondern auch die Offiziere und selbst Generale. Ich habe sie selten mal mit einer echten Zigarette gesehen. Allen Neuheiten gegenüber sind sie mißtrauisch. Ich beobachte sogar einen, der wie zur Steinzeit sein Feuer entfacht. Er nimmt zwei Steine, eine Röhre mit Öl, aus der etwas Hanf herausragt, und schlägt mit den Steinen Funken, die den Hanf entzünden. Als ich seiner Feuerentfachung sehr interessiert zusehe, fordert er mich mit lächelnder Miene auf, es selber einmal zu probieren. Trotz vieler Versuche gelingt es mir nicht. Er lacht über das ganze Gesicht und sagt triumphierend: „Deutsche nix Kultura!" Ja, das ist die Frage, wer hier über wen lachen kann. In ihrer einfachen Art sind sie doch erstaunlich geschickt, mit Schwierigkeiten fertig zu werden und dadurch sicher den zivilisierten Leuten im Westen überlegen. Urmenschen aus dem Kaukasus, aus Sibirien und der Mongolei erblicken bei uns eine andere Welt. Die einfachsten Arbeiterwohnungen, die sie betreten, sind für sie Kapitalistenwohnungen.

„... ihr große Kapitalist!" Vergeblich versucht man, ihnen den Irrtum auszureden. Sie sind überzeugt, daß bei solch einem „Luxus" nur Großkapitalisten die Eigentümer sein können. „Nix, nix, große Kapitalist!"

Zwischen den Panjewagen entdecke ich auch viele Militärfahrzeuge mit unterschiedlichem Aussehen. Lkws und Jeeps, von den Amerikanern geschickt, neben ziemlich altmodischen, klapprigen Wagen. Als ich neugierig an einen Lkw herantrete, sehe ich die graugrüne Tarnfarbe über arabischen Buchstaben: Made in USA, Nr.... Zum Posten sage ich: „Aus Amerika!"

„Nix", schreit er mich an, „russisch Maschienka!" Mit wütender Gebärde schickt er mich fort.

Endlich komme ich von meinem vergeblichen „Milcheinkauf" zurück. Die Haustür unserer neuen Unterkunft steht sperrangelweit offen. Stühle, Tische, Betten und Schränke sind von neuem ramponiert. Laut rufe ich nach den Meinen. Niemand antwortet mir. Ich suche im ganzen Hause, gehe in den Keller, renne zu Nachbarwohnungen; doch nirgends auch nur eine Spur. Allein und verlassen stehe ich da. Auch andere Deutsche haben ihre provisorischen Quartiere verlassen. Zunächst treffe ich nur einen, der mir erklärt, daß inzwischen eine

ganze Schar von Russen in die Siedlung eingedrungen wäre und Jagd nach Frauen gemacht hätte. „Wohin deine Eltern geflohen sind und die anderen alle, weiß ich nicht."
Systematisch gehe ich durch alle benachbarten Häuser. Alle sind wie ausgestorben. Im letzten Haus endlich finde ich einige deutsche Frauen, die wie zusammengetriebene Hühner auf das Schlachtfest warten. Sie können mir sagen, in welcher Richtung meine Eltern davongeeilt sind. Eine Frau meint allerdings, sie wären in der anderen Richtung geflohen. Ich will ihnen so schnell wie möglich nacheilen. Die verängstigten Frauen wollen mich zurückhalten, denn sie fürchten sich sehr vor der kommenden Nacht. Bei Anbruch der Dunkelheit darf kein Zivilist mehr auf der Straße sein, und wo wollte ich wohl übernachten? Offenbar möchten sie „männlichen Schutz" haben! Wie ich erfahre, haben sie auch meine Eltern gebeten, bei ihnen zu bleiben. Aber meine Mutter wurde durch Gottes Gnade gemahnt, den Ort schnellstens zu verlassen. Gegen den Rat der anderen trieb sie zur Eile an und entfloh.
Mich kann jetzt auch nichts hier halten. So versuche ich, über das weite, flache Feld den nächsten Ort zu erreichen. Der Südwind weht den Frühling ins Land. In nicht allzu großer Ferne tobt die Endschlacht um Berlin. Als ich über das Feld renne, höre ich Motorengeräusche von Flugzeugen, die in der Luft einander jagen. Auch dort oben tobt ein Kampf. Mitten auf einem grünen Acker sehe ich viele Russen, und weitere kommen von allen Seiten herzu. Eine Rauchfahne steigt zum Himmel empor. Langsam nähere ich mich diesem Menschenauflauf und kann einen abgeschossenen, russischen Schlachtflieger erkennen. Der rote Stern ist noch deutlich sichtbar. Unter Drohungen mit Maschinenpistolen werde ich von Russen weggejagt; ich muß zum Gut zurück. Der Kampflärm ist größer geworden, so daß ich es nicht mehr wage, die Suche nach meinen Eltern fortzusetzen. Ich beschließe daher, bei den deutschen Frauen zu bleiben. Es soll die schrecklichste Nacht werden, die ich je erlebt habe. Die Vorgänge, die sich in den halbdunklen Kellerräumen abspielten, werde ich wohl bis zu meinem Lebensende in Erinnerung behalten. Der letzte Apriltag des Jahres 1945 — der 30. April — beginnt. Noch weiß keiner, daß die Todesstunde des Mannes nahe ist, dem wir dieses irdische Höllentreiben zu verdanken haben.
Selber von Dämonen gejagt, wandert Hitler ununterbrochen in seinem unterirdischen „Heldenbunker" umher. Donnernd zerplatzen die russischen Granaten an den Betonmauern der Reichskanzlei. Halb irr,

mit gläsernen Augen, von Frostschauern geschüttelt, geistert der Höllensohn durch die Korridore. Der Teufel will sein Opfer heimholen in sein ewiges Höllenreich. Sicher ahnt Hitler die Schrecken des Jenseits, deshalb hat er den Termin seines Abscheidens so weit wie möglich hinausgezögert auf Kosten unzähliger, unschuldiger „Volksgenossen“. Das Ende zeichnet sich ab. Er muß die Konsequenz aus seiner 12jährigen Schreckensherrschaft ziehen. Er ahnt die Scharen der Hölle, die sich auf ihn stürzen werden, die Massen, die er durch sein dämonisches Kreischen in die Fangarme Satans getrieben hat. Rache und Qual werden ihn erwarten, millionenfach über ihn hereinbrechen. Am Nachmittag des 30. April hallt ein Pistolenschuß durch einen Raum des Führerbunkers. Der große Vorläufer des kommenden Antichristen hat sich umgebracht! Er verschwand wie er gekommen, würdelos und unbedeutend. Das Erbe aber, das er hinterlassen hat, war wie sein Leben: grausam und wüst, wie entartete Kunst, die er verpönt hat.

Das Unkraut der Gesetzlosigkeit überwucherte das Land. Die Bevölkerung mußte unsagbares Leid tragen. Ideale entschwanden — Gestank der Sünde und des Todes breitete sich aus. Aus Liebe war tierische Lust und tödlicher Haß geworden. Eigentum wurde Diebesgut. Unschuldige Kinderaugen erblickten, was mehr als tierischer Fortpflanzungstrieb war: kannibalischer Sadismus an wehrlosen Frauen. Die zu solchen Taten fähig, waren vielfach selbst Familienväter, die sich nun als rohe Soldateska an allem beteiligten. Jahrelang hatten sie in gewaltsamer Trennung von ihren Heimen leben müssen. Es erscheint einem unvorstellbar, wie ansteckend böse Vorbilder sind. Sie waren ausgehungert, nicht nur was die Lebensmittel anbetraf. Die Grauen des Kriegsgeschehens hatten eine größere Lust als den natürlichen Erhaltungstrieb in ihnen geweckt. Die Schande ihrer Frauen und Töchter schrie nach Rache.

Da gab es einen sowjetischen Unterleutnant mit einer erbeuteten Lederjacke. Seine ganzen Heldenauszeichnungen, die er bei seinen Panzereinsätzen erworben hatte, prangten an der Kriegsbeute. Rein äußerlich war er ein hübscher, stattlicher Mann mit dunklen Augen, schwarzen, urwüchsig gewellten Haaren und einem männlich breiten Mund. Wenn er lachte — und er lachte oft —, kam eine Galerie weißer Edelsteine zum Vorschein. Er hatte ein sagenhaft schönes Gebiß. Am liebsten sang er alte, melancholische Volksweisen. Seine schwarze Baßstimme klang einschmeichelnd, sammetweich war sein Piano, lyrisch schlank seine Höhenlage. Kenner hörten heraus, daß

er Gesang studiert haben mußte. Doch wenn die Dunkelheit sich über das Land senkte, wurde sein Gesicht finster und seine Seele dazu. Nachts jagen Raubtiere; lüstern suchen sie ihre Opfer. Und sie fanden sie mit tierischem Instinkt in großer Anzahl.
Er war ein Mensch wie andere auch, liebte Musik, Kunst, Schönheit und Familie. Dennoch war in ihm ein Trieb geweckt, der Trieb eines Raubtieres im Menschen, der sich schlimmer gebärdet als die Tiere in der Natur.
Ein Tier kennt nur Gegenwart, deshalb ist sein grausames Zupacken von kurzer Dauer. Ein Mensch überblickt mehr: er kennt die Vergangenheit und ahnt die Zukunft. Die Zukunft ist ihm erschreckend dunkel und ungewiß. So nimmt er Gelegenheit, aus der menschlichen Ordnung zu fallen. Die Vergangenheit ist meist durch Bilder von Sünde, Angst, Qualen und Grausamkeiten belastet, so daß sie die Gegenwart mit Schrecken zeichnet. Er hatte die Entartungen der menschlichen Rasse im Überfall auf Ostgebiete erlebt. Diejenigen, die er vielleicht im Geheimen als Befreier und Vorbilder erwartet hatte, waren selber Knechte ihrer Leidenschaften und Sünde. Unvorstellbar und unbegreiflich für ihn; denn er hatte Schiller und Goethe gelesen, Musik von Bach, Beethoven und Mozart gehört, und nun die Nachkommen eines Volkes erlebt, das edle Menschen hervorgebracht hatte. Das Wichtigste war ihm jedoch entgangen, das Lesen der Bibel. Deshalb konnte er das Böse nicht mit Gutem überwinden. Er war nicht in der Lage, trotz des Bösen Gutes zu tun, sondern nur fähig, Gleiches mit Gleichem zu vergelten. Er stand unter dem Zwang des Müssens: *„Das Gute, das ich will, das tue ich nicht; das Böse, das ich nicht will, das tue ich! ...“* Der Apostel Paulus schrieb in seinem Brief: *„Denn nicht das, was ich eigentlich will, tue ich, nein: gerade das, was ich verabscheue, das tue ich.“* Dieser russische Soldat konnte nur bekennen: *„Ich aber bin fleischlich, unter die Sünde verkauft.“* Ihn erfüllte die unselige Vergangenheit. Unter diesem Gesichtspunkt nur konnte man das Verhalten dieses Sohnes einer russischen Mutter verstehen.
Gerade sein jungenhaftes, ungezwungenes Lachen am Tage verführte die deutschen Frauen dazu, Vertrauen zu ihm zu haben. Er schien ihnen wie eine Rettung vor der hemmungslosen Soldateska zu sein, die es leider in allen Armeen und Kriegsheeren aller Länder gibt. Sie flüchteten in seine Arme, um den Fängen der gierigen Raubtiere zur Nachtzeit zu entgehen. Bereitwillig bot er den Hilfesuchenden Asyl. Sein Lachen verwandelte sich zwar, es war nicht mehr so

ungezwungen wie am Tage; aber daran konnten die Schatten der Nacht schuld sein. Rein äußerlich war er derselbe mit seinen geputzten weichen Lederstiefeln und der braunen Beutejacke mit den vielen Orden. Auch glänzten seine Zähne weiterhin wie Elfenbein. Doch plötzlich war alles anders! Seine Augen flackerten gefährlich, die wulstigen slawischen Lippen wurden schmal. Ahnungslose Lämmer hatten beim Tiger Schutz gesucht. Er brauchte nicht von Haus zu Haus zu schleichen, um sich seine Opfer zu suchen. Sie waren von allein gekommen: Frauen und Mädchen verschiedensten Alters, schwarzhaarige, blonde, braune, schlanke und kompakte. Die Türen waren vorsorglich verschlossen, es sollte kein Entrinnen geben. Was dann geschah in der unbeschreiblich qualvollen Nacht, läßt sich in Worten nicht schildern. Er allein konnte ein solches Angebot ja nicht bewältigen. So warteten seine Helfershelfer schon im Nebenraum. Wie zu Neros Zeiten stürzten sie sich gleich ausgehungerten Raubtieren auf ihre Opfer. Schande ist schlimmer als der Tod! Hier wurden nicht nur Kleider, sondern auch Körper zerrissen. Platz zum Wüten war genug vorhanden. Man brauchte nicht nur Betten, sondern auch Bänke, Tische und der blanke Erdboden gaben Gelegenheit zum Austoben. Der Unterleutnant lachte wieder laut. Nur singen konnte er jetzt nicht, denn sein Lachen war rachedürstender Hohn. Sein Vaterland stand ihm vor Augen, die Väter, die an ihren Töchtern das Gleiche geschehen lassen mußten, wie es hier der Fall war. Dieselben Bilder! — Wie sie sich glichen! Seine Augen waren wie Glas. In ihm wallte das Blut, und er stürzte sich tief hinein in die Sünde.

Seine sonst so hochmusikalischen Ohren waren in diesen Stunden wie taub. Er konnte die Quinte nicht unterscheiden von der Terz, schon gar nicht eine Sexte von der höchsten Oktave der gequälten Frauenschreie! Er sah Blut! Rotes Blut wie vor Jahren in seinem Lande.

„Warum tust du das? Warum bist du so grausam?“ fragte eine von den vielen Opfern in seiner Muttersprache.

„Weil die Deutschen mein kleines Kind vor ihre Panzerketten geworfen haben, denn meine Frau wollte sich keine Gewalt antun lassen!“ war seine Antwort und zugleich der Richterspruch. Hier sei unmißverständlich darauf hingewiesen, daß solche Kriegsausschreitungen zu allen Zeiten, durch alle Nationen, bei allen Armeen vorgekommen sind, ob es sich um Deutsche, Engländer, Franzosen, Russen oder andere Völker handelte. Fallen einmal die Schranken der

Gesetze, so fällt die Maske der Menschen und die Maske dessen, der alle zur Sünde reizt. Der Satan weidet sich an solchen Geschehnissen. Die Sünde ist international. Und wehe dem Menschen, der von sich behauptet: „Das kann mir nie passieren!" Er wird es erleben müssen, daß auch er unter die Sünde verkauft ist, wie es der Apostel geschrieben hat.

Unendlich groß und schön aber ist die Gnade durch Jesus Christus, die nicht nur international ist, sondern hineinreicht bis in die himmlische Ewigkeit. Sie macht uns frei von der Knechtschaft einer Sündenmacht.

Das Land ist erfüllt von Szenen, wie sie Grimmelshausen einst aufzeichnete. Die Zeit des Dreißigjährigen Krieges scheint zurückgekehrt zu sein. Die Zivilisation, der Humanismus einer angeblich stolzen Menschenrasse ist in der Entartung bis hin zum Vandalismus. Höllenkräfte toben mit unausdenkbarer Zerstörungswut. Plünderer und fremde Kriegsscharen aller Rassen, befreite Verbrecher, entlaufene Strafgefangene, KZ-Häftlinge noch in den Sträflingskleidern, befreite Hungergestalten und Fremdarbeiter aus Frankreich, Polen, der Ukraine, Holland und Belgien, geflüchtete Zivilisten und Soldaten bevölkern das schutzlose Land. Brennende Gehöfte stehen wie Schrekkensszenen aus düsteren Träumen da. Aus den Verstecken werden Lebensmittel, Wertgegenstände, Konserven, Waffen und Munition hervorgeholt. Butter, Mehl, Schokolade, Kleider und Schuhe werden durcheinandergewirbelt. Unter großem Tumult wird geplündert, gebrandschatzt, vergewaltigt und zerstört. Die schlimmsten Funde in den Verstecken sind Branntwein und Frauen. Berauscht vom höllischen Geist des Alkohols, getrieben von Rachedurst, gepeinigt von Sinnes- und Augenlust macht der Mensch Jagd auf Menschen. Das Fleisch rächt sich am Fleisch, der Geist der Unterwelt löst alle Bande äußerlicher Gesetze.

Es zeigt sich, unter welch heuchlerischer Maske der Mensch in Zeiten des Friedens seine Sünde, den wahrhaftigen Charakter, verborgen hält. Vom „guten Kern" ist da nichts mehr zu entdecken. Die Sünde ist zu allen Menschen hindurchgedrungen. Man staunt immer wieder, zu was die eigenen Landsleute fähig sind. Unter sogenannten normalen Verhältnissen hat vieles einen christlichen Schein, die sündhafte Beschaffenheit der Menschen tritt nicht offen zutage. Die geschriebenen und ungeschriebenen Gesetze, die den Menschen sonst halten und erhalten, sind gefallen. Jetzt kommt das ans Tageslicht, was sonst im Verborgenen schlummert. Man sündigt nicht mehr im

Versteck. Alles scheint erlaubt, weil niemand da ist, der verbieten könnte. Der fromme Schein einer allgemeinen, christlichen Gesellschaft erlischt vor den Finsternismächten der Sünde. Mit Erschrecken stellt man fest, daß Erziehung, Anstand, Kultur und Philosophien nur Kostüme in dieser vergänglichen Welt sind, unter denen die Sünde schrecklich modert. Und dieser Mensch, das bin ich, das bist du, das sind wir — die Deutschen wie die Russen, die Engländer wie die Amerikaner, ob vom Norden oder Süden, vom Westen oder Osten — wir alle können zum Spielball der Hölle werden, wenn nicht Gottes Heiliger Geist in uns wohnt und Jesu Blut uns von den Sünden reinigt.

Wehe den einsamen Gutshöfen in diesen Tagen! Wehe den wehrlosen Frauen, wehe den entwaffneten Soldaten, den verfolgten Männern! Wehe dem, der willkürlich in die Hände von Sündern fällt! Wieviel schrecklicher aber, Dem in die Hände zu fallen, der nicht nur den Leib, sondern auch die Seele verderben kann!

Heilfroh bin ich an dem Morgen, als der Tag anbricht und ich aus dem Haus des Schreckens entfliehen kann. Die Nacht schüttle ich ab wie einen bösen Traum und mache mich auf die Suche nach meinen Eltern und Geschwistern.

Am 1. Mai 1945 hat das Grollen über Berlin schon etwas nachgelassen. In der Luft spielen sich zwar noch Fliegerkämpfe ab; es rumort in großer Höhe, doch ich schreite im frischen Frühlingswind eilig über das weite Feld. Das halb zerstörte russische Flugzeugwrack vom Tag zuvor liegt noch mitten auf dem Acker. Völlig verlassen, wie ein metallenes Mahnmal, ragt es als Zeichen des Krieges aus der aufgegangenen Wintersaat.

Nach der greulichen Nacht ist es für mich beglückend, allein zu sein. Tief atme ich die sauerstoffreiche, reine Frühlingsluft ein. Lerchen steigen in die Luft empor und singen das Lied der Feldeinsamkeit. Es ist schwer zu begreifen, dieser friedvolle Morgen nach dem wüsten Durcheinander der vergangenen Nacht. Was ist Wirklichkeit — was Traum?

Aber diese Gedanken quälen mich nicht weiter. Mich verlangt danach, schnellstens meine Lieben wiederzufinden. Länger als eine Stunde dauert der Marsch bis zum Ortsrand von Schönwalde. In der Nähe der Polizeikaserne gehe ich an den ersten Siedlungshäusern vorbei. Plötzlich werde ich angerufen von einer vertrauten Stimme. Mein Bruder Peter sagt: „Jost, komm her, hier wohnen wir jetzt. Vati ist im Zimmer und spielt Klavier.“ Und wirklich, durch die

Wände des verlassenen Hauses höre ich den Klang eines Klaviers. Meine Schwester kommt angesprungen; sogar Spielsachen hat sie entdeckt. Puppen und Wagen sind für sie die ganze Herrlichkeit. „Bücher gibt es hier auch!“ erklärt mein Bruder bedeutsam. „Das gehört jetzt alles uns!“ In seiner Kinderwelt ist das so einfach und problemlos. Es scheint ja auch so, als gehörte allen alles.
Ich frage nach der Mutter. „Die ist da hinten fortgelaufen. Frag' Vati, der weiß es genau!“
In der Wohnung treffe ich ihn. Auch er ist beglückt, daß die Familie sich wieder vervollständigt hat. Ja, und die Mutti wollte nicht in einem der Häuser übernachten; sie ist mit unserem anderen Bruder in den nahe gelegenen Wald gegangen. Als nächsten Treffpunkt hatte man den verlassenen Wagen vereinbart, den wir am Ende unserer Flucht im Summter Wald verlassen hatten. Nun entschließe ich mich, meine Mutter doch hierherzuholen; denn erstens sind hier noch keine Russen erschienen und zweitens sind genügend Lebensmittel in der Wohnung. Ich mache mich also auf den Weg. Nach einer kleinen Stärkung verabschiede ich mich vom Vati und den beiden Kleinen, um nach Summt zu wandern. Acht Kilometer weit muß ich laufen über Mühlenbeck. Vier Kilometer habe ich an diesem Tag bereits zurückgelegt.
Durch schöne Kiefernwälder führt mich mein Weg. Von Russen ist nichts zu sehen. Die Buschwindröschen sind überall erblüht und bilden einen weißleuchtenden Teppich. Die Vögel singen ihre Lieder. Es scheint Frieden zu sein, so paradiesisch schön ist es in der Natur. Doch es ist der typische Scheinfrieden, in welchen sich die Menschen auf Erden nur allzu oft wiegen. Am Waldesrand steht ein ausgebrannter deutscher Schützenpanzer. Er gehörte zu der hoffnungsvollen Verteidigungslinie an der Heidekrautbahn. Ob die feindlichen Heermassen diese Linie überhaupt bemerkt haben? Bald lasse ich den Wald hinter mir. Die Sonne steht schon hoch am Firmament. Links von mir liegt der Bahndamm, rechts beginnt eine kleine Anhöhe. Von dieser Seite her werde ich wieder aus meinen Gedanken gerissen durch eine vertraute Stimme. Mein Bruder Ulrich steht auf der Anhöhe und schwingt seine Mütze. Stürmisch kommt er den kleinen Hügel heruntergerannt.
„Wir wohnen jetzt hinter diesem Hügel! Da sind verlassene Wohnbaracken von Ausländern. Dort sind wir ganz sicher! Hier sind die Russen noch nicht gewesen!“ Schon wieder eine neue Wohnung! Eine provisorische Heimat.

„Ist die Mutti auch da?“ frage ich.
„Nein, sie ist zum Summter Wald zu dem alten Wagen gelaufen, um auf Vati zu warten und noch einige Sachen zu holen!“
Nun erkläre ich meinem Bruder, wo der Vater ist und bitte ihn, daß er hier warten möge, bis ich mit der Mutter zurückkomme. Dann wollen wir gemeinsam nach Schönwalde gehen und Vater mit den beiden Kleinen holen. Mein Herz ist jetzt so froh. Ich habe sie alle wiedergefunden! Ich bin nicht mehr allein in dem Auf und Ab dieser letzten Kriegstage. Auf dem Weg nach Summt finde ich einen KZ-Ausweis. Ich stecke ihn mir in die Hosentasche. Wer weiß, wozu er noch gut sein kann. Kurz darauf aber kommt der Inhaber dieses Dokumentes auf einem Fahrrad daher und fragt mich, ob ich seinen Ausweis nicht gesehen hätte. In seiner Sträflingskleidung macht er einen unheimlichen Eindruck auf mich. Verängstigt reiche ich ihm seinen Ausweis. Frohen Mutes fährt er mit dem hochbepackten Fahrrad davon. Ein befreiter Gefangener! In der Regel sind die Menschen ja gefangene „Befreite“!
Christus ist für alle Menschen am Kreuz von Golgatha gestorben. Er hat sie alle befreit durch Seinen Opfertod. Aber die meisten Menschen bleiben gefangen in ihren Sünden und gehen ohne Inanspruchnahme des göttlichen Angebots der Vergebung aller Sünden in die ewige Verdammnis — als „gefangene Befreite“!
Ich komme wieder an dem zerschossenen Haus vorbei, an welchem ich vor Tagen den ersten Russen erblickt hatte. Mir ist zumute, als würde ich, von Rußland kommend, endlich Deutschland erreichen! Irgendwo muß ja Deutschland sein. Als ich den vereinbarten Wagen finde, liegt meine Mutter schlafend da. Auf einer Kiste hockt ein Greis, den man als Wache zurückgelassen hat.
Meine Mutter schläft wie eine Tote. Ich muß sie stark rütteln, um sie zum Erwachen zu bringen. Sie kommt wie aus einer tiefen Ohnmacht, der alte Mann steht daneben. Sie sieht uns an wie Kreaturen aus einer anderen Welt.
„Wo bin ich denn jetzt?“ fragt sie. Die versäumte Nachtruhe hat sie im warmen Sonnenschein nachgeholt. In der vergangenen Nacht, die sie mit meinem Bruder im Walde zugebracht hat, war es ihr nicht möglich gewesen, die Augen zu schließen, denn überall schrie und knatterte es, waren Stimmen zu hören und schienen Tritte näher zu kommen. Sie haben in der Nähe eines erschossenen Mannes gelegen, der von seinem treuen Schäferhund bewacht wurde. Treu bis in den Tod verharrte der Hund bei seinem Herrn und ließ nieman-

den an ihn heran. Dieser Hund, so hoffte meine Mutter, sollte auch sie bewahren.
Wir packen also unser Bündel und gehen frohen Mutes nach Mühlenbeck, wo Uli auf uns wartet. Dort möchte die Mutter bleiben. Obwohl es inzwischen später Nachmittag geworden ist und meine Füße sehr schmerzen, mache ich mich erneut auf, um den Vater und die beiden kleineren Geschwister zu holen. Auf dem Weg dorthin fahren verdächtig viele Russen mit ihren Lkws an mir vorüber. „Ob die Ausländerbaracken wirklich so sicher sind?" denke ich. Völlig erschöpft komme ich in Schönwalde an. Eine unangenehme Überraschung erwartet mich: Meine Geschwister und mein Vater sind nicht mehr da! Keiner weiß, wo sie geblieben. Am Ende meiner Kräfte angelangt, werde ich ganz mutlos. Müde und mechanisch trete ich meinen Rückweg an, um meiner Mutter die traurige Nachricht zu überbringen. Für den gleichen Weg brauche ich jetzt doppelt so viel Zeit. Oftmals bleibe ich am Weg sitzen, um die brennenden Füße auszuruhen. Die Schuhe habe ich schon in die Hand genommen und laufe barfuß weiter. Die meisten Zivilisten gehen zur Zeit barfuß, denn sie haben ihre Schuhe oder Stiefel hergeben müssen. Als ich in der Dämmerung das Barackenlager in Mühlenbeck erreiche, erhält mein letztes Fünkchen Hoffnung auf Gemeinschaft mit wenigstens zwei Familienmitgliedern seinen Todesstoß! Die Mutter ist ebenfalls fort mit meinem Bruder. Als sie Russen herannahen hörten, sind sie eiligst von neuem geflohen.
Nun stehe ich auf dem Hügel, von dem am Vormittag mein Bruder auf mich zugestürmt war, und kann es nicht fassen! Wie ein ausgebrannter Ofen komme ich mir vor. Starr blicken meine Augen auf die vorüberziehenden Militärfahrzeuge. Eigentlich hatte ich ja das Weinen verlernt! Aber jetzt überwältigt es mich. Es bricht hervor und läßt sich nicht mehr eindämmen; hemmungslos weine ich vor mich hin. Niemand sieht meine Tränen, niemand kennt meine Qualen; einsam und verlassen sitze ich an irgendeiner Landstraße meines Lebens.
Was ich gefunden, ist alles wieder verloren!
Wie viele fanden wohl schon den Frieden Gottes, die Vergebung durch Jesu Gnade, die Freude im Heiligen Geist, die herrliche Freiheit der Gotteskinder und haben Jesus wieder verlassen. Sie haben Ihn verloren im Treiben einer sündigen Welt.
Jesus fordert gerade die Mühseligen und Beladenen auf zu kommen, sie, die alles verloren haben — ihre Reinheit, Hoffnung, Lebens-

erwartung, Glück und Frieden, den Sinn des Lebens, den Glauben an Gott und Menschen —, sie fordert Er auf zu suchen, dann würden sie finden. Den Geplagten, den von der Sünde Getriebenen, den Rauschgiftsüchtigen, den Enttäuschten und Lebensmüden ruft Er zu: „Klopfet an, so wird euch aufgetan!" und: „Siehe, i c h stehe vor der Tür . . ."

Noch immer stehe ich auf dem Hügel und blicke ins Leere. Die Tränen sind versiegt. Ich beginne zu laufen — wohin? Ich weiß es nicht. Sterne blinken am Himmel. Ein milchiges Grau am Horizont läßt darauf schließen, daß der Mond bald scheinen wird. Ich schleiche durch hohes Gras wie ein verfolgter Fuchs.

Eigentlich ist es verboten, sich nachts im Freien aufzuhalten. Darum überquere ich schnell die Straße, laufe querfeldein und übersteige die Bahnschienen. Hinter mir höre ich eine Pferdekolonne der Russen in wildem Galopp über die Straße jagen. Betrunkene singen gröhlend in die Nacht hinein. Die Kutscher schreien die Pferde an und schlagen wild auf sie ein. Vorbei an Büschen und Birken, einen sandigen Feldweg entlang, gehe ich, solange mich meine Füße noch tragen können. Da versperrt mir ein Graben den Weg. Er ist zu breit, um ihn überspringen zu können. So gehe ich zunächst flußaufwärts, dann flußabwärts, bis ich endlich einen Weg finde. Der Mond ist inzwischen hinter der Wolkendecke hervorgekommen. Ich gelange an ein kleines Wäldchen. Die Wege darin sind naß und lehmig. Ich habe meine Schuhe wieder angezogen. Der Mond scheint durch die Tannenzweige, mein Schatten verfolgt mich wie mein Gewissen. An alten Weiden funkeln die Blätter durch das Mondlicht silbergrau. Immer wieder muß ich Wasserläufe, Zäune, Hecken und anderes überwinden. Auf glitschigen Feldwegen und über sandige Ebenen trotte ich vorwärts. Manchmal versagen mir die Beine. Auf einer verlassenen Sähmaschine ruhe ich mich eine längere Zeit aus. Allmählich komme ich dem Rittergut näher, dem Ausgangspunkt meiner am frühen Morgen begonnenen Suchaktion. Es muß schon nach Mitternacht sein, als ich ankomme. In der verlassenen Fremdarbeiterwohnung finde ich wieder all die Meinen!

In dieser Nacht geht es wieder wild zu. Vom Nachbarhaus hören wir die gräßlichen Schreie der Frauen, die so viel Furchtbares über sich ergehen lassen müssen. Mädchen schreien nach ihren Müttern um Hilfe, die selber der Hilfe bedürfen.

Meine Mutter hält sich im Rauchfang des Kellers versteckt und wird nicht gefunden. Unentwegt kommen Häscher und leuchten alles ab,

treten ganz nah an die Rauchfangklappe heran und gehen ohne Erfolg davon. Engel Gottes bewahren sie vor ihrem Zugriff. Im Dorf sind 98 Prozent aller Frauen den Feinden in die Hände gefallen, darunter auch Frauen über 70 Jahre alt.
Am Morgen des 2. Mai entdecken wir neue russische Truppen. Diesmal sind sie nur mit sich selbst beschäftigt. In hektischer Eile graben sie in einem Rhabarberfeld einen Schützengraben mit Granatwerferdeckung. Aus der Art ihrer Arbeit entnehmen wir, daß man mit einem deutschen Gegenangriff rechnen muß. Aber woher sollte der kommen? Meine Mutter meinte: „Die machen wohl Manöver!" Mir selber aber ist klar, daß es sich nicht um ein Manöver handeln kann, sondern daß uns bitterster Ernst bevorsteht. So mahne ich zur Eile und sage: „Kommt, laßt uns ins Dorf gehen!"
Wir haben uns schnell fertig gemacht. Auf der Mühlenbecker Chaussee begegnen wir Schützenpanzern und Wasserwagen der Russen. Am Dorfrand wird ebenfalls in großer Eile ein Schützengraben ausgehoben. Die Russen beachten uns gar nicht, ein Zeichen innerer Angespanntheit auf bevorstehenden Alarm. Als wir gerade die Dorfstraße erreicht haben, beginnt ein lebhaftes Infanteriefeuer. Dazwischen vernimmt man die Abschüsse und Explosionen von Panzergranaten. Das Maschinengewehr 42, das schnellste damals von der Welt mit 3000 Schuß in der Minute, beginnt zu fauchen. Wir hören die Einschläge an den Hauswänden und Dächern. Durch die Dorfstraße wälzt sich ein Troß russischer Soldaten in panischem Schrekken. Die Helme wackeln auf den Köpfen. Einer der Wasserwagen fährt gegen eine Laterne, ein zweiter auf den ersten drauf, und im Nu stehen mehrere zerstörte Wagen herrenlos umher. Soldaten und Zivilisten rennen die Straße entlang. Mein Schulfreund H. G. kommt mir entgegen. „Wo willst du denn hin?" frage ich ihn. Stotternd entgegnet er mir: „Na, raus aus dem Dorf, ich lasse mich doch hier nicht erschießen!" Todesfurcht steht ihm im Gesicht. Es war mehr, es war Todesahnung! Wenige Stunden später haben Russen ihn außerhalb des Dorfes in der Annahme, er sei ein fliehender Soldat, gefangen genommen. Auf einem Bauernhof haben sie ihn mit mehr als 30 Pistolenschüssen wie ein Tier niedergeschossen. Ich hatte ihn noch gebeten, mit uns zu kommen; aber er hatte es abgelehnt.
Im Dorf ist es uns auch nicht geheuerlich, denn überall explodieren Panzergranaten. Niemand weiß, was das alles zu bedeuten hat. Einige behaupten schon mit Überzeugungskraft, daß die Amerikaner jetzt gegen die Russen kämpfen und sie nach Rußland zurückdrängen

werden. Wir halten es für angebracht, durch unseren langen Garten aus der Häuserfront zu verschwinden. Als wir einen Augenblick in unserer Gartenlaube verweilen, sehen wir einen Deutschen durch hohes Schilfgras von einem in der Nähe verlaufenden Graben auf uns zukommen. Auch er wußte sich diese neue Aktion nicht zu erklären. In der Ferne beobachten wir, wie russische Infanterie in Stellung geht. Die Dorfstraße ist jetzt wie leergefegt. Aus den zurückgelassenen Amphibienfahrzeugen holen Zivilisten eine Unmenge von Traubenzucker heraus. Der Deutsche zeigt uns auf freiem Feld eine verlassene, ehemalige deutsche Stellungslinie, wie sie vor dem Einmarsch der Russen bezogen war. Wir tasten uns durch den ausgetrockneten Graben zu jener Stellung und liegen dann im Niemandsland, in einem gut gebauten Infanterieunterstand. Nördlich von uns am Rande von Schönwalde sind die Russen in Stellung gegangen. Im Rittergut, in welchem mein Vater mit den kleinen Geschwistern zurückgeblieben ist, haben sich deutsche Truppen eingenistet. Schlachtflieger kreisen über uns. In unserem Unterstand sind wir aber sehr sicher. Wir liegen genau im toten Winkel. Die Russen sind etwa drei Kilometer entfernt, die Deutschen auf der anderen Seite in etwa gleicher Entfernung. Über uns hinweg sausen die Artilleriegranaten. Wir können gut in die russische Stellung blikken. Ein Doppeldecker, ein Aufklärungsflugzeug, landet zwischen den eigenen Linien. Man kann Offiziere erkennen, wie sie miteinander verhandeln. Dann steigt die Maschine wieder auf und kreist über dem Rittergut. Das Gefecht zieht sich in die Länge. Der Deutsche bei uns wird von einer großen Unruhe ergriffen. Wie ein tollwütiger Fuchs rennt er hin und her, aus dem Bunker raus und wieder rein. Meine Mutter versucht ihn zu beruhigen.
„Ich will zurück ins Dorf. Ich habe ja nur Holzschuhe an. Ich muß meine Stiefel holen!" sagt er.
„Sie wollen doch nicht etwa jetzt mitten im Feuerregen davonlaufen! Lassen Sie doch Ihre Stiefel. Warten Sie ab, bis sich alles beruhigt hat!" warnt ihn meine Mutter. Seine Unruhe aber wächst. Plagt ihn bereits Todesahnung? Ein letztes Mal steigt er auf den Grabenrand und verschwindet. Lange noch schaue ich hinter ihm her. Sein Zurückgehen bedeutete den Tod! Wie so oft in jenen Tagen, ereilte ihn das gleiche, was man bei so vielen anderen Menschen als gegeben hinnehmen mußte: Er wurde nie mehr gesehen! Wie von der Bildfläche verschwunden! Man hat nicht einmal feststellen und in Erfahrung bringen können, wann und wo es ihn erwischt hat.

Gar mancher, der durch die Gnade Gottes aus dem tödlichen Verderben, aus dem Gefahrenbereich der Sünde herausgeführt worden ist, ging wieder zurück in das alte Leben der Welt und damit ins höllische Verderben. Als Lot einst aus Sodom und Gomorra geführt wurde, sprach der Engel Gottes zu ihm: *„Errette deine Seele und sieh nicht hinter dich; auch bleibe in der ganzen Gegend nicht stehen. Auf den Berg rette dich, daß du nicht umkommst."* Die Tragik dieser Geschichte kennen die meisten Menschen; denn eine blieb stehen: Lots Weib!

„Und da die Sonne aufgegangen war auf Erden, da Lot nach Zoar kam, da ließ der Herr Schwefel und Feuer regnen vom Himmel herab auf Sodom und Gomorra und kehrte die Städte um und was auf dem Lande gewachsen war. Und sein Weib sah hinter sich und ward zur Salzsäule."

Hier könnte man meinen: Was für ein harter Gott! Das soll ein Gott der Liebe sein? Ist es nicht menschlich, wenn man von Haus und Hof vertrieben wird, sich noch einmal umzublicken und im stillen Abschied zu nehmen von seiner Heimat? Jesus jedoch sagt: *„Wer seine Hand an den Pflug legt und sieht zurück, der ist nicht geschickt zum Reiche Gottes."*

Oder auch bei anderer Gelegenheit: *„Wer mir nachfolgen will, der verleugne sich selbst und nehme sein Kreuz auf sich täglich und folge mir nach. Denn wer sein Leben erhalten will, der wird es verlieren; wer aber sein Leben verliert um meinetwillen, der wird's erhalten. Denn welchen Nutzen hätte der Mensch, ob er die ganze Welt gewönne und verlöre sich selbst oder nähme Schaden an seiner Seele."*

In Sodom und Gomorra stand der Thron des Satans. Der Teufel ist die alte Schlange, die den Menschen immer neu zur Sünde verführen will. Die Schlange hat die Gabe, ihr Opfer zu hypnotisieren und somit bewegungsunfähig zu machen. Sie fixiert das Opfer so lange, bis es erstarrt und nicht mehr wegläuft. So ist es mit der Sünde. Blicke dich um! Deine Sünde wird dich wieder gefangen nehmen, und der tödliche Biß der Schlange ist dir gewiß!

Herr K. lief in sein tödliches Verderben. Es war ein Weg ohne Umkehr. Meine Mutter und ich bleiben noch einige Zeit im Unterstand. Allmählich ebbt der Kampflärm ab. Nur noch in weiter Ferne ist MG-Feuer und Panzerbeschuß zu hören. Ich wage mich aus dem Graben heraus. Meine Mutter aber bleibt zurück. Über freies Feld gehe ich einem russischen Schützengraben entgegen. Im Straßengraben erblicke ich einen russischen Offizier mit der typischen kurzstieligen Handgranate in der Hand. Auf der anderen Seite der Straße hocken seine Soldaten im Graben und blicken mit ihren Ferngläsern in Richtung Rittergut.

Der Offizier winkt mich heran und bedeutet mir, ich solle mich dicht an ihn ranlegen. „Weißt, wo deutsche Soldat?" Ich verneine, zeige in Richtung des Gutes und frage: „Da?" Über sein breites, slawisches Gesicht geht ein triumphierendes Lächeln: „Hietlär kapuuut! Germanski Soldaten kapuuut!"

Wieder nicke ich. Da erscheinen hinter uns am Dorfausgang einige höhere russische Offiziere. Dem Leutnant im Straßengraben ist meine Anwesenheit nicht mehr genehm. Er schickt mich fort. Ich muß an den Stabsoffizieren vorbei, die mich nun ebenfalls heranwinken: „Wo Germanski-Soldaten?" Ich zucke mit den Schultern, denn ich weiß es wirklich nicht. Sie schicken mich fort. So eile ich durch den ausgetrockneten Graben zu meiner Mutter zurück. Sie hält sich noch in der deutschen Infanteriestellung auf, die einige Sicherheit zu bieten scheint.

Später erfahren wir auch den Grund des völlig unerwarteten deutschen Gegenangriffs. Eine kleine Kampfgruppe mit hohen Parteifunktionären und Waffen-SS-Offizieren war aus dem Kessel Berlin, von starken russischen Kampfverbänden umgeben, mit einigen Schützenpanzern ausgebrochen. Trotz der erdrückenden Übermacht hatten sie es geschafft, den Ring zu durchstoßen und herauszukommen. Sie ahnten ein schreckliches Gericht wegen ihrer jüngsten Vergangenheit, darum kämpften sie mit dem Mut der Verzweiflung und gewannen vorerst die Freiheit. Sie konnten noch vor dem endgültigen Gericht ausweichen.

Herr K., der in dieser Beziehung nicht schuldig war, rannte wegen einem Paar lächerlicher Stiefel in sein Verderben.

Wer ist unschuldig vor Gott? Wer ist nicht durch die Sünde gerichtsreif geworden? Ein Opfer der Hölle, dem Ort der endgültigen Trennung von Gott und unaussprechlicher Qualen. Wo ist der Weg aus dem höllischen Verderben? Gibt es ihn? O ja! Gott sei ewig Dank für den Weg über Seinen Sohn Jesus, der den Ring der Sündenmacht zersprengt und eine Möglichkeit aus der gnadenlosen Kesselschlacht von Tod und Hölle für uns Menschen gebahnt hat. Auf Golgatha prasselte das Gerichtsfeuer herab auf den Sohn Gottes wegen der Sünde aller Menschen aus allen Zeiten, ob in der Vergangenheit, der Gegenwart oder Zukunft. Er errang den Sieg für alle: Freiheit von der Höllenmacht mit ihrer Knechtschaft.

Was ist Hölle?
Kein Weg mehr zu Gottes Liebe, kein Wohlergehen in irgendeiner Form, kein Frieden, kein Trost, kein Ende der Qual und kein Ausweg, nicht einmal der durch Selbstmord. Dort ist alles endgültig! Deshalb: *„Ringet danach, daß ihr eingehet durch die enge Pforte; denn viele werden, das sage ich euch, danach trachten, wie sie hineinkommen und werden's nicht können. Von da an, wenn der Hausherr aufgestanden ist und die Tür verschlossen hat und ihr dann anfanget, draußen zu stehen und an die Tür zu klopfen und zu sagen: Herr, tu uns auf! wird er antworten und zu euch sagen: Ich kenne euch nicht, wo ihr her seid."*
Am 2. Mai 1945 rangen einige, um aus dem Kessel herauszukommen. Herr K. dagegen rannte in sein ewiges Verderben. Wie viele rennen noch? Gestern und heute? Wie viele gehen achtlos an dem Gnadenangebot Gottes vorbei?
Auschwitz! Maidanek! Buchenwald! Treblinka! Dresden! Königsberg! Hiroshima! Millionen ungezählter Stätten mit Höllenatmosphäre! Seien es die Greuel des Mittelalters, der Hunnenschlachten, des Dreißigjährigen Krieges, des sich ständig wiederholenden Vandalismus zu allen Zeiten auf dieser von Menschen bevölkerten Erde — nichts von all den erwähnten, grauenvollen Zeitabschnitten in der Menschheitsgeschichte kann das deutlich machen, was die Hölle in der Ewigkeit sein wird! Was wir bisher erlebten oder vom Hörensagen kannten, war zeitlich begrenzt! Das ist der große Unterschied. Es hatte vorübergehend ein Ende. Der Mensch konnte sich erholen, umkehren, Gott suchen und finden! Über allem schwebte dennoch die Gnade Gottes, die eine Umkehr in Reue und Buße möglich machte, während diese entscheidende Tatsache in der Ewigkeit fehlen wird. Dann sind unsere Plätze festgelegt — nach unserer freiwilligen Entscheidung! Jeder hat bis heute die Möglichkeit, sich zu entscheiden: Herrlichkeit Gottes oder ewige Trennung von unserem Schöpfer! Das allein wird schon Hölle bedeuten, zu der erschütternden Erkenntnis gelangt zu sein: Ich hatte die Gelegenheit zu meinen Lebzeiten, mich zur Freiheit und zum Ewigen Leben hinzuwenden, Gottes Gnadenangebot anzunehmen, und habe nicht gewollt!
Mein ehemaliger Schulkamerad H. G. und Herr K. rannten in den Tod. Meine Mutter und ich wurden bewahrt! Unbegreiflich erscheint uns das. Gottes Wort sagt: *„Wem ich gnädig bin, dem bin ich gnädig!"*
Um Mißverständnissen vorzubeugen — Gott ist im Grunde allen

Menschen gnädig. Er bietet Seinen Weg der Rettung uns allen an. Doch wir müssen nach Gottes Wort unsere „Berufung und Erwählung“ mit Ihm festmachen; erst dann sind wir auf Gottes Seite und können Seine Verheißungen in Anspruch nehmen. Wir können also Gott nicht verantwortlich machen, wenn wir auf der falschen Seite stehen, denn Er hat uns die Freiheit der Entscheidung überlassen. Es ist erwiesen, daß jeder Mensch besondere Augenblicke einer deutlichen Mahnung von Gottes Seite erlebt. Er steht dann an einer Kreuzung und muß die Wegrichtung bestimmen. Im Himmel ist große Freude über einen jeden, der sich für die Liebe Gottes entscheidet und aus den Fängen des Satans erlöst werden kann, weil er Gottes Hilfe in Anspruch nimmt.

Als wir zum Gut zurückkommen, erfahren wir von meinem Vater und den Geschwistern, was sich inzwischen dort ereignet hat. Eine Gruppe von Deutschen war dort eingedrungen in der großen Hoffnung, ihr Leben durch den Ausbruch aus dem Kessel zu retten. Angesichts der russischen Übermacht setzten sie sich schleunigst in Richtung Westen ab. Ein Trümmerfeld blieb zurück. Alle Fenster waren zerschossen. Auf dem Gutshof ließen sie einen ausgebrannten, deutschen Schützenpanzer stehen. Am Anfang der Aktion hatten die Russen auf dem Gut alle Deutschen in die Keller getrieben und sich selber mit darin versteckt. Jeder war von der Furcht gepackt, doch noch ein Opfer dieses sinnlosen Ringens zu werden. Dann flohen die Russen vor der kleinen Gruppe deutscher Soldaten, die sich des Gutshofes bemächtigte. Für eine nur ganz kurze Zeit waren meine Angehörigen vom Feinde befreit. Doch jetzt war wieder alles beim alten, und die Wut der Feinde um so größer.

DER TOTE UND DAS BROT

Infolge der verschärften Situation durch den Handstreich einer kleinen militärischen Gruppe entschloß sich meine Mutter, erneut zu fliehen und sich zu verstecken; denn man mußte mit schlimmer Vergeltung rechnen. Was uns großen Kummer machte, war, daß unsere

Vorräte schon wieder gestohlen und wir nichts zu essen hatten. Wir durchforschten nochmals alle leerstehenden Wohnungen und stießen auf schreckliche Verwüstungen und manchen Toten. Auch in den Gärten lagen viele Tote, Deutsche und Russen. Als ich in einem der Häuser zur Küche gehen will, wo ich noch Lebensmittel vermute, stoße ich auf einen weiteren Toten, der seine gläsernen, starren Augen auf mich gerichtet hat, als wollte er fragen:
„Warum lebst du noch? Du hast mit Schuld an diesem Elend! Was suchst du hier in diesem Hause, wo ich friedlich wohnen wollte? Auch ich hatte die Absicht, mir nur etwas zur Erhaltung meines Lebens zu besorgen. Hinweg mit dir, Lebender, du hast kein Recht, über mich zu steigen. Du bist auch nur ein sterblicher Sünder!"
Mir graust in meinem Innern: diese furchtbaren Augen, die verkrampften Finger an den Kleidern. Man hat den Eindruck, als hätte er sie sich im Augenblick des Todes noch vom Leibe reißen wollen mit der Anklage: „Nackt steckt ihr alle in euren Kleidern, ihr Mörder! Ihr Betrüger! Ihr Sünder allesamt!"
Seine Augen klagen mich an! Bilde ich es mir ein, daß sie etwas Leben in sich haben? Ist er wirklich tot oder nur scheintot?
Ja, wir Lebenden haben in diesen Tagen Gewissensbisse bei der Tatsache, trotz des Unterganges von Unzähligen am Leben geblieben zu sein. Hätte nicht jeder noch sein Leben hingeben sollen, um die große Kriegsschuld zu sühnen? Wie hypnotisiert stehe ich vor diesem Toten. Die Eindrücke dieser Zeit prägen sich tief in meine Kinderseele. Noch jahrelang verfolgen sie mich in Träumen. Ich fühle mich gefesselt von den magischen Kräften unseres größten Feindes: T o d !
Der Wind pfeift durch die zerschossenen Fenster. Mit großem Krachen fällt über mir in einem Raum ein Gegenstand mit voller Wucht zu Boden. Was oder wer ist dort? Ist der Geist des Toten in diesen Trümmern? Sucht er irrend nach einer neuen Behausung? Ich muß mich gewaltsam losreißen aus diesem Kreis des Toten.
Auf der Straße hasten die Lebenden an mir vorbei. Kaum zu beschreiben, was sich alles an Menschen, Tieren und Fahrzeugen fortbewegt. Ein deutscher Luftwaffensoldat wird von vier Russen abgeführt; er geht mit erhobenen Händen. Als er mich aus dem Haus kommen sieht, lächelt er mich an, als wollte er sagen: „So sieht das Ende aus: mitgegangen — mitgefangen."
Die Drahtzieher dieses gewaltigen Krieges haben sich verkrümelt, sie haben das Weite gesucht und sind wie vom Erdboden verschwunden. Sie, die die Untergebenen zum Morden gezwungen haben, zu Greueln

verführt, sie haben sich auf verschiedenen Wegen dem irdischen Gericht entzogen. Auf sie trifft das Wort des Apostels Paulus zu, das er an die Römer schrieb:
„Sie wußten, daß, die solches tun, nach Gottes Recht des Todes schuldig seien, aber sie taten es nicht allein, sondern hatten Gefallen an denen, die es mitmachten."
Einer der Oberteufel des sogenannten Dritten Reiches, Dr. Josef Goebbels, nahm in sarkastischer Weise von seinen getreuen Mitarbeitern Abschied mit den aufreizenden Worten: „Geben Sie sich keinen Illusionen hin. Ich habe ja niemand gezwungen, mein Mitarbeiter zu sein, so, wie wir das deutsche Volk nicht gezwungen haben. Es hat uns ja selbst beauftragt. Warum haben Sie mit mir gearbeitet? Jetzt wird Ihnen das Hälschen durchgeschnitten. — Aber wenn wir abtreten, dann soll der Erdkreis erzittern."
Er hat sich dem irdischen Gericht entziehen können. Doch gilt auch für ihn die Tatsache: *„Denn wir müssen alle offenbar werden vor dem Richterstuhl Christi, auf daß ein jeglicher empfange, wie er gehandelt hat bei Leibesleben, es sei gut oder böse."*
Die Russen sind mit dem deutschen Gefangenen, der noch lächeln konnte, verschwunden. Wer weiß, ob er je seine Heimat wiedergesehen hat.
Wasser müssen wir in dieser Zeit aus einem Brunnen schöpfen. Die Wasserwerke haben seit Wochen ihren Dienst eingestellt. Brunnen und Pumpen sind viel begehrte Quellen. Ohne Wasser kein Leben, ohne Brot baldiger Tod!
Am Brunnen fanden wir beides — Wasser und Brot! Dort lag ein Toter, ein polnischer Fremdarbeiter. Vielleicht wollte er ebenfalls Wasser schöpfen. Unter den einen Arm war noch ein Kommißbrot geklemmt. Ich sollte Wasser holen, doch ich konnte es nicht. Der unheimliche Anblick toter Menschen lag mir bleischwer in den Gliedern. Von uns ging ein anderer hin und brachte beides, Wasser und Brot. Er hatte dem Toten das Brot abgenommen. Allen hat es den Hunger gestillt, nur mir nicht. Ich war dem Toten persönlich begegnet. Wasser und Brot nützten dem Toten nichts mehr, aber für uns Überlebende war es bitter notwendig.
Jesus spricht: *„Ich bin das Brot des Lebens. Wer zu mir kommt, den wird nicht hungern; und wer an mich glaubt, den wird nimmermehr dürsten."*
Das Brot des Toten schmeckt mir nicht.
Die Russen kommen schon wieder! Wie Schlachtfeldhyänen fallen sie

über die noch Lebenden her. In den Nachbarhäusern hört man ihre ständigen Aufforderungen: „Dawai, suda! Frau komm, fünf Minut', dawai, suda!" Es klingt schauriger und schrecklicher als alle Flüche dieser Welt. Zur Vordertür des Hauses, in dem wir uns gerade befinden, kommt ein alter, bärtiger Russe mit zottigen Haaren hinein. Als er meine Mutter erblickt, geht er schnurstracks auf sie zu. Im Nu reißt meine Mutter mich an sich und schiebt mich wie ein Panzerschild vor sich her. Der Russe will mich fortschicken und kommandiert: „Bring Wasser, deutsche Kamerad!", denn draußen marschiert gerade ein Trupp gefangener deutscher Soldaten vorbei.
„Nein!" schreit meine Mutter, „der bleibt hier!" Doch der Russe fackelt nicht lange, sondern wird handgreiflich. Rückwärts fliehen wir durch die Tür und stürzen zum Boden hinauf. Der Russe kommt hinterher und schließt die Tür nach uns ab. Wir sind gefangen und für sein späteres Kommen eingesperrt. Meine Mutter weint und fleht zu Gott. Dabei hält sie mich krampfhaft umklammert. Wir sehen dem kommenden Entsetzen entgegen. Plötzlich hören wir auf der Straße Befehle rufen. Eine Panzereinheit muß vorbei. Der Zug der Gefangenen wird fortgeschickt. Da öffnet irgend jemand unsere Tür! Wir sind gerettet!
In diesen Tagen sind alle Frauen und Mädchen im Alter von 10 bis 80 Jahren Freiwild. Die allerwenigsten kommen unberührt an dieser Jagd vorbei. Man greift zu allen möglichen Schutzmitteln. Die Mädchen schneiden sich die Haare ganz kurz und verbergen ihre Körper in Männerkleidung. Und doch nützt es ihnen oftmals nichts. Sie werden entdeckt. Andere wiederum verschmieren ihre Gesichter mit Kuhmist oder anderem Dreck — es nützt nichts! Im Alkoholrausch ist den Siegern alles gleich. Bei den geringsten, verdächtigen Geräuschen zieht meine Mutter schreckliche Grimassen, um möglichst alt zu erscheinen. Diese „Notwehrmaßnahme" ist ihr so in Fleisch und Blut übergegangen, daß sie sie sogar in den Augenblicken anwendet, wo ich sie etwas frage.
„Hör doch endlich auf mit dem Gesicht verziehen! Ich kann es schon nicht mehr sehen!" Es war für mich nicht mehr zu ertragen.
Andere Frauen, die bereits Schreckliches an sich selbst erlebt haben, werden augenblicklich von Haß erfüllt, wenn sie erfahren, daß es noch jemanden gibt, der bisher verschont geblieben. Sie werden zu Verräterinnen und schicken die Russen den „Unberührten" auf den Hals. Dennoch bleibt meine Mutter bewahrt. Sie betet ohne Unterlaß. Eines Tages sagt ihr eine Frau: „Sie brauchen sich doch gar

nicht so viel zu verstecken, wir kommen alle dran. Da kann man nichts machen."

Meine Mutter flieht ständig im Dunkel der Nächte. Obwohl zur Nachtzeit auf jeden Zivilisten geschossen wird, geht sie mit meinem kleineren Bruder bei Anbruch der Dunkelheit auf Suche nach schutzbietenden Winkeln. Engel Gottes begleiten sie offenbar.

Eines Abends verschwindet sie wieder in Richtung Schönwalde. Am kommenden Morgen mache ich mich auf den Weg, um sie zu suchen und mit ihr in Verbindung zu bleiben. Mein Weg geht wie gewohnt über weite Felder, vorbei an dem noch immer dort liegenden, russischen Flugzeug mit dem weit sichtbaren roten Stern. Es ist ein sonnendurchfluteter Frühlingstag. Der Wind streicht milde über die frischgrünen Saaten. Etwa vier Kilometer muß ich noch laufen, vorbei an einer Feldscheune. Der Himmel schien mir noch nie so hoch, die Ferne so weit und das Licht so hell. Ich bin voller Zuversicht, meine Mutter bald zu finden. Die Lerchen jubilieren in der Luft, von Russen weit und breit keine Spur. Feldeinsamkeit umgibt mich. Die Grillen zirpen, die Schmetterlinge hasten übers Feld — ein Bild des Friedens. Wenn nur die Menschen nicht wären!

Ein Friedrich von Schiller war zu der Erkenntnis gekommen, daß es überall dort schön sei, wo der Mensch mit seiner Qual nicht hinkäme. Die Sünde im Menschen ist es, die alles zur Qual werden läßt, die uns verfolgt.

Plötzlich fühle auch ich mich verfolgt! Nicht Menschen sind hinter mir her, sondern ein Rudel wilder Hunde. Ich schätze 10 bis 15 an der Zahl, die auf mich zujagen. Vom großen Schäferhund bis zum kleinen Spitz sind so einige Rassen vertreten, die sich zusammengerottet haben. Der kleine Spitz führt die Meute an! Ihre Herren haben sie im Stich gelassen; sie sind geflohen. Ohne Nahrung und Behausung haben die Hunde sich zu Raubzügen zusammengefunden. Im großen Bogen kommen sie näher und scheinen mich einkreisen zu wollen. Ihr Kläffen und Gebell ist furchterregend. Ganz allein auf freiem Feld, ohne eine Möglichkeit der Rettung durch Haus oder Baum, sehe ich mich einer ausgehungerten Meute gegenüber. Ihr Heulen und Bellen kommt schnell näher. Ich erkenne im Augenblick: Hier gibt es kein Entrinnen! Sie sind schneller und in der Überzahl, als daß ich eine Flucht gewinnen könnte. Sie werden mich wie Raubtiere anfallen und zerfleischen! Eine unbeschreibliche Todesfurcht kommt über mich. Wer kann mich retten? Wo gibt es Hilfe? O Gott, soll ich hier mein Leben verlieren? Auf solch grausame

Weise? Sie lassen nicht ab von ihrem Ziel. Keine zehn Meter mehr sind sie von mir entfernt!
„Mein Gott, so hilf mir doch! Ach, höre mich doch! Hilf mir!" rufe ich zu Gott in Todesnot.
Kann ich mich denn verteidigen? Womit?
Da durchfährt mich ein Gedanke, und blitzschnell scheint mir jemand die Frage zu stellen: „Was hast du da in deiner Hand?"
„Eine Milchkanne voll frischer Wurstsuppe!"
„Wirf sie von dir!"
Meine letzte Chance! — Im hohen Bogen werfe ich die Milchkanne samt Inhalt den Hunden entgegen. Wie ein Rudel ausgehungerter Wölfe stürzt sich die Horde über die Kanne. Gegenseitig beißen und stoßen sie sich mit wütendem Geheul, denn jeder will sich den Inhalt der Kanne einverleiben. Darüber haben sie mich vergessen. Frei und ledig kann ich meine Straße ziehen. Der intensive Geruch der Wurstsuppe hatte sie wild gemacht und hinter mir hergehetzt. Ich selber war dabei in größte Gefahr geraten.
Von der Heiligen Schrift her wird uns gesagt, daß wir einen Geruch des Todes an uns haben. Der Geruch des Todes ist die Sünde, die uns verfolgt und finden wird, solange wir sie in unserem Leben festhalten. Von einem Kinde wird berichtet, das in verbotener Weise versuchte, aus einer Vase Süßigkeiten herauszuholen. Mit der leeren Hand kommt es noch durch den Vasenhals hindurch, aber die gefüllte Hand kann es nicht zurückziehen. Dazu ist der Hals zu eng. So bemüht sich das Kind vergeblich, die gefüllte Hand aus der Vase herauszunehmen. Anstatt die Süßigkeiten loszulassen, hält es die Hand krampfhaft geballt, denn es will ja die Leckereien auf jeden Fall behalten. So schreit es aus Leibeskräften, daß die Eltern herbeieilen. Sie machen dem Kind keinen Vorwurf, aber sie verlangen, daß es die Bonbons aus der Hand läßt. Sie erklären es ihm ganz genau, daß nur so die Hand wieder aus der Vase herauskann. Aber das Kind will nicht — es möchte beides: die Befreiung der Hand und die Süßigkeiten!
In gleicher Weise sind die Menschen oftmals an Sünden gebunden. Wir müssen unsere Sünde von uns werfen, sonst reißt sie uns ins tödliche Verderben. Es ist nicht möglich, beides behalten zu wollen: Gott und die Sünde! Unser Herz muß ungeteilt dem Schöpfer gehören, denn: Liebe Gott von ganzem Herzen, mit allen deinen Kräften . . ., sonst geht es dir wie allen unerlösten Menschen: Die Sünde wird dich finden!

„Ihr Herz ist zerteilt — nun wird sie ihre Schuld finden."
Nach diesem schrecklichen Erlebnis in der Morgenstunde komme ich gegen Mittag endlich dort an, wo meine Mutter sich mit meinem kleinen Bruder hingeflüchtet hat. Sie schläft noch. In einer kleinen Dachkammer hatte sie Unterschlupf gefunden. Doch auch hier war sie von den Quälgeistern umgeben. Unten im Haus hatte man Frauen zur Nachtzeit vergewaltigt, und die Schreie waren bis zur Dachkammer gedrungen. „Mutter, hilf mir doch! Muß ich mir das alles gefallen lassen?" Wer sollte helfen? Mütter wie Töchter waren der willkürlichen Gewalt ausgeliefert. Nur bei einem war Rettung möglich: bei Christus.

Meine Mutter betete in dem Dachstübchen. Die Russen gelangten auch dorthin und leuchteten in jeden Winkel, aber sie ließen sie unbehelligt. Hatten sie sie nicht gesehen? In der Bibel finden wir auch Tatsachenberichte über Situationen, in denen Gott die Feinde mit Blindheit schlug.

Als die Morgendämmerung anbrach und die Sonne die Nebel der Nacht vertrieb, zogen sich die Feinde zurück. Nun hatte ich die Mutter schlafend vorgefunden. Wir blieben vorerst noch in diesem Hause. Der Nachmittag brachte fast sommerliche Wärme. Mein Bruder und ich saßen auf einem gefällten Baumstamm. Der einstige Kampflärm war verstummt. Nur ein entferntes Rumoren in der Luft ließ sich vernehmen. Wir beide suchten nach Nahrung. Die Lebensmittel begannen knapper zu werden. Die Speicher waren leer, unübersehbare Mengen wertvoller Nahrungsmittel vernichtet. Vorübergehend geflohene Bewohner der Häuser kamen nacheinander zurück, und eine Zeit sollte uns bevorstehen, der furchtbare Kampf gegen den Hungertod.

Als wir Ausschau nach irgend etwas Eßbarem hielten und hier und da herumsuchten, hörten wir plötzlich ein Maschinengewehrfeuer. „Da scheinen noch deutsche Jäger in der Luft zu schießen! Oder ob es die Amerikaner sind, die gegen die Russen kämpfen?" fragten wir uns.

In den letzten Kriegs- und ersten Nachkriegstagen wollte das Gerücht nicht verstummen, daß die Amerikaner doch noch mit den restlichen deutschen Soldaten gegen Rußland marschieren würden. Niemand wußte, wer diese Meldung in Umlauf gebracht hatte, aber sie hielt sich in hartnäckiger Weise in den Gesprächen der Bewohner und wurde in überzeugender Art weiterverbreitet. Der Lärm am hellen Frühlingshimmel schwoll an. Doch so konzentriert wir auch zum Himmel starrten, wir konnten die Ursache nicht erkennen. Auf einmal stürzte unverhofft ein Feuerball in rasender Geschwindigkeit mit schwarzer Rauchfahne zur Erde. Mitten in eine Plantage von Kirschbäumen prallte das brennende Flugzeug. So schnell uns unsere Beine tragen konnten, rannten wir zu dem Punkt der Absturzstelle. Von allen Seiten sahen wir russische Soldaten herzueilen. Sie erreichten die Stelle vor uns. Wir erkannten von einiger Entfernung an der einen Tragfläche das Kreuz der deutschen Luftwaffe. Neben einem Baum brannte der sternförmige Motor des Jagdflugzeuges „Focke Wulf". Als wir den Ort erreicht hatten, sprangen die Russen wie bei einem Indianertanz um das mächtige Feuer und hatten sich alle etwas von dem ums Leben gekommenen deutschen Piloten angeeignet. Wie Trophäen schwangen sie die Beutestücke in ihren Händen, einer die Stiefel, ein anderer die Hose, ein weiterer den Schulterriemen, ein Offizier die Pistole, noch andere die Weste, Unterhose, Strümpfe und sonstiges mehr, was sie in Windeseile dem toten Piloten vom Leibe gerissen hatten. Sein schneeweißer Körper stach sichtbar ab gegen die gelbrassigen Sieger. Er lag neben den Trümmern seiner Maschine. Der Kopf war blutverschmiert und beim Aufprall von Sand verschmutzt. Auf einmal wurde der Russe beneidet, der die Lederjacke mit dem Eisernen Kreuz und anderen Auszeichnungen für sich ergriffen hatte und damit umherrannte. Man versuchte, sie ihm abzujagen. Als man es nicht gleich erreichte, befahl ein Offizier dem Soldaten, die Jacke abzuliefern. Wutentbrannt rannte jener mit leeren Händen davon. Wir hatten ganz stumm dem Ablauf zugesehen. Ich blickte erschüttert auf den weißen Körper des Toten. Nur ein kleines Unterhemdchen hatten sie ihm gelassen. Von Erde genommen — auf die fluchbeladene Erde zurückgeworfen!

Wir alle sind nackt. Die Sünde hat uns entblößt. Nach der ersten Sünde ruft Adam: „... denn ich bin nackt!" Keine Kreatur auf Erden ist so unbekleidet wie der Mensch. Er muß sich daher in Kleider hüllen.

Gott kleidete uns mit dem Kleid der Gerechtigkeit. Er selbst gab den ersten Menschen das Kleid der Reinheit. Die Sünde aber raubte dieses Kleid. Ein Prophet Gottes rief einst: *„Und in allen deinen Greueln (Sünden) und Hurerei hast du nie gedacht an die Zeit deiner Jugend, wie bloß und nackt du warst und in deinem Blute lagst."*

„Siehe, ich will dich überantworten, denen du feind geworden und

deren du müde bist. Die sollen wie Feinde mit dir umgehen und alles nehmen, was du erworben hast, und dich nackt und bloß lassen, daß die Schande deiner Unzucht und Hurerei offenbar werde."
Welch ein schreckliches Gericht über die Sünde der Menschen! Was für ein schauriger Gedanke, nicht nur körperlich, sondern auch dem inwendigen Menschen nach vor Gott nackt erscheinen zu müssen! Deshalb ruft auch Christus uns erneut zu: *„Ich rate dir, daß du Gold von mir kaufest, das mit Feuer durchläutert ist, daß du reich werdest, und weiße Kleider, daß du dich antust und nicht offenbar werde die Schande deiner Blöße, und Augensalbe, deine Augen zu salben, daß du sehen mögest."*
Der tote Jagdflieger lag da, wie Hiob es in der Zeit seiner großen Katastrophe ausrief: *„Ich bin nackt von meiner Mutter Leibe gekommen, nackt werde ich wieder dahinfahren."*
Ob dieser Pilot wohl von sich aus sagen konnte: *„Der Herr hat's gegeben, der Herr hat's genommen, der Name des Herrn sei gelobt!"*?

UNBEQUEME EINQUARTIERUNG

„Unser Erbe ist den Fremden zuteil geworden und unsere Häuser den Ausländern."
Ein eigenes Haus haben wir nicht besessen, aber unsere Wohnung ist noch immer von einem russischen Stab belegt. So haben wir uns in einer anderen Wohnung Platz gesucht. Die Zeit bleibt unruhig und wild. Stündlich treten Veränderungen ein. Tausende Parteigenossen, einfache Nazis, sogar BDM-Angehörige (Bund deutscher Mädchen) und Hitlerjugendführer werden als Gefangene durch die Straßen getrieben. Frauen und Männer marschieren getrennt. Durch ein großes Brettertor verdeckt beobachten wir die Kolonnen, die man nun ins KZ-Lager Sachsenhausen treibt. Es ist gefährlich, sich auf der Straße aufzuhalten. Unversehens kann man mit ergriffen und abgeführt werden, denn es kommt den Wachmannschaften weniger auf die einzelnen Personen an, als vielmehr auf die Anzahl. Das „Soll" muß stimmen und ist schnell erreicht durch überraschenden

Zugriff. Auf diese Weise ist mancher Unschuldige in die Gefangenschaft, ins Konzentrationslager oder in die Zwangsdeportation geraten.
Stundenlang werden die Gefangenen von Berlin durch unsere Straße geführt. Danach ist Stille. Da die Nächte so erschreckend laut sind, schläft man am Tage. Auch wir ruhen, als plötzlich ganz heftig zur Nachmittagsstunde an unsere Tür geklopft wird. Vor der Tür stehen russische Soldaten. Sie wollen Essen gekocht haben. Meine Mutter vermutet Schreckliches und möchte flüchten, doch der russische Offizier hindert sie und ordnet an, daß sie Essen kochen soll. Einige Lebensmittel haben sie mitgebracht, andere verlangen sie von uns, die wir selbst nicht in ausreichender Menge haben. Aber in unserer Herzensangst geben wir, was vorhanden ist. Ihre Tischmanieren sind nicht gerade vornehm. Sie spucken in den Raum, wohin es ihnen beliebt. Essenreste werfen sie in die Ecken. Meine Mutter kann gar nicht so schnell kochen, wie sie alles verschlingen. Lautstark unterhalten sie sich und trinken Wodka aus Biergläsern und den Flaschen. Der Alkohol tut seine Wirkung. Der Lärm steigert sich, und sie fangen an zu singen. Meine Mutter ist ständig in Bereitschaft zu fliehen, falls die Situation es erfordern sollte. Die Küche hat einen Ausgang zum Hof. Die Russen machen es sich bald „gemütlich". Zum Teil ziehen sie sich sogar aus, legen sich auf das Sofa, die Betten, den Fußboden; einige legen ihre Köpfe auf den Tisch und fangen im Sitzen an zu schlafen. Jetzt verschwindet meine Mutter. Wir Kinder bleiben bei der fragwürdigen Einquartierung zurück.
Die Speisen sind völlig verzehrt. Wir selber haben großen Hunger. Einer von uns stellt fest, daß die Fahrzeuge unserer Besucher verlassen auf der Straße stehen. Ein Posten ist nicht zu sehen. So fangen wir draußen an, die Fahrzeuge zu untersuchen und finden Brot, Konserven und andere Lebensmittel. Wagen um Wagen wird inspiziert. Die erbeuteten Nahrungsmittel verstecken wir im Holzstall. Die Tür des letzten Lastkraftwagens öffnet mein Vater. Er erblickt einen schlafenden Russen, der auf den Vordersitzen liegt. Es scheint der zurückgelassene Wachtposten zu sein, der sich zur Ruhe gelegt hat. Schnell schließt er die Tür und verschwindet. In der Wohnung liegen die schnarchenden Soldaten und Offiziere. Es stinkt entsetzlich nach Schweiß, Knoblauch und anderem Unangenehmen. Wie lange werden sie bleiben? Alles ist fraglich. Ob sie die ganze Nacht hier schlafen wollen? Es ist schon dämmerig. Wohin sollen wir mit der Mutter?

Doch nicht lange danach brechen sie auf, verabschieden sich sehr freundlich und danken uns, daß sie so gut versorgt worden sind. Zurückgelassen haben sie das unabgewaschene Geschirr, einige Essenreste und eine sonderbare Gesellschaft von Tieren, die wir monatelang als Einquartierung behalten sollen.
Tag und Nacht werden wir von Läusen und Flöhen geplagt. Desinfektionsmittel gibt es nicht, so müssen wir selber auf „Jagd" gehen. Dabei entwickeln wir uns zu fast perfekten Läuse- und Flöhejägern. Das Heer des Ungeziefers vermehrt sich allerdings in allen Winkeln, Nähten, Mützen, Decken, Kleidern und anderen Verstecken unheimlich schnell. Und wenn man selbst in kürzester Zeit 30 bis 50 Flöhe gefangen hat, so bleibt man dennoch ein übel Geplagter. Wir füllen Schüsseln mit Wasser und stellen sie neben Betten und Sofas, wodurch auch viele gefangen werden, aber ihre Vermehrung ist überlegen und geht unaufhaltsam vonstatten. Wie die Plagen Ägyptens sind sie über uns hergefallen.
„... So will ich allerlei Ungeziefer lassen kommen über dich, deine Knechte, dein Volk, dein Haus, daß aller Ägypter Häuser und das Feld und was darauf ist, voll Ungeziefer werden soll."
Plagen über Plagen! Deutschland wurde in jener Zeit von übelsten Plagen heimgesucht. Man hatte die Mahnungen Gottes nicht ernst genommen, im Gegenteil, die unbequemen Prediger im Auftrage Gottes waren belächelt, verfolgt und mundtot gemacht worden. Mit pharaonischer Überheblichkeit hatten viele Gott getrotzt und sich einen Pseudo-Messias erwählt, den „Führer".
„Gebt mir vier Jahre Zeit, und ihr werdet Deutschland nicht wiedererkennen", hatte dieser ausgerufen, und die wenigsten konnten damals ahnen, in welch schrecklicher Weise sich dieses Wort erfüllen sollte. Dreimal vier Jahre Zeit war ihm gegeben worden, und man konnte in der Tat danach unser Vaterland nicht wiedererkennen. Weite Strecken sind einer Verwüstung anheimgefallen. Dreizehn Millionen Flüchtlinge irren durch die Lande. Eine Völkerbewegung von 60 bis 70 Millionen Menschen setzt ein von Ost nach West, von Nord nach Süd. Sie hausen auf Straßen, in Kellerruinen und anderen finsteren Löchern.
Plagen sind über uns gekommen! Eine erschütternde Bilanz wird aus dem letzten Krieg gezogen: 20 Millionen Gefallene, 5,5 Millionen Ermordete, 8 Millionen Tote durch Hunger, Krankheit und Selbstmord, 29 Millionen Kriegskrüppel, 21 Millionen Obdachlose, 15 Millionen ohne Heimat, 32 Millionen zerstörte Häuser.

Die größte Schmach und Schande sind 6 Millionen vergaste, verbrannte und viehisch zerfleischte KZ-Häftlinge. Den größten Anteil am Leid tragen die Juden. Gottes Warnungen waren außer acht gelassen worden: *„Denn wer euch antastet, der tastet meinen Augapfel an; denn so spricht der Herr: Nun sollen die Gefangenen dem Riesen genommen werden und der Raub des Starken los werden; und ich will mit deinen Haderern hadern und deinen Kindern helfen.*
Und ich will deine Schinder speisen mit ihrem eigenen Fleisch, und sie sollen von ihrem eigenen Blut wie von süßem Wein trunken werden; und alles Fleisch soll erfahren, daß ich der Herr bin, dein Heiland und dein Erlöser, der Mächtige in Jakob."
Viele Bewohner unseres Landes, ja die meisten unseres Volkes, wollen diese Tatsachen nicht glauben. Unfaßbar sind für sie diese Abscheulichkeiten, die sie deshalb als schmutzige Feindpropaganda ansehen. Jahrelang haben sie mit der Hölle Wand an Wand gelebt und nichts davon wahrgenommen! Nun kommt das Gericht Gottes in Form von Plagen, die wie Ungeziefer über alle herfallen. In ihrem Gefolge sind Not, Qualen, Grausamkeiten, Hunger, Bestialitäten, Krankheiten und Sünden in nicht zu beschreibendem Ausmaß. Die meisten Frauen aus unserem Dorf werden geschlechtskrank. Es ist eine Krankheit, die sich wie eine Sintflut über ganz Ostdeutschland ergießt. Ungeziefer und Krankheiten, die bei uns kaum noch bekannt waren, fallen wie Heuschrecken über eine gerichtsreif gewordene Nation her und halten eine ungeahnt große Ernte.
Der Hunger ist eine besondere Qual, der in den Leibern der Menschen wütet. Die Staatsgüter sind von den Besatzungstruppen besetzt, die Ernte des Vorjahres nehmen die, die nicht gesät haben.
„Wir müssen unser Brot mit Gefahr unseres Lebens holen vor dem Schwert in der Wüste."
Von hinten schleichen wir an die großen Kartoffelfelder heran. Mit Hacke und Rucksack ausgerüstet, versuchen wir unter Lebensgefahr, nur das Notwendigste zur Erhaltung unseres Leibes zu erbeuten. In großer Eile scharren wir im Boden — da pfeift und zischt es schon aus einer Maschinenpistole über unsere Köpfe hinweg.
„Deckung!" rufe ich meinem Bruder zu. Noch eine Salve scharfer Munition zischt durch die Luft. Neben uns spritzt der Sand empor. Wir kauern in einer Furche mit dem Gesicht im Boden. Vorsichtig hebe ich für Sekunden meinen Kopf aus dem Kartoffelkraut, um zu erspähen, woher die Gefahr kommt. Da sehe ich einen Russen über das Feld eilen. Noch einmal schießt der Russe scharf.

„Peter, lauf los! Nimm die Hacke und den Rucksack mit, ich gehe dem Russen entgegen, damit du wenigstens gerettet bist!"
Wie ein Hase rennt mein Bruder hinter einer kleinen Erhöhung davon. Ich selber stehe auf und gehe dem Soldaten entgegen.
Wütend schreit er mich an: „Du zabzarab! — Wo du zabzarab?"
Ich leugne, und er sucht nach Hacke und Sack.
„Hier zwei Kindär!" erklärt er mir. Ich zucke nur mit den Schultern. Eine gewisse Zeit sucht er noch systematisch das Feld ab und findet nichts. Der Russe ist mächtig erbost und schreit: „Du mitkommen, schnääl!"
„Ich muß zur Mamutschka!" sage ich ganz verstört. „Du nix — du mitkommen!" Es hilft nichts, ich muß ihm folgen. Einen ganzen Tag lang muß ich schwere Feldarbeit verrichten. Zu essen gibt es nichts. Die anderen Leute, die ebenfalls auf dem Feld eingesetzt sind, arbeiten als Gefangene des Gutes. Sie helfen mir, so gut sie können. Der ehemalige Inspektor des Gutes verrät mir, daß der Russe mich für einige Tage in den Bunker sperren will. Was soll ich tun?
Der Abend senkt sich kühl und dunkel über die Felder. Bis spät hinein in die Nacht müssen wir Kartoffeln verladen. Der Russe weicht nicht von meiner Seite. Der Inspektor kommt und raunt mir zu: „Paß auf, Kleiner, ich werde den Iwan nachher ablenken, und dann mach, daß du fortkommst!" Er verschwindet schnell wieder.
Als alles aufgeladen ist, befiehlt mir der Russe, mich auf den letzten Wagen zu setzen. Ich klettere hoch. Er selbst fährt mit dem Fahrrad direkt hinter diesem letzten Wagen. Eine Flucht ist also völlig unmöglich. Da sehe ich den Inspektor kommen, der den Russen ablenkt und mit ihm nach vorn zu den ersten Wagen fährt. Schnell springe ich vom Wagen und bleibe in einem Graben liegen.
Schon kommt der Russe und sieht, daß ich geflohen bin. Er fährt die Straße zurück und sucht mich. Zu meinem großen Glück hat er an diesem Tag keinen Hund bei sich. Er flucht und schimpft. Ich wage kaum, mich zu räuspern, obwohl mich ein starker Hustenreiz quält. Nach einigen Minuten gibt er die Suche auf und fährt davon.
Erst nach Mitternacht komme ich völlig erschöpft zu Hause an.
„Wir haben nichts zu essen", sagt meine Mutter. „Du mußt es unbedingt morgen früh noch einmal in aller Frühe versuchen! Am besten noch vor Tagesanbruch!"
„Ich gehe nicht mehr!" sage ich. „Außerdem ist das doch »Klauen«! Warum geht ihr denn nicht?" war meine verzweifelte Frage. Hierbei sei erwähnt, daß unser Vater mit einer schweren Hungerwasser-

sucht im Krankenhaus lag, und es bis Anfang November 1945 keine geregelte Versorgung der Bevölkerung in den Randgebieten um Berlin gab. Meine Mutter konnte sich der großen Gefahr in der damaligen Zeit nicht aussetzen. So war ich als ältester Sohn zum „Ernährer" der Familie geworden.

Deshalb antwortete mir meine Mutter: „Als David hungerte, nahm er auch von den Schaubroten, obwohl es verboten war. Dennoch rechtfertigte ihn Jesus vor den Menschen."

Später las ich die Begebenheit von David und den Schaubroten: *„Zu der Zeit ging Jesus durch die Saat am Sabbat; und seine Jünger waren hungrig, fingen an, Ähren auszuraufen und aßen. Da das die Pharisäer sahen, sprachen sie zu ihm: Siehe, deine Jünger tun, was sich nicht ziemt am Sabbat zu tun. Er aber sprach zu ihnen: Habt ihr nicht gelesen, was David tat, da ihn und die mit ihm waren, hungerte? wie er in das Gotteshaus ging und aß die Schaubrote, die ihm doch nicht ziemte zu essen, noch denen, die mit ihm waren, sondern allein den Priestern?"*

Damals war mir mit der Antwort noch nicht geholfen. Es war unumgänglich, jeden Morgen, ehe die Nebelschwaden verschwunden, auf Strümpfen über die dunklen Felder zu huschen und die tägliche Nahrung heranzuholen. Tagelang — wochenlang — monatelang, ich war am Ende meiner Kräfte. Wenn ich in der Dämmerung in einer Furche lag und hörte ein Nachtkäuzchen schreien, so zuckte ich zu Tode erschrocken zusammen.

„Wir müssen unser Brot unter Gefahr unseres Lebens holen vor dem Schwert in der Wüste."... Monatelang lebte ich so dahin. Dieses mir damals noch unbekannte Gotteswort hätte als Leitwort meines gottfernen Daseins in jenen Tagen gelten können.

In dieser düsteren ersten Nachkriegszeit fallen die Lichtstrahlen der Hoffnung nur spärlich in unseren Alltag. Bei den Siegern erkennen wir ein Fünkchen von Menschlichkeit: Sie haben die kleinen Kinder gern! Wenn sie einen kahlgeschorenen Kinderkopf erblicken, werden die aufgehetzten Soldaten in ihren Herzen weich. Offenbar erinnern sie sich dann an ihre eigenen Kinder oder sogar an die eigene Kindheit. Vor der Hilflosigkeit kleiner Kinder kapitulieren sie. Meinem kleinen Bruder haben wir zwar aus anderen Gründen eine Glatze schneiden müssen, doch dadurch machen wir die Erfahrung, daß es sich „lohnt", Kinder auf Nahrungssuche zu schicken! Für wenigstens einige Wochen geht es uns besser. Die notwendigen russischen Worte lernt man schnell: Chleber = Brot, Maslo = Butter, Mjaso = Fleisch.

Zu Dutzenden überfallen die Kinder die russischen Einheiten und rufen unentwegt: „Du Chleber, Maslo, Mjaso?“ Lachend bringen die Russen dann Brot und Fleisch zum Vorschein und tauschen die Dinge gegen herzhafte „Kinderküsse“! Meine beiden kleineren Brüder ziehen Tag für Tag mit Kochgeschirr und Rucksäckchen zu einem nahe gelegenen Wäldchen, wo die Russen mit ihren Panjewagen kampieren. Ihre Glatzen machen einen nachhaltigen Eindruck auf die Feldwachen. „Kapusta supp“ (Kohlsuppe) mit viel Fleisch, dazu Brot und andere Lebensmittel bringen die beiden heim. Sie ernähren für kurze Zeit die Familie.
Eines Tages jedoch kommen sie ganz traurig nach Hause und ohne Erfolg; die Russen sind abgezogen und haben nur Aschenhaufen an ihren Kochstellen und wertlosen Unrat zurückgelassen. Die kurze Zeit eines „Kinderernährungsfeldzuges“ ist viel zu schnell vorbei. Das graue, düstere Gespenst der nächsten Hungerjahre kommt auf uns zu.
Hunger — Hunger — Hunger — eine unheimliche Macht!

GEFAHRVOLLE HAMSTERFAHRTEN

„Peter geht auf Hamsterfahrt“, so lautete der Titel eines Buches, das uns unsere Mutter einmal vorgelesen hat.
„Was ist denn eine Hamsterfahrt?“ fragte ich.
„Ja, Hamsterfahrten gab es nach dem ersten, großen Weltkrieg. Die Stadtbevölkerung fuhr aufs Land zu den Bauern und tauschte alle möglichen Wertgegenstände gegen Lebensmittel ein. Die Menschen hatten wohl Geld, konnten sich aber dafür in den Geschäften kaum etwas kaufen.“
„Warum konnten sie denn nichts kaufen? Wir bekommen doch alles für unser Geld!“
„Es gibt Zeiten“, antwortete meine Mutter, „da haben die Geschäfte nur wenig Ware zum Verkauf da, und die Lebensmittel sind schnell verbraucht. Darum muß man sich mit anderen Mitteln helfen, um

nicht vor Hunger sterben zu müssen. Durch einen Krieg wird so viel vernichtet, und hinterher fehlt es an den nötigsten Lebensmitteln wie Kartoffeln, Brot, Milch und Fleisch. Diese Dinge muß man sich dann auf dem Lande besorgen oder auf dem »Schwarzen Markt«."

„Schwarzer Markt? Was ist denn das für ein Ort?"

Meine Mutter gab sich große Mühe, es mir durch allerlei Beispiele verständlich zu machen und zu erklären, was ein „Schwarzer Markt" ist und wie man „hamstern" fährt. Doch meine kleine Gedankenwelt konnte es trotzdem noch nicht richtig erfassen. Schließlich gab sie ihre Bemühungen auf und sagte: „Als ich so klein war wie du jetzt, habe ich es auch nicht begreifen können, was Hunger leiden heißt. Erst dann, als ich es nach dem Krieg miterlebte, begriff ich diesen schmerzlichen Zustand."

Es gibt eben Dinge, die der Mensch nur dann versteht, wenn er nicht Zuschauer, sondern Leidtragender ist. Worte, Erklärungen und alle Mittel der Wiedergabe bleiben zu schwach, da ihnen das Wesentliche fehlt: Das Erleben und die Empfindung im Erleben.

Der Lehrter Bahnhof in Nordberlin stand da wie ein römisches Denkmal aus uralten Zeiten. Die rußgeschwärzten Fassaden, die zerrissenen Reste der vier Grundmauern des Hauptbahnhofs ohne Dach und Fenster starrten anklagend zum düsteren Winterhimmel empor. In einer jammervollen Ecke hatten die ersten Hilfskräfte der Eisenbahn aus Brettern eine Bude zusammengebaut, vor der sich jetzt Hunderte von Menschen lagerten. Nirgends stand es geschrieben, und dennoch wußte jeder, daß in dieser unheimlich dunklen Ecke Fahrkarten verkauft werden.

Diese ausgehungerten Kreaturen sind nicht reiselustig, sondern reisebedürftig. Ihr Kampf um Fahrkarten ist ein Kampf gegen den Hungertod. Zu Zehntausenden schwärmen sie täglich über die Peripherie der ehemaligen Reichshauptstadt hinaus aufs Land. Sie überfallen die einsamen Bauerngehöfte wie einst Heuschreckenschwärme Ägyptens Gärten und Felder. Alles, was nicht niet- und nagelfest ist, wird mitgenommen. Selbst Kartoffelschalen stehen keine zehn Minuten unbeobachtet, schon sind sie verschwunden. Jedes nur Denkbare bieten sie zum Tausch an. Einen Perserteppich für einen halben Zentner Kartoffeln, der ihnen dann vielleicht später von der sogenannten „Polizei" abgenommen wird. Man spricht in diesen Tagen davon, daß die Bauern ihre Kuhställe mit einem guten Teppich auslegen würden. Wasserboiler, Radios, Handschuhe, Bekleidung, Uhren, Bohnenkaffee und sonstige Tauschobjekte werden in kleinste Kartoffel-

portionen oder Getreidemengen umgesetzt. Die Menschen, die hier stehen, tragen zerlumpte und schmutzige Kleidung. Sie reißen sich um die heißersehnte Fahrkarte. Von der stolzen Herrenrasse sind nur noch zermürbte, verwahrloste Gestalten übriggeblieben, die durch die geschwärzten Ruinen huschen. Ein beziehungsloser Haufen von Verfolgten und Verfolgern, von Denuntianten und Schwarzhändlern, Gefangenen und Flüchtlingen. Von der so viel gerühmten deutschen Einigkeit ist nur noch der Trieb geblieben, mit allen Mitteln des Erlaubten oder Unerlaubten, ja auch häufig des Kriminellen zu überleben. Alle denken nur noch daran, etwas Eßbares die Kehle herunterrutschen zu fühlen.
Der lange Eisenbahnzug, aus altertümlichen Waggons zusammengestellt, ist weder leer noch voll — er ist gefährlich überfüllt. Alle Trittbretter, die an den Personenwagen der alten Zeit noch an der ganzen Breitseite entlang führten, sind besetzt. In den hochgelegenen Bremserhäuschen, auf den Puffern, ja auf den Dächern ist kaum noch ein Platz zu haben.
Als junger Schüler war es mir ein sehr vergnügliches Abenteuer, während einer Fahrt nach Krakau auf dem Dach mit anderen herumzuspringen. Der Zug bestand aus fünf Wagen. Zwei waren für die polnische Bevölkerung gedacht, und die übrigen waren beschildert mit den Worten: Nur für deutsche Besatzungsmacht!
Obwohl sie vorwiegend unbesetzt blieben, war es den Polen nicht erlaubt, diese Wagen zu betreten. Damals sah ich zum ersten Mal Menschen auf den Eisenbahndächern fahren. Wir empfanden es als einen Mordsspaß und krochen zum größten Erschrecken unseres Gesanglehrers, der uns später schreiend und zwischen den beiden Puffern stehend herunterbeorderte, über das ganze Dach.
Jetzt, im Februar 1946, ist es anders. Das Thermometer zeigt 20° C unter Null. Der Fahrtwind verstärkt diese Eiseskälte erheblich. Oft fallen Menschen vom Trittbrett, weil ihnen einfach die Finger versagen. Aber ich wäre froh, jetzt erst einmal einen solchen Platz zu haben. Vielleicht würden später bei Nauen oder Perleberg einige aussteigen. Verzweifelt blicke ich zu der sich reißenden Menge. Hunderte stehen auf dem Bahnsteig. Ob überhaupt heute noch ein Zug fährt, ist sehr fraglich. Fahrpläne sind völlig zwecklos. Oft bleiben Züge mitten auf der Strecke stehen, wenn die Besatzungsmacht eben schnell für einige Stunden die Lokomotive braucht.
In dieser aussichtslosen Lage klopft eine Hand auf meine Schulter: „Du mitfahrän, Kamerad? — Du wollen mit diese Zug fahrän?“ Ein

russischer Soldat lächelt mich an. Ich blicke ungläubig. „Komm mit, dawai, in Abteil für russisch' Soldat', komm!"
Wieder sitze ich im Abteil für Besatzungsmacht, diesmal aber für sowjetische Besatzungsmacht. Jetzt habe ich kaum Verlangen oder Vergnügen, auf dem Dach herumzutanzen. Ich bin nicht nur im Abteil, sondern dieser Wagen ist der einzig geheizte.
Es ist mir, als hätte mich ein Engel vom Rand der Verzweiflung in eine Oase gebracht. An Engel glaubte ich zwar nicht, doch jemand war daheim geblieben, der viel für den 14jährigen Sohn betete, nämlich meine Mutter. Die sowjetischen Soldaten unterhalten sich lebhaft und laut. An die harte markige Sprache habe ich mich schon gewöhnt.
Der Zug, in dem ich beinahe keinen Platz mehr gefunden hätte, setzt sich langsam in Bewegung. Gleich einem uralten Reptil krauchen die aneinander gehängten, ungleichen Wagen über die ausgefahrenen Schienen. Auf dem scheinbar vorsintflutlichen Monstrum wimmelt es wie bei einem Ameisenhaufen, aber es handelt sich um Menschen außerhalb des Zuges. Mir ist, als träumte ich. Fast habe ich Furcht, aus diesem Traum zu erwachen und mich noch auf dem Lehrter Bahnhof irgendwo im Menschengewoge zu befinden. Es ist aber kein Traum, der Zug fährt! Nur das melodische Klopfen der Räder auf den Schienen höre ich: eins, zwei, drei — eins, zwei, drei — eins, zwei, drei. Über die Weichen rattert der Zug voran. Die bauschige Schneelandschaft ist romantisch geworden. Aus dem geheizten Coupé sieht die rauhe Wirklichkeit, der strenge Winter, die vereiste Landschaft viel milder aus.
„Du haben Hungär, Kamerad?" Der sowjetische Freund zeigt auf seine Magengegend. Hunger — daran denke ich jetzt gar nicht, obwohl ich seit Stunden nichts mehr gegessen habe und der Körper seit Monaten wegen des katastrophalen Ernährungszustandes wie ausgedörrt ist. Und ob ich habe! Aber ich kann ihn nur verlegen anlächeln und mit dem Kopf bestätigend nicken. Vor Freude versagt mir meine Stimme. Alles ist wie ein unerklärliches Wunder. Im geheizten Abteil bei bester Bedienung mit Brot und Fleisch und — ja, auch Zwiebel. Zunächst dachte ich, es würden noch Früchte serviert, als ich die große Schüssel voll abgepellter Zwiebeln sah. Jeder bekam zehn Stück als Vorspeise zugeteilt. Die Soldaten aßen sie wie Radieschen. Ich hielt mich lieber an Fleisch und Brot.
Bei solchen Hamsterfahrten fuhr ich oft bis weit hinein nach Mecklenburg, um Kartoffeln oder Korn zu erbetteln. Stundenlange, an-

strengende Märsche auf vereisten Straßen, monatelange Schmalkost ohne Fett hatten mich abmagern lassen, daß jeder Arzt an meinem Körper ohne Röntgenschirm anatomische Studien hätte treiben können. Nur unter Aufbietung letzter Kräfte erreichte ich immer mein Ziel.

So wankte ich einmal zu einem Bauerngehöft. Der bösartige Kettenhund versuchte den Landstreicher zu vertreiben. Der Hunger aber war stärker. Zitternd kam ich in den Hausflur. Als ich endlich in die Küche hineingelassen wurde, weil man den Bohnenkaffee, den ich bei mir hatte, gern nehmen wollte, mußte ich noch lange warten. Inzwischen wurde auch der Hund in die Küche gelassen. Kameradschaftlich teilten wir uns den Raum. Etwas später kam der Bauer herein. Er schnitt eine Scheibe Brot ab. Ich freute mich über seine Gastfreundlichkeit. Um so größer war meine Enttäuschung, als der Hund den ersten — und alle anderen Brocken zugeworfen bekam. Mir drehte sich der Magen im Leibe um, wie man so sagt. Im stillen hatte ich nur einen Wunsch: Ach, könntest du hier Hund sein, unter dem Tisch liegen und auf die Brocken, die von des Herrn Tisch fallen, warten! Ich beneidete den Hund um jedes Stück Brot. Zynisch meinte der Bauer: „Er mag kein trocken Brot. Ist das nicht komisch? Das Vieh frißt es nur, wenn ich ihm zumindest Schmalz daraufschmiere.“ Mir war das gar nicht komisch.

Ein andermal war meine Mutter wiederum stundenlang umsonst durch Wälder und Felder und einige Dörfer gelaufen. Von Tür zu Tür klang ihr entgegen: „Wir he'm selber nischt!“ Fast wollte ihr der Mut im tiefen Schnee versinken, da betete sie zu Gott, dem Herrn, der schon in so viel Nöten geholfen hatte. Wir beide saßen wieder im Wartesaal der Bahn, die uns diesmal unverrichteter Dinge heimbringen sollte.

„Ich gehe noch einmal hinüber zu der Fabrik“, sagte sie, „vielleicht bekomme ich doch noch etwas für den allergrößten Hunger, damit wir die zwei Tage der Heimfahrt überstehen können.“

Gesagt, getan! Die Mutter stapfte durch den Schnee, bis sie im Gehöft verschwand. Das Weitere erzählte sie mir später. Das Gut hatte von der Ferne wie eine Fabrik ausgesehen. Es wirkte in seiner Verlassenheit wie ein Gespensterhaus. Nichts regte sich. Stallungen, Gesindehäuser und das Herrenhaus schienen ausgestorben.

„Betend ging ich durch eine große geschnitzte Tür. Ich wollte doch zu meinen hungernden Kindern nicht ohne ein Stück Brot zurückkommen.“

War es Sinnestäuschung oder hatte die Hungerphantasie schon ihren Höhepunkt erreicht? Ein Duft von Gebratenem und Gesottenem strömte ihr entgegen. Sie öffnete diese und jene Tür. Alles schien verlassen. Doch dieser intensive Geruch! Meine Mutter folgte ihrem Geruchsempfinden. Plötzlich stand sie in einer Küche. Eine Frau war gerade damit beschäftigt, Pfannkuchen — auch Berliner genannt — zu backen.
Zunächst bemerkte die Frau den Eindringling nicht. Doch dann fuhr sie erschrocken bei ihrer Arbeit zusammen. Im eigenen Haus stand sie meiner Mutter wie ein ertappter Dieb gegenüber. Es war ihr äußerst unangenehm, bei dieser Beschäftigung vielleicht schon längere Zeit beobachtet worden zu sein.
Sofort ging sie zum Angriff über: „Was wollen Sie? Wie kommen Sie hier herein? Scheren Sie sich fort! Was wollen Sie eigentlich?"
„Ach, verzeihen Sie, als ich läutete, hörte niemand, und so ging ich den Flur entlang bis hierher. Ich wollte Sie nicht belästigen, aber ich habe drei kleine Kinder daheim, die fast verhungern. Haben Sie nicht ein wenig, das ich ihnen mitbringen kann?" flehte meine Mutter.
„Ja — ach warten Sie doch einen Augenblick auf dem Flur. Ich komme gleich!" Wurden hier etwa verbotene Waren umgesetzt? Ob diese Frau an der Haustür in der gleichen Weise willig gewesen wäre, meiner Mutter etwas zu geben, ist sehr fraglich.
Die Hausfrau führte meine Mutter in den Keller, in dem zentnerweise Käse lagerte. Offenbar war hier eine Molkerei. Schnell füllte die Frau den Rucksack und die Handtasche mit Käsestücken, welche bei der Produktion zerbrochen waren.
Meine Mutter hatte nur etwas Brot erwartet, aber Gott wollte uns mehr schenken. Man stelle sich vor, zwei große Taschen mit fettreichem Käse. Wieviel Kalorien mehr als bei den sonst so heiß ersehnten Kartoffeln! Meine Mutter war froh, alles tragen zu können. Gott hatte wieder ein Gebet erhört. Und daheim brach ein unbeschreiblicher Jubel aus, als sie die ganze Menge auspackte. Gott ist ein Herr, der Gebete in der allergrößten Not, aber auch im Wohlergehen erhört.
Doch bleiben wir noch eine kurze Zeit in Mecklenburg. Ich bin erneut unterwegs und komme nach Hagenow-Land. Dort wird regelmäßig die Lokomotive vom Zug entfernt. Die nächtlichen Temperaturen sind nur mit arktischer Kälte zu vergleichen, 35° C unter Null. Im Warteraum liegen die Menschen wie Ölsardinen, dicht bei

dicht. Andere hocken schnarchend auf Bänken, Tischen und Stühlen. Selbst in die Fächer des Schanktisches haben sie sich hineingezwängt. An der Tür liegt ein alter zerzauster Mann. Schon viele Male hat er die schwere Bahnhofstür ins Kreuz geschlagen bekommen. Er rührt sich nicht. Ist er schon tot? Oder hat ihn ein todesähnlicher Erschöpfungsschlaf übermannt?

Ein Umschlagplatz gehetzter, entseelter, halb verhungerter, verlauster, zerlumpter, hoffnungsloser Menschen. Immer das gleiche Bild — wie damals in Brünn, nur einige Schattierungen dunkler und elender als 1944. Die Durchhalteparolen an den Wänden sind zwar übertüncht, aber immer noch gut leserlich: „Erst siegen, dann reisen" — „Räder müssen rollen für den Sieg".

Viele Flüchtlinge liegen mit hohem Fieber darnieder. Kinder schreien vor Hunger und Krankheit. Die Luft ist eine einzige Brutstätte für Pest und Bakterien. Auch verirrte und verwaiste Kinder sitzen da, denen Mütter und Familien auf der Flucht abhanden gekommen sind. Im Inferno des Krieges bei irgendeinem Feuerüberfall, bei einem Bombenhagel oder Tieffliegerangriff sind ganze Familien auseinandergerissen worden. Nun liegen sie hier, irgendwo und wissen selber nicht, wie dieser elende Ort heißt. Jeder ist nur mit sich beschäftigt. Einige liegen regungslos wie gefällte Bäume auf schmutziger Erde. Nicht einmal eine Decke haben sie, nur was noch notdürftig am Leibe herumhängt. Seit Monaten können sie diese Lumpen nicht ausziehen. Vielleicht reißt sie ihnen einst ein Totengräber vom Leibe oder sie dienen als Leichentuch. Jeder Quadratmeter in diesem Raum ist ausgefüllt. Typhuskranke und Scharlachkranke liegen neben hustenden, tuberkulosekranken Menschenwracks.

Als ich den Raum betrete, glaube ich, in eine Gurkenfabrik geraten zu sein. Die Luft ist sauer wie konzentrierte, verdunstete Essigsäure. Eine kurze Zeit — keine fünf Minuten — überblicke ich den Elendshaufen, dann fliehe ich in die grausige Kälte zurück. „Lieber erfrieren, als hier ersticken", ist mein einziger Gedanke. Aber diese Nächte dehnen sich furchtbar. Stunden werden zu Tagen. Eine einzige Nacht in unbarmherziger Kälte scheint wie ein ganzer Winter am Polarmeer. Irgendwo muß doch ein Ort sein, um diese Nacht überstehen zu können. Ich schleiche an den Häusern, Baracken und Schienen entlang. Da! — Am Schuppen steht eine Lokomotive unter Dampf! In ihrer Nähe ist es warm. Für einige Stunden bin ich geborgen.

Als die kalte Wintersonne ihre ersten Strahlen über das Land wirft,

kommt aus dem Wartesaal die Menge der Menschen heraus. Bald fährt der Zug. In Ludwigslust muß ich umsteigen. Die jetzt schon erfrorenen Kartoffeln hat mir ein Mann über die Schulter geworfen. Ich werde von der Last mehr geschoben, als daß ich sie trage. Links und rechts neben mir drücken die Menschen so voran, daß ich nicht umkippen kann. Das ist das Gute an dieser Sache. Noch einen Tag und eine ganze Nacht bin ich unterwegs.
Endlich erreiche ich wieder die Vororte von Berlin. Die uns so bekannte S-Bahn (Berliner Stadtbahn) hält an der Endstation. Alles muß heraus. Der Zug fährt nicht weiter. Irgendwo ist wieder eine Notbrücke zusammengebrochen.
Plötzlich erscheint „Polizei" — Männer mit Armbinden und dem Stempel „Hilfspolizei", oftmals die größten Verbrecher! Angeblich sind sie beauftragt worden, für Krankenhäuser Verpflegung heranzuschaffen. Alle Lebensmittel werden beschlagnahmt. Viele fliehen, springen über die Zäune und rennen die Gleise entlang. Ich kann mit meinem Sack nicht fort, denn er ist zu schwer. Da reißt ihn mir auch schon ein sogenannter „Hilfspolizist" aus der Hand: „Beschlagnahmt, mein Junge!"
Am Ziel — und doch umsonst!
Vor Wut beginne ich zu heulen. Ich sehe noch, wie ein anderer wutentbrannt seine Kartoffeln auf die Gleise schüttet: „So, ihr Schweine! Da könnt ihr sie euch einzeln zusammensammeln!"

VOM FEIND GESPEIST

Nicht immer können wir hamstern fahren. Die Tauschobjekte gehen aus, Alle Normen eines zivilisierten Lebens befinden sich in Auflösung. Der Hungertod regiert das ausgebrannte Land. Schwarzhandel, Diebstahl, Gewaltverbrechen, Tauschverkehr und grenzenlose, sittliche Entartungen kennzeichnen dieses Zeitalter. Für ein Brot gehen sogenannte „Ami-Liebchen" mit einem Besatzungssoldaten ins Bett. Wegen einer Raucherkarte erschlägt ein Ehemann seine Frau. Der Vater bestiehlt die Mutter, jugendliche Banden überfallen alte Leute.

Einst stolze Regierungsbeamte werden zu Stummelsammlern. Um diese entwürdigende Art, einige Gramm elenden Tabaks zu erlangen, zu vertuschen, haben sie am Spazierstock einen Nagel angebracht. In einem unbeobachteten Augenblick spießen sie einen verschmutzten Zigarettenstummel auf und nehmen ihn vom Stock. Nervös um sich blickend stecken sie ihn hastig in die Tasche. Andere sind hemmungsloser. Unentwegt, wie schnüffelnde Hunde, suchen sie den Erdboden ab.

Der Winter bringt zum Unglück extrem tiefe Temperaturen. Wir hausen in einem Eispalast. Bis hoch zur Decke funkelt die Wand von kleinen Kristallen. Seit Wochen kann nicht geheizt werden. Einem Menschen, dem die Magenwände vor Hunger wie Feuer brennen, und dessen Schlafzimmerwände durch Eiskristalle glitzern, weil das Feuer im Ofen tagelang in der Zeit des stärksten Frostes nicht brennen konnte, fangen die Sinne an zu schwinden. Gefährlich wird es, wenn der Körper das Stadium erreicht, daß der Schmerz überwunden ist, und sich dafür ein schwindelnd-schwebendes Gefühl bedenklicher Leichtigkeit einstellt, wenn Phantasieträume das Gehirn plagen und das Aufbäumen gegen das Schicksal eines eventuellen Hungertodes nachlassen. Wer monatelang ohne Butter oder andere Fette von kärglichen Rationen — 150 Gramm Brot pro Tag — leben muß und nach dieser langen Entbehrungszeit dann drei Tage lang gar nichts mehr Eßbares zur Verfügung hat, sieht in wilden Fieberträumen Unheimliches auf sich zukommen.

Ich träumte, ich würde einen dunklen, feuchtnassen, unterirdischen Gang zu einer Mühle gehen. Kobolde kicherten mir entgegen. Unverdrossen schritt ich durch ein Labyrinth von unheimlichen Gängen, bis ich zur Mühle kam. Ich sah die Säcke stehen, Geruch von süßem Brot drang in meine Nase. Ich griff zu einem der Brote. Ein Bäcker stand abgewandt an seinem Backtisch und formte Brötchen. Das Brot in meiner Hand war warm und groß, und dennoch konnte ich mich nicht von der Stelle rühren.

Erschrocken fuhr ich in die Höhe. Ich hörte Stimmen. Mir war, als hätte man mich überrascht. Aber es waren nur die Stimmen meiner Brüder, die ich im Dämmerschlaf vernommen hatte. Sie lagen auch in naßkalten Betten und trieben ein grausames Spiel. Einer las dem anderen aus einem Kochbuch vergangener Zeiten vor:

„Man nehme ein halbes Pfund Mehl, zweihundert Gramm Butter..."

„Hör auf! — Hör auf! — Hör auf! Ich kann es nicht mehr hören!"

Der andere hielt sich krampfhaft seine Ohren zu.

„Na, hör doch, wie es weitergeht, das gibt eine gute Butterkremtorte! Hier ist sie abgebildet."

„Hör auf!" — rief der erste, als wäre er von einem Peitschenhieb getroffen. Ich sank wieder langsam in Traumestiefen. Es wurde dunkel um mich. Der schreckliche Winter 1946/47 hielt sein unbarmherziges, frostiges Regiment. Der Hauch am Inlett des Bettes fror zu Eis. Mit Mänteln lagen wir in den Betten, um nicht zu erfrieren. Der Ofen stand seit Wochen wie ein höhnendes, kaltes Mahnmal vergangener Zeiten in der Zimmerecke. Ein eisiger Wind blies durch die Pappverkleidungen am Fenster. Die Tinte in ihrem Behälter hatte eine Eisschicht. Keine Nahrung, ja, keine Aussicht auf Nahrung war da. Trostlose Öde, Zustand eines verzweifelten Lebenskampfes — die Erinnerung aus alten Kochbüchern peitschten die zerrütteten Nerven auf. Die besten Rezepte, von hungernden Kindern gelesen, stillten nicht den schmerzenden Magen, gaben den erschlafften Gliedern keine Kraft. Tag und Nacht lagen wir so, um dadurch die Stunde des unweigerlich auf uns zukommenden Todes aufzuhalten.

Doch eine war anderer Ansicht. Sie glaubte nicht daran, daß das Ende gekommen sei. — Meine Mutter! — „Gott wird uns nicht verhungern lassen."

„Er wird dich mit seinen Fittichen decken, und deine Zuversicht wird sein unter seinen Flügeln. Seine Wahrheit ist Schirm und Schild, daß du nicht erschrecken müssest vor dem Grauen der Nacht, vor den Pfeilen, die des Tages fliegen, vor der Pestilenz, die im Finstern schleicht, vor der Seuche, die im Mittage verderbt. Ob tausend fallen zu deiner Seite und zehntausend zu deiner Rechten, so wird es doch dich nicht treffen."

„Wir wollen zu Gott beten." In unzähligen Gefahren hatte Er schon geholfen. Sie betete sitzend in ihrem Bett, mit einem Mantel bekleidet. Unwillig beobachtete ich sie. Warum noch letzte Kräfte und Kalorien verschwenden? Wozu dieser Unsinn? Wer sollte uns hören? Gott? — Wer ist Gott? Eine Einbildung von alten Weibern und Schwächlingen? So hatten wir es gelernt, und davon war ich jetzt noch überzeugt. Meiner Ansicht nach konnte man das Beten nur in unseren vier Wänden hören. Wie sollte es auch weiterdringen? Nicht einmal der geizige, unbarmherzige Bauer von nebenan oder jene typhuskranke Frau, die über uns wohnte, konnten vernehmen, was angeblich bis zum Himmel, vor den Thron Gottes dringen sollte. Ich hielt das für puren Unsinn. Mißmutig verkroch ich mich unter die schützende, von außen naßkalte Bettdecke.

Meine Mutter betete weiter — bis sie die Kräfte verließen und sie einschlief. Ich war schon wieder in meiner Träumerei von der Mühle. Ein Gang — ein kleiner Gang, nur bis zur Bäckerei, und nichts weiter als Brot, Brot und nochmals Brot! Ach, das war mein sehnlichster Wunsch! Es wäre Himmel auf Erden, meinte ich.
Hart wurde an die Tür geklopft! War es Täuschung? Ratterte der wütende Januarwind an der notdürftig geflickten Tür? Oder klopfte schon der Tod an zum letzten Gang? Aber nein! Wieder ein deutliches Klopfen von harten Händen.
„Mutti, es hat geklopft!" Wie eine Trunkene lallte sie etwas vor sich hin, was soviel bedeutete wie: „Ach, schlaf nur!" Das Pochen ging jedoch weiter. Oder waren es Schneemassen, die vom Dach stürzten? Nein! Ich hörte es jetzt ganz eindeutig, es wurde an die Tür geklopft.
„Mutti, es hat schon wieder . . ."
„Ach, Junge, wer sollte denn . . ." Jetzt hörte sie es ebenfalls. Schnell hastete sie aus dem Bett. Sie eilte zur Tür und öffnete. Schneidend kalt drang der Wind in die Stube. Ich vernahm eine mir bekannte, rauhe Männerstimme. Schreckliche Erinnerungen kamen sofort in mein geplagtes Gehirn. Der Mann, der schon zweimal dafür gesorgt hatte, daß wir aus unserer Wohnung rausgesetzt wurden, stand draußen. Angeblich war er Antifaschist, obwohl er selbst die Parteiversammlungen der Nazis besucht hatte und sein Sohn zur Zeit des Dritten Reiches der Eifrigste in der Hitlerjugend unseres Ortes gewesen war. Meinen Vater, der der Hitlerpartei nicht angehört hatte, belastete er mit der Behauptung, ein Nazi gewesen zu sein. Mein Vater konnte sich ja auch nicht verteidigen, denn er lag seit vielen Monaten mit einer gefährlichen Hungerwassersucht auf Leben und Tod im Krankenhaus. So meinte man, mit uns machen zu können, was man wollte.
Sollte es jetzt zum dritten Mal passieren, daß wir die Wohnung räumen mußten? In dieser strengen Kälte und in unserem erschöpften Zustand konnten wir das doch gar nicht überstehen!
Doch folgendes Gespräch entspann sich an der Tür: „Guten Tag, Frau Müller-Bohn. Haben Sie Hunger?"
„Sie wollen sich darüber doch nicht etwa noch lustig machen?" entgegnete meine Mutter gereizt.
„Nichts für ungut, Frau Müller-Bohn, aber ich wollte Ihnen Kartoffeln bringen. Mein Wagen ist hier zusammengebrochen. Durch den tiefen Schnee komme ich nicht hindurch. Ich glaube, sie erfrieren mir jetzt schon. Ehe ich nach Hause komme und einen anderen Wagen

auftreibe, sind sie ganz erfroren. Wollen Sie die Kartoffeln haben? Ich schenke sie Ihnen!"
Was er noch weiter redete, weiß ich heute nicht mehr. Doch erinnere ich mich, daß man zu damaliger Zeit für einen Zentner Kartoffeln 500 Mark geben mußte. Aber man bekam sie im Winter überhaupt nicht. Der Mann war Mitglied der sogenannten „Hilfspolizei" mit Armbinde. Wahrscheinlich hatte er sie sich auf die damals übliche Art verschafft mit den Worten: „Wir müssen alles beschlagnahmen für Krankenhäuser, Altersheime und Kinderheime!" Auf alle Fälle hätte er diese Kartoffeln bestimmt gern selber gegessen.
Nach Jahren habe ich über dieses Ereignis nachgedacht. Nicht ein frommer Christ, sondern der ärgste Feind unserer Familie hatte an die Tür geklopft. Er mußte die Kartoffeln denen bringen, die sie bitter nötig hatten. Gegen sein eigentliches Vorhaben mußte er den Willen Gottes erfüllen. Wäre man imstande, hier zu sagen: ein großer Zufall? Oder waren es die Gebete der Mutter? Ich bin heute überzeugt, daß es nur die Gebete waren.
Elia, der auch einmal in größte Hungersnot kam, wurde auf den Befehl Gottes hin zweimal am Tag mit Fleisch und Brot gespeist. Gerade von Raben, die es wohl selbst gern gefressen hätten. Gott verläßt die Seinen nicht.
Unsere Freude war unbeschreiblich. Doch Kartoffeln ohne Feuer sind wertlos wie Träume von Gängen zu einer Mühle, denen süßer Brotgeruch entströmt. Unter Tränen opferte meine kleine Schwester ihr über alles geliebtes Teddybärchen zum Anfachen eines Feuers. Die Holzwolle loderte hell auf im alten Herd. Das Feuer wurde in Gang gehalten durch Holzstücke eines schnell zerhackten, alten Kleiderschrankes. Was nützt schon ein Kleiderschrank bei der Gefahr, Hungers sterben zu müssen?
Eine unserer vordringlichsten Arbeiten bestand im Besorgen von Heizmaterial. In alten Ruinen, den von Bomben getroffenen Häusern, sägten wir unter großer Lebensgefahr Balken ab, schleppten sie mit letzten Kräften in unsere Wohnung, um sie dort heimlich zu zerkleinern und unseren Ofen damit zu speisen. Es war zwar äußerst gefährlich, aber die Not trieb uns.
Das Dach einer Scheune hing halb herunter — ein Bombenvolltreffer aus der Kriegszeit. Tiefschwarze Nacht umhüllte das Dorf und das alte Gemäuer, in dem wir wagehalsig herumturnten. Polternd fiel ein Stein zur Erde. Erschrocken blieben wir an einem Balken hängen. Hatte man uns entdeckt? Lauschend verharrten wir mit angespann-

ten Kräften. Totenstille — nur unsere Herzen schlugen. Das Pochen erschien uns so laut, daß wir meinten, alle Nachbarn müßten es hören. Das aber war die Angst, die uns in den Gliedern steckte.
„Weiter! — Es ist alles still.“
„Huuuu huuuuu hu!“ — Wie von einem elektrischen Schlag getroffen fuhren wir zusammen. Wer ruft nun schon wieder? Sind wir entdeckt? Aus dem schemenhaft erkennbaren dunklen Gewirr von Balken und eingerissenen Wänden flattert gespenstisch eine Eule durch die Nacht. Sie hatte es zur Zeit besser als die Menschen. Sie brauchte keine Lebensmittelkarte. Mäuse und Ratten gab es genug zu fressen.
Wir haben unser Ziel erreicht: den großen, breiten Balken. Seit einiger Zeit hatten wir ihn uns schon bei Tageslicht genauestens angesehen. Der Plan war ausgereift. Dieser Balken sollte in der kommenden Nacht geholt werden. Wir begannen mit der Arbeit. Wenn doch nur nicht die Säge so ein lautes Geräusch von sich geben würde! Diese bedrückende Finsternis und Stille sägte mehr an unseren Nerven als wir an dem Balken. Sonst löste sich kein Laut aus der Dunkelheit. Nur das monotone Summen des eisigen Windes umgab uns. Wir fingen von neuem an zu sägen. Ich weiß nicht, ob mein Herzschlag oder das Geräusch der Säge lauter war.
Mein Bruder raunte mir zu: „Warte, Jost, ich gehe auf die andere Seite, da kann ich den Balken besser packen.“
Flink sprang er um mich herum. — Doch was war das? — Plötzlich war er verschwunden! Wie von der Oberfläche hinweggefegt. Ein paar Steine polterten nieder zur Erde.
„Peter!“ — „Peter!“ rief ich verhalten. — — — — Sekundenstille. Dann eine schwache Stimme: „Ich bin durch ein Loch gefallen!“
„Wo bist du denn? Hast du dir weh getan? Bist du verletzt?“
„Nein — ich bin direkt in eine Pferdekrippe gefallen; mitten ins Heu, ganz weich.“
„Mensch, da hast du aber Schwein gehabt!“
Nicht ein blinder Zufall hatte meinen Bruder vor einem schweren Unfall bewahrt, sondern die Güte Gottes.
Noch war die Nacht nicht vorbei. Es galt für uns, etwas zum Essen zu organisieren. Die Besatzungsmacht hatte alle Güter besetzt. Nun zogen wir wieder los. An einer Stelle sahen wir ein sehr schmales Kellerfenster. Der Nachtwind heulte um die Ecke, eine gespenstische Szene wie aus einem Roman von Dostojewski. Die Öffnung war gerade so groß, daß eben der Kleinste von uns Brüdern hindurch-

kam. Mit einem Seil ließen wir ihn hinunter. Es erwies sich als zu kurz. Das letzte Stück sprang er. Ein entsetzliches Gequietsche war bis oben hin zu hören. Das war nicht die Stimme meines Bruders — es war eine große Anzahl von Ratten, die erschrocken auseinanderrannten. Dann wurden die von den Ratten angefressenen Futterrüben mit einem Gefäß hinaufgehievt. Es reichte jedoch nur für einen Tag. Immer wieder mußten wir neue Pläne schmieden, um irgend etwas zu „organisieren" und dem Hungertod zu entgehen.

SCHWEINEFUTTER UND MASCHINENPISTOLENFEUER

„Und er begehrte seinen Bauch zu füllen mit Trebern, die die Säue aßen; und niemand gab sie ihm."

Der Frühling befreite uns von der Qual der fast unerträglichen Kälte. Bis heute ist mir deshalb der Winter ein Sinnbild des Sterbens und des Todes. Obwohl nun die Sonne über die meisten Felder schien und der Wind die letzten Schneefetzen hinwegdunstete, wurde unsere Lage trotzdem schlimmer. Kartoffelmieten und andere kärgliche Lagerbestände gingen viel zu früh zur Neige. Die täglichen Gedanken kreisten nur um ein Thema: Essen und Trinken! Wasser gab es genug, und viele starben an Hungerwassersucht. Aber Essen? — Hunger — Hunger — Hunger hämmerte es in den Nerven, im Blut, im Gehirn, im Magen, im ganzen Körper.

Irgend jemand hat eine neue „Fundgrube" entdeckt. Einige Flüchtlingsfrauen wollen „männlichen" Schutz. Mit meinen 15 Jahren sehe ich wie ein indischer Hungerkünstler aus. Doch wo es was zu holen gibt, bin ich dabei.

Daß wir in völliger Dunkelheit, um vier Uhr in der Frühe, aufbrechen müssen, zeigt mir die Gefährlichkeit des Unternehmens. Wir müssen wieder etwas „organisieren". Über ausgedehnte Rieselfelder schleichen wir dem ehemaligen Rittergut entgegen. Es ist von Militär besetzt. Der Gutshof ist hell erleuchtet.

In einem Jauchegraben vor dem Gutstor liegen viele Berliner. Wie ein Rudel hungernder Wölfe lauern sie in ihrem Versteck. Ihre Fahr-

räder haben sie weiter entfernt abgestellt. Wir haben nur hundert Meter zu laufen. Dort hat man für die Schweine ein Kartoffelsilo in die Erde gemauert. Die erfrorenen und schon halb verfaulten Kartoffeln werden gekocht und dort eingestampft. Dieser unappetitliche Matsch ist das heißersehnte Ziel der hungernden Meute.
Die großen Tore öffnen sich. Ein Soldat kommt heraus und blickt prüfend in das Dunkel der Nacht. Das Blut scheint mir in den Adern zu stocken. Wir alle glauben, wir seien entdeckt. Das überführte Gewissen schlägt mir bis zum Halse. Weil ich den Posten mit seiner umgehängten Maschinenpistole so gut erkennen kann, schließe ich daraus, daß er uns genauso gut sieht. Doch stapft er davon. Wir wagen wieder lauter zu atmen.
Jetzt kommen aus der erleuchteten Toreinfahrt zwei dunkle Gestalten. Sie tragen vorn und hinten an langen Stangen einen dampfenden Kübel — die lang ersehnten Schweinekartoffeln. Langsam nähern sie sich dem Silo. Ihre Umrisse sehen wir wie Schattenbilder. Kaum sind sie wieder verschwunden, da springen die ersten aus dem Versteck dem dampfenden Haufen entgegen. Immer mehr kommen heran. Sie treten in die noch von gestern liegengebliebenen Reste. Es stinkt widerlich sauer und verfault. Mit nackten Händen versuchen alle, möglichst viel zu raffen. Der heiße Kartoffelbrei klebt uns an den Fingern. Im Silo stehen so viele, daß einer den anderen bedrängt. Sie stoßen und schlagen sich und fluchen im Flüsterton. Zwischen den Beinen eines großen, stämmigen Mannes knieend fülle ich meinen Sack. Der Unbekannte ist sehr wütend. Er versucht, mir die Kartoffeln aus der Hand zu schlagen, aber einige erwische ich doch. In Kürze sind die eben gebrachten heißen Kartoffeln verschwunden. Wir müssen unseren Rückzug antreten. Jeden Augenblick könnte die Wache erscheinen. Erneut lauern wir wie mit Luchsaugen in unserem Versteck. — Diese Szene wiederholt sich zwei- bis dreimal. Gerade stehen wir wieder im Schweinefutter und versuchen, so viel wie möglich zu ergattern, da ruft plötzlich einer: „Der Iwan!“ Wie von Taranteln gestochen rennen die Überraschten davon. Der Russe schießt mit seiner Maschinenpistole über unsere Köpfe hinweg. Gefährlich nah zischen die Kugeln an uns vorbei. Ich laufe mir fast die Lunge aus dem Halse, die Flüchtlingsfrauen vor mir her. Zufällig blicke ich mich um. Von einer anderen Seite kommt ein weiterer Soldat gerannt und ist nur noch etwa hundert Meter von uns entfernt. Er will versuchen, billige Arbeitskräfte zu fangen. Ich lasse meinen kleinen Kartoffelsack fallen. Schon verspüre ich seinen wil-

den Atem und höre fremdländische Flüche. Als letzter und erster erhalte ich einen gewaltigen Schlag ins Genick. Ich verliere das Gleichgewicht und falle eine metertiefe Böschung hinunter in einen Jauchegraben. Von oben höre ich, wie die Frauen mit einem Stock jämmerlich verdroschen werden. Ganz still bleibe ich unten liegen, bis einige abgeführt werden und andere sicher entkommen sind. Endlich, als alles vorbei ist, schleiche ich hoch und suche mein Schweinefutter zusammen. Dann geht es ab nach Hause. Daheim werden die Kartoffeln nach dem jeweiligen Geschmack beurteilt: „Äh, die schmeckt nach Schuhcreme — die nach Petroleum! — Die hier schmeckt besser, sie ist nur süß!“ Wenn ich heute intensiv daran denke, könnte ich mich jetzt noch übergeben.

Wochenlang stank es in unserer Gerätekammer nach dem Rucksack und der „Spezialkleidung“ von dem Schweinekartoffelunternehmen. In jener Zeit haben wir sogar einmal Kartoffeln in Schuhöl gebraten, weil keinerlei anderes Fett vorhanden war. Einige Monate später mußten wir Jungen vor einem erbosten Bauern fliehen, dem wir gerade die ersten Mohrrüben vom Felde „ernteten“. Dabei ging es durch hohe Brennesseln und Disteln mit nackten Füßen und Oberkörpern. Zwei bis drei Nächte konnten wir nicht schlafen und uns über eine Woche nicht waschen, so brannte unsere ganze Haut.

SO WIE DER BAUM FÄLLT, SO BLEIBT ER LIEGEN

Eigentlich ist dies ja klar: „So wie der Baum fällt, so bleibt er liegen.“ Wieviel Mühe es aber kostet, einen Baum zu fällen, habe ich vorher nicht gewußt. Für uns galt es nur, Heizmaterial heranzuschaffen. Deshalb zogen wir weit über Felder, um ungesehen einen ganzen Baum zu holen. Unser Werkzeug war nicht das beste. Das Gespenst des herannahenden Winters jedoch machte uns kühn. Eine verzweifelte Mutter begibt sich mit ihren drei unterernährten Söhnen auf den langen Weg. Am Rande eines kleinen Wäldchens beratschlagen wir, wie wir unser Unternehmen — „Holzschwund“ — am besten beginnen.

Zwei von uns werden als Wachtposten aufgestellt, die scharf achtgeben sollen, ob sich etwa der Besitzer des Wäldchens naht. Meine Mutter und ich gehen an die Arbeit. Die stumpfe Säge kreischt. Zentimeter um Zentimeter dringt sie in das feste Holz. Es ist jedoch keine ausgesprochene Baumsäge, sondern nur eine Tischlersäge. Wir haben die Mitte des Stammes noch nicht erreicht, da läßt sich unsere „Minisäge" nicht mehr bewegen. Ich versuche also mit der Axt von der anderen Seite den Stamm zum Fallen zu bringen. Hartklingende Schläge erschallen am Waldesrand. Unsere vorgeschobenen Posten sind aber nicht wachsam genug. Sie wollen Augenzeugen beim Fällen des großen Baumes sein und sind herangeeilt.
Plötzlich brüllt uns eine rauhe Männerstimme an: „Was macht ihr denn da?" Ein Bauer steht mit seinem Fahrrad vor uns.
„Wir haben nichts zu heizen, deshalb holen wir uns hier etwas", ist unsere Antwort.
Der Fremde und die von der Not Getriebenen stehen sich mit gemischten Gefühlen gegenüber. Was wird passieren? Der Bauer kommt einige Schritte näher. Meine Brüder klammern sich ängstlich an meine Mutter. Ein tiefer Graben trennt uns von dem finster dreinblickenden Mann. Er lehnt sein Fahrrad an einen Baum und fragt: „Gehört euch denn das Holz?" — Wir geben keine Antwort.
„Den Baum bekommt ihr ja gar nicht abgehauen mit diesem Werkzeug!" Unwillig schüttelt er mit dem Kopf und winkt ab: „Ach, mir soll's egal sein! Ich habe nichts gesehen, verstanden? Macht, daß ihr fortkommt, sonst passiert ein Unglück!"
Im weichen Sand der märkischen Heide fährt er ein wenig schwankend davon. Wir stehen wie versteinert da. Was sollen wir tun? Ob es ihm wirklich egal ist oder ob er uns jetzt verrät? Unsere Säge ist eingeklemmt. Wir können sie nicht aus dem Baumspalt herausziehen. „Wir arbeiten weiter!" wird beschlossen. Nach einigen Axtschlägen bewegt sich die Säge wieder. Die Späne fliegen munter zur Rechten und zur Linken aus dem Spalt. Die Äste in der Krone beginnen bedenklich zu wackeln, doch nicht durch den Wind, der kaum zu merken ist. Noch einige Sägestriche, und meine Brüder schreien: „Hurra!"
Der Baum stürzt und versinkt im hohen Gras. Wir haben Holz! Im Geiste sehen wir schon das glutrote Feuer in unserem Ofen brennen. Doch die Arbeit ist noch nicht vollendet. Wir versuchen nun, den Baum nach Hause zu schaffen. Das Zerkleinern fällt uns mächtig schwer. Dann bricht auch noch die Deichsel vom Wagen. Haben wir

stundenlang in großer Gefahr umsonst gearbeitet? Wie eine zerbrochene Säule liegt der Baum auf dem Erdboden. Wir waren nicht imstande, ihn nach Hause zu schaffen.

„So wie der Baum fällt, so bleibt er liegen." Gefällte Bäume blühen und grünen nicht mehr. Sie bringen keine Frucht! War unser Leben von Sünden und Werken der Ungerechtigkeit ausgefüllt, werden wir nicht als Heilige vor Gott auferstehen. Menschen, die offenbar unversöhnt und nicht gelöst von ihrer Sündenlast gestorben sind, bleiben liegen wie ein gefällter Baum in ihrem Zustand bis zur Auferstehung.

Auch Menschen, die sich Christen nennen, aber ohne Christus leben, gleichen erstorbenen Bäumen, die zwar noch stolz zum Himmel aufgerichtet sind, aber keine Frucht bringen. Von ihnen sagte Johannes: *„Es ist schon die Axt den Bäumen an die Wurzel gelegt. Darum, welcher Baum nicht gute Frucht bringt, wird abgehauen und ins Feuer geworfen. Ich taufe euch mit Wasser zur Buße, der aber nach mir kommt, ist stärker denn ich, dem ich auch nicht genugsam bin, seine Schuhe zu tragen; der wird euch mit dem heiligen Geist und mit Feuer taufen. Und er hat seine Wurfschaufel in der Hand: er wird seine Tenne fegen und den Weizen in seine Scheune sammeln; aber die Spreu wird er verbrennen mit ewigem Feuer."*

Unser Hunger vor der Erntezeit war so groß, daß wir von allen Bäumen, die auf den Feldern standen, Früchte sammelten. Uns kam es nur darauf an, den Hunger zu stillen, um am Leben zu bleiben. Wochenlang saßen wir wie Stare in Kirsch- und Apfelbäumen, um uns die einzig erreichbare Nahrung zu holen. Meine Zunge war so wund, daß jeder Bissen schmerzte. Ich kann nicht sagen, wieviel Pfund ich täglich gegessen habe.

Ein anderes Mal bewahrte mich die Gnade Gottes vor dem sicheren Tod. An dem Tag wollten wir keine Früchte von den Bäumen holen; der Übermut trieb uns in die Höhe.

„Wer ist der erste in der Spitze der Birke?" Ihre Höhe mochte etwa 12 bis 15 Meter sein. Gewandt wie eine Katze kletterte ich am weißen Stamm empor. Ast für Ast kam ich immer höher. Das äußere Weiß der Birke war jedoch keine Garantie für innere Stabilität. Zwei Drittel der Baumhöhe hatte ich schon erreicht und setzte zum letzten Klimmzug an. Der Ast, an dem ich mich weiter emporziehen wollte, sah äußerlich kräftig und schneeweiß aus. Ich ergriff ihn mit beiden Händen, um mich hinaufzuziehen. Da brach das morsche Holz!

Wer hoch steigt, kann tief fallen. Wie ein plumper Stein sauste ich zur Erde. Hart war der Aufschlag! Als ich wieder zu mir kam, drehte sich der Baumwipfel über mir. Ich konnte mich nicht mehr erinnern, was passiert war.
Meine Mutter und meine Brüder beugten sich über mich.
„Jost! Jost! Lebst du noch? Herr Jesus, hilf doch, ach, hilf doch!" So hallte es durch die Gegend. Das Dorf lag einige Kilometer weit entfernt.
„Ich — kann — nicht — atmen — ich — bekomme — keine — Luft", stieß ich stockend hervor. „Helft — mir — doch! — Ich — er-stik-ke! Helft — mir!" Weiter konnte ich nicht mehr. In meinem Kopf drehte es sich wilder und wilder. Wer acht bis zehn Meter tief fällt, kann schnell ein Opfer des Todes sein. Wie aus weiter Ferne hörte ich meine Mutter flehen und meine Brüder weinen. Es glich einem Echoruf. Sollte ich in meinen Sünden, ohne Frieden mit Gott sterben? Mein Leben war unrein ohne Jesu Vergebung und Gnade. Gefallen, gefallen in Sünden und fertig für die Hölle!
Sie luden mich vorsichtig auf einen kleinen Handwagen. Es war ihnen kaum möglich, mich durch den weichen Heidesand zu ziehen. Meine Mutter betete und schrie innerlich zu Gott, denn sie wußte, daß ihr Sohn keinen Frieden hatte.
Nachdem wir unser Dorf erreicht hatten, brachte mich ein Krankenwagen dann eiligst zur Unfallstation. Die Atembeschwerden hatten etwas nachgelassen. Als ich dann im Röntgenraum lag, waren sie auf einmal gänzlich verschwunden. Nur auf der Brust hatte ich unsagbare Schmerzen. Doch Gottes Gnade hatte mich am Leben erhalten, wie in der Heiligen Schrift zu lesen steht: *„Denn er hat seinen Engeln befohlen über dir, daß sie dich behüten auf allen deinen Wegen, daß sie dich auf den Händen tragen und du deinen Fuß nicht an einen Stein stoßest."*
Nichts hatte ich mir gebrochen, nicht einmal angebrochen. Es waren „Gott sei Dank" nur Prellungen. Dem Herrn sei alle Ehre!
Später habe ich mich noch des öfteren in einem Labyrinth von Hochmut verstiegen und bin dadurch tief in Sünde gefallen. Doch ein Arzt war immer bereit zu helfen: Jesus Christus. Ihm verdanke ich mein Leben.

ENDSTATION FRIEDEN

„Die alten, bösen Lieder,
Die Träume bös' und arg,
Die laßt uns jetzt begraben,
Holt einen großen Sarg."

Das schrieb einst Heinrich Heine, der das Leben der Sünde in vollen Zügen genossen hatte. Auf dem Sterbebett soll er noch Christus als seinen Retter und persönlichen Heiland angenommen haben.

Grausige Bilder waren auf die Bildschicht meiner Seele gefallen. Ich war erst 16 Jahre alt und hatte Bilder der Sünde, des Grauens, Bilder von schrecklicher, tierischer Lust und Bilder des gewaltsamen Todes gesehen. — Ein Film setzt sich bekanntlich aus Hunderten, ja Tausenden von Einzelbildern zusammen.

Meine Augen hatten schon zuviel des Bösen in sich aufgenommen; unzählige Situationen der Menschen in ihrer ganzen Fähigkeit zu sündigen. Ich erlebte den Menschen ohne Maske, schamlos und nackt in seiner Begierde, rücksichtslos in seinem Selbsterhaltungstrieb. Für mich war die Kreatur, die sich Mensch nannte, das Grausamste auf dieser Erde. Man sagt: Bilder bilden uns! Sie verfolgen uns und prägen unser Leben.

Was der unsichtbare, finstere Lehrmeister in Friedenszeiten — sowohl heute wie gestern — den Menschen im Einzelunterricht und in tausend Variationen vermittelt, war in meiner Jugendzeit kein Geheimnis.

Schon Jesus sagte: *„Denn aus dem Herzen kommen die argen Gedanken: Mord, Ehebruch, Unzucht, Dieberei, falsch Zeugnis, Lästerung. Das sind die Stücke, die den Menschen unrein machen."*

So vieles hatte ich aus nächster Nähe miterlebt: Werke der Sünde und der Finsternis. Ich wurde zu aller Bosheit und Ungerechtigkeit geformt durch die Eindrücke der Umwelt. Die innewohnende Sünde wurde offenbar. Meine Mutter fürchtete sich vor mir und meinem eingeschlagenen Lebensweg.

Obwohl die Zeiten sich allmählich normalisierten, blieb es in meiner Seele finster. Verfolgt vom bösen Gewissen fand ich den Ausweg nicht, mich von der belastenden Vergangenheit zu lösen. Innerlich war ich zerrissen und voller Unfrieden.

Aus der Tiefe meiner Seele aber kam ein Verlangen nach Frieden,

Oben: Nur Ruinen, Not und unvorstellbares Leid sind von der Illusion d
1000jährigen Reichs geblieb
Unten: Dresden nach dem Luftangriff am 13. Februar 19
Blühende Stadtteile versanken in Schutt und Asche. Bei der unbeschreiblich
Hitzeentwicklung schmorten die Menschen gräßlich zusamm

Glück und Freude. Nirgends fand ich Ruhe. Das allgemein gepriesene, anständige Bürgertum mit seinen für mich wie Phrasen anmutenden Parolen: „Edel sei der Mensch, hilfreich und gut“ oder: „Tue recht und scheue niemand“ machte auf mich keinen Eindruck mehr. Vor meinen Augen sah ich die Personen, zum Beispiel jene Frau, die in der Zeit der Enthemmung Kompaniehure bei den Soldaten für Schnaps und Zigaretten gewesen war, oder jenen Ehemann, der inzwischen im Ort eine angesehene Stellung erworben, aber zur Notzeit um einiger Zigaretten willen seine Frau den Russen überlassen hatte. Dann den biederen Geschäftsmann, der seine Tochter verkuppelte, um Speck und Schinken zu erwerben. Jetzt ging er wieder brav in die Kirche. Der Kohlenhändler, der nur Naturalien als Bezahlung für das so nötige Brennmaterial nahm und sich anderen gegenüber damit entschuldigte, daß die großen Versorgungsschwierigkeiten an allem schuld seien, widerte mich an. Sie alle waren mir keine Vorbilder. Auch jener „Hilfspolizist“, der sich schamlos meine teuer erworbenen Kartoffeln mit dem fadenscheinigen Hinweis auf behördliche Autorität angeeignet hatte, blieb für mich ein Dieb und Betrüger trotz seines Parteibuches!
Wie sollte es nun mit mir weitergehen? Wo würde mein Weg einst enden? Wer konnte meine Sehnsucht stillen, mir Frieden geben für die unruhige Seele und meine Vergangenheit mit den greulichen Eindrücken auslöschen?
Kein Mensch, keine Gesellschaft mit menschlichen Ideologien und Systemen, niemand wäre dazu in der Lage gewesen. Wer hätte mir eine Antwort auf die Frage nach dem Sinn des Lebens geben können? In mir bohrte und wühlte die Finsternismacht — die Sünde!
„Sünde“ — ein altmodisches Wort? Es ist wieder sehr modern geworden. Seit Beginn der Weltraumforschung mit ihren Raketenschiffen ist das Wort „Sünde“ hochmodern! Es bedeutet nämlich nichts weiter als: „Zielverfehlung!“

Raumschiff in Not

Aus dem dramatischen Raumfahrtunternehmen Apollo 13 kann man gewisse Parallelen zu unserem Lebensweg erkennen. Wir gehen nicht über diese Erde, sondern von dieser Erde! Wohin? — das ist die entscheidende Frage. Wir alle sind von Gott ausgegangen, wir alle

müssen zu Ihm zurückkehren; ob zur ewigen Herrlichkeit oder zur ewigen Verdammnis, liegt in unserer Hand.
Die turmhohe Weltraumrakete Apollo 13 hängt, vom Geflecht einer Stahlkonstruktion umgeben, an der Startrampe. Man hat sich schon an den „perfekten Start" der Raketen gewöhnt. Es ist die Geburtsstunde eines neuen Himmelabenteuers. Wie viele Gefahrenmomente liegen wohl zwischen Start und Landung? Welches ist das ersehnte Ziel? Zehn Millionen Einzelteile sind bei der Fertigstellung dieses Wunderwerkes der Technik auf einwandfreie Beschaffenheit und Funktionstüchtigkeit überprüft worden. Die lebensnotwendigen Systeme des Raumschiffes sind doppelt und dreifach ausgelegt. Maßarbeit der Technik! Triumph menschlichen Geistes!
Trotz höchster Präzisionsarbeit bei der geformten Materie bleibt die Seele des Unternehmens der Mensch.
Jahrelange Spezialausbildung, hartes Körpertraining und Ausbildung für mögliche Notsituationen sind die Vorbedingungen für den Ruhm der Astronauten. Jede freie Minute wird genutzt, um den Körper in Hochform zu bringen und ihn darin zu erhalten. Der Flug kann beginnen — Zigtausend Schaulustige erleben die Geburtsstunde eines neuen Weltraumunternehmens. Die Countdown-Uhr zeigt: 10 — 9 — 8 — 7 — 6 — 5 — 4 — 3 — 2 — 1 — 0 Sekunden. Unter erdbebenähnlichem Dröhnen erhebt sich die große Rakete. Bald ist sie den Augen der Zuschauer entschwunden.
Zunächst ereignet sich nicht viel — „Ein hübscher, ruhiger Flug", gibt das Raumfahrtkontrollzentrum bekannt. Oft genug ist es erprobt — dennoch bringen mögliche Gefahrenmomente immer neue Spannungen in den Ablauf. Die Astronauten sind sich dessen bewußt. „Eines Tages", sagte Frank Borman, der mit Lovell zusammen als erster den Mond umkreist hatte, „werden ein Astronaut oder zwei nicht wiederkommen. Ich weiß nicht, ob es dann einen Aufschrei geben wird oder nicht."
„Wir kennen diese Risiken", sagen die Wissenschaftler, und die Astronauten bekennen: „Sterben gehört zu unserem Beruf, und das erschüttert uns nicht. So wenig wie uns, wenn wir auf den Autobahnen fahren, die Tatsache erschüttert, daß Hunderte von Personen beim Fahren umkommen." Solange kein Mißerfolg eintritt, ist der Mensch unbekümmert. Doch was geschieht, wenn wir dem Tod ins Angesicht schauen müssen?
Apollo 13 zog seine Bahn. Schon 300 000 Kilometer war die Rakete von der Erde entfernt. Sie steuerte einem hohen Ziel entgegen. Zu

dritt saßen sie im lebenswichtigen Raumschiff — und dennoch: „Immer wieder stelle ich mir vor: Wir sind einsame Reisende von einem fernen Stern", bekannte der Astronaut James Lovell.
Mit einem Schlag wurden plötzlich die Astronauten, die Wissenschaftler im Kontrollzentrum und später alle Welt wachgerüttelt. Aus dem Raumschiff kam der Funkspruch: „Wir haben ein Problem!" „Hier hat es einen ziemlich großen Knall gegeben." Eine Explosion von innen nach außen erfolgte — der große Knall: das erste Drama auf Leben und Tod in der Tiefe des Weltenraumes. Die lebenswichtigen Brennstoffzellen 1 und 2 sanken auf Null, die Zeiger bekundeten auf den Meßskalen einen rapiden Druckabfall in einem der Sauerstofftanks. Diese Aggregate sind in dreifacher Hinsicht entscheidend: sie liefern elektronische Energie für alle an Bord befindlichen Systeme, Trinkwasser und Wasser zum Kühlen der Systeme und schließlich Sauerstoff zum Atmen.
Doch so schnell lassen sich die Astronauten nicht erschüttern, wenigstens zeigen sie es nicht. Mit Betriebsamkeit und hektischer Eile überspielen sie die Angst. Sie drücken sie in das Unterbewußtsein. Lakonisch ruft Lovell aus dem Weltraum: „Wir haben die Rückfahrkarte verloren!" Deutlich steht es vor ihnen: „Sterben gehört zu unserem Beruf!"
Was dann? — Wohin?
Aber noch ist Hoffnung. Im Kontrollzentrum strömen Techniker, Wissenschaftler und andere Astronauten zusammen. Alle Anstrengungen sind nun auf die Rettung der im All „Verlorenen" gerichtet. Millionen beten. Die Zeitungen schreiben in großen Überschriften: „Stunde der Hoffnung!"
Daneben erscheint die Abbildung der „Betenden Hände" von Albrecht Dürer. Tröstende Worte werden vom Kontrollzentrum gefunkt: „Seid getrost, wir holen euch heim!"
Verhaltungsmaßregeln werden getroffen. Zwei Mann müssen in das Rettungsboot — die Mondlandefähre —, einer verharrt in eisiger Kälte in der Kommandokapsel. Lichtlos, wie in einem kalten, dunklen Luftschutzkeller, wartet er auf neue Anweisung zur Rettung. Die bislang aufsehenerregendste Rettung aus schwierigster Situation bei bemannter Raumfahrt ist nicht den Leistungen der Astronauten zuzuschreiben, obwohl sie alle Kraft daran setzten, ihr Leben zu erhalten, sondern der geballten Macht von menschlichen und elektronischen Gehirnen in der Bodenstation. Die glückliche, präzise Landung, das Gebet an Bord des Flugzeugträgers und die Verleihung

der höchsten Auszeichnung durch den Präsidenten der USA sind der überglückliche Abschluß dieser dramatischen Rettungsaktion.

Das letzte, schwierigste Manöver, das Finden und Durchdringen des nur etwa 25 Kilometer breiten Einflugschlauches, der „schmalen Pforte", war gelungen. Der Hitzeschild hatte die Astronauten vor einem höllischen Flammentod bewahrt. Wären sie im falschen Winkel in die Erdatmosphäre eingeflogen, so hätte es für sie ein Vorbeifliegen an der Erde und einen Stoß ins All ohne Rückkehr gegeben. Wäre das Raumfahrzeug zu steil in die Erdatmosphäre hineingesteuert, hätten sie unweigerlich verbrennen müssen.

Jesus Christus sagt: „Gehet ein durch die enge Pforte; denn die Pforte ist eng und der Weg ist schmal, der zum Himmel führt!"

Diese Raumfahrt gleicht dem Countdown unseres Lebensweges. Mit der Geburtsstunde werden wir in den „Weltraum" dieser Erde gesetzt. Die Spanne zwischen Geburt und Tod ist unser so wichtiges Leben. Zunächst scheint es bei den meisten ein „hübscher, ruhiger Flug" zu sein. Es ereignet sich nicht viel. Doch welchem Ziel steuern wir entgegen? — Vom Schöpfer sind uns beste Voraussetzungen gegeben. Unser Körper, ein Wunderwerk in der gesamten Schöpfung, aus zig Millionen lebenswichtiger Zellen und einem unübertroffenen Funktionssystem ausgerüstet, ist göttliche Maßarbeit des Schöpfers. Die Betriebsstoffzellen sind mit Energie geladen, doch muß der Geist Gottes das Zentrum und die Seele des menschlichen Körpers sein. Aber es kommt anders. Plötzlich heißt es: „Wir haben ein Problem!" „Hier hat es einen ziemlichen Knall gegeben!" Wodurch auch immer dieses Problem oder der Knall im Leben kam, unser Raumschiff gerät ins Schwanken. Es läuft Gefahr, am Ziel vorbeizuschießen. Auch in meinem Leben bahnte sich eine Katastrophe an.

Sünde heißt in der Übersetzung einfach „Zielverfehlung!" Womit auch immer die Notsituation im Leben begann, ob in der Ehe, im Beruf — durch Krankheitsnöte, durch gestörte Beziehungen in der Verwandtschaft, durch Lebensumstände verschiedenster Art oder sonstige Leiden —, wir schießen am Ziel vorbei! Schnell erlöschen die notwendigen Lebensenergien — die Sünde ist der Menschen Verderben.

Millionen haben die Rückfahrkarte zum Paradies verloren. Sie treiben einsam und verlassen im Weltenraum. Das Raumschiff ihres Lebens steuert an der engen Pforte vorbei, wenn sie nicht die Stimme vom „Kontrollzentrum", dem Throne Gottes hören. Doch Sterben gehört nicht zu unserem Beruf: *„Meinest du, daß ich Gefallen habe*

am Tode des Gottlosen, spricht der Herr Herr, und nicht vielmehr, daß er sich bekehre von seinem Wesen und lebe?"
Christus ruft uns zu: „Sei getrost, Ich will dich erretten! Achte nur streng auf Meine Anweisungen! Es ist die Stunde der Hoffnung — Rettung für Hoffnungslose!"

Ich befand mich auf meinem jugendlichen Lebensweg, als mein „Raumschiff" von innen her ein riesiges Loch erhielt. Der Lauf meines Lebens hatte weder Inhalt noch Ziel. Einsam und kalt war es um mich, auch bei hochsommerlichen Temperaturen.
Meine Mutter sah die große Gefahr, in der ich zur Zeit schwebte und die mich unweigerlich ins ewige Verderben steuern würde. Unermüdlich betete sie für mich und wußte, daß nur Christus allein meine Rettung sein konnte.
Eines Tages sagte sie zu mir: „Willst du mich nicht heute abend begleiten?"
„Wohin?" fragte ich mürrisch.
„Zu einer Bibelstunde. Bei Familie Sp. im Hause ist ein Gottesdienst. Ich würde mich sehr freuen, wenn du einmal mitkämst." Dabei sah mich meine Mutter mit flehenden Augen an.
„Geht Erich auch in diese komische Stunde?" Erich sah ich als meinen Freund an, und der hatte sich vor kurzer Zeit bekehrt, was ich aber noch nicht wußte.
„Ja", sagte meine Mutter mit Hoffnung und Freude in der Stimme. „Erich ist auch da und wird sich gewiß freuen, wenn du mitkommst."
Doch welch unerwartete Reaktion! Es war die Stunde Gottes, Seine vorausschauende Liebe, die mich seit Lebensbeginn bewahrt und durch alle Gefahren während der zurückliegenden Jahre in Deutschland, Polen, der Tschechoslowakei und wieder in Deutschland sicher geleitet hatte. Sie umgab mich auch in dieser Stunde und machte mich unsicher in der Antwort; denn zu anderen Zeiten hätte ich meiner Mutter bestimmt eine solch harte, ablehnende Antwort erteilt, daß sie nicht mehr gewagt hätte, mich um ein Mitgehen zur Bibelstunde zu bitten.
Ich dachte nur, wenn Erich dort hingeht, kann es für mich ja nicht gefährlich sein. Wenn ich einmal mitgehe, werde ich vielleicht das nächste Mal nicht mehr belästigt.
„Gut, ich komme mit", sagte ich mit einem geringschätzigen Unterton. Im stillen nahm ich mir jedoch vor, in dieser „Versammlung"

meinen Unmut durch Stören zum Ausdruck zu bringen. Den Pfaffen wollte ich ärgern und die „Herde Frauen" durcheinanderbringen. Dann werden sie mich ein zweites Mal nicht mehr einladen! Sollen die doch allein ihre fromme Stunde halten!
Der Abend kam. Wir mußten in das Haus einer Bäckerei. Dort fand in einem Raum mit alten Polstermöbeln, Familienbildern an den Wänden, einer altmodischen Wanduhr mit Gong und einem Klavier die „Versammlung" statt. Obwohl ich sonst mit meinem Mundwerk immer vornean war, heute verkroch ich mich in die hinterste Ecke. Es war mir behaglicher, aus dem Hinterhalt schießen zu können. Die „fromme Stunde" begann. Ein Fremder, den ich bisher noch nicht in unserem Ort gesehen hatte, war der „Pfaffe". Er entsprach allerdings in keiner Weise meinen Vorstellungen. Er hatte keinen Talar, keinen Stehkragen oder sonstige Utensilien, die im allgemeinen zu Pfarrern gehören. Er predigte in Zivil und unterschied sich keineswegs von den normalen Bürgern. Nur die Bibel hielt er in der Hand und las daraus vor. Seine Gebete waren keine auswendig gelernten Verse. Er betete frei und sprach direkt mit Gott per Du, als hätte er Ihn persönlich vor sich.
Für mich war das seltsam. Als er die Worte der Heiligen Schrift in seiner einfachen und ungekünstelten Art auslegte, wurde mir heiß und kalt. Ich hatte den Eindruck, als würde er mein Leben kennen und nur zu mir sprechen. Eine Stinkwut stieg in mir hoch. Dann hatte ich meine Mutter schwer in Verdacht, daß sie dem Pfarrer schon vorher alles über mich erzählt habe. Ich nahm mir Böses im Herzen vor. Doch nun erwähnte er sogar Dinge, die ich meiner Mutter nicht anvertraut hatte. Woher waren sie ihm bekannt? Selbst von Erich konnte er es nicht erfahren haben! Was ging hier vor? Mir war unheimlich zumute. Meine Störversuche hatte ich ganz vergessen. Hier begegnete mir etwas Außergewöhnliches, was nicht mit normalen Kräften erklärt werden konnte. Ich kam aus dem Staunen nicht heraus. Die Bibel war für mich bis zu dieser Stunde ein „Altweiberfabelbuch" gewesen. Mir gingen die Augen auf, wie modern und realistisch sie für mich war. Mein Leben schien in ihr aufgezeichnet zu sein. Bei aller Härte in ihrer ungeschminkten Aussage und ihrem kompromißlosen Urteil über meine sündige Vergangenheit ließ sie dennoch die Liebe Gottes in ihrer Größe vor meinen Augen offenbar werden. Ganz überwältigt und wie gefesselt saß ich im Raum. Ich sah nur noch den Redner, der die Botschaft des Abends brachte. Meine respektlose Neugierde war verschwunden.

Viel zu schnell war der Vortrag zu Ende. Ich hätte noch stundenlang zuhören können. Das Abschlußlied ergriff mich ebenfalls mit seinem Inhalt:

„Ich bin durch die Welt gegangen,
Und die Welt ist schön und groß,
Und doch zieht ein heiß' Verlangen
Mich weit von der Erde los.

Ich habe die Menschen gesehen,
Und die suchen spät und früh;
Sie schaffen, sie kommen und gehen,
Und ihr Leben ist Arbeit und Müh'.

Sie suchen, was sie nicht finden
In Liebe und Ehre und Glück,
Und sie kommen belastet mit Sünden
Und unbefriedigt zurück.

Es ist eine Ruh' vorhanden
Für das arme, müde Herz,
Sagt es laut in allen Landen:
Hier ist gestillt aller Schmerz.

Es ist eine Ruh' gefunden
Für alle, fern und nah':
In des Gotteslammes Wunden,
Am Kreuze auf Golgatha."

Das Amen nach dem Schlußgebet wurde gesprochen. Die alten Mütterchen verabschiedeten sich und verließen eine nach der anderen den Raum. Ich auch. Als ich auf dem Hof stand, war es Nacht.
„. . . und Judas ging hinaus und es ward Nacht!"
Wie ein ausgestoßener Judas kam ich mir vor. Die äußerliche Finsternis, die mich umgab, war bei weitem nicht so schlimm wie die in meinem Herzen. Mir war von dieser Stunde an bewußt, daß ich auf diesem Weg nicht weitergehen durfte, wenn ich nicht in die ewige Verdammnis — genannt Hölle — gelangen wollte. Das Lachen war mir vergangen. Der Geist Gottes arbeitete an meiner Seele und zeigte mir, daß ich etwas unternehmen mußte. Aber was und wie?

Von der Bibel kannte ich viel zu wenig, im Grunde genommen gar nichts. Was tun? Ich kehrte um und ging zu dem Mann, der so eindringlich zu mir gesprochen hatte. Ich traf ihn schon im Flur in Hut und Mantel.

„Herr Pfarrer, ich wollte Sie noch einmal sprechen", sagte ich zu ihm.

„Ich bin kein Pfarrer, aber zu einem Gespräch bin ich gern bereit", antwortete er und legte Hut und Mantel beiseite. Offensichtlich hatte der Fremde für mich etwas Zeit.

„Was willst du denn?" fragte er nun. Ja, was wollte ich eigentlich? O Schreck, ich wußte wohl, daß sich in meinem Leben etwas ändern mußte, aber es war mir nicht möglich, es in Worte zu kleiden. Wer konnte mir jetzt zu Hilfe kommen?

Der Mann wußte, was mir fehlte. Er las einiges aus seiner Bibel und erklärte mir daran den Weg Gottes, der auch mich zum Frieden, zum Hafen der Ewigkeit bringen könnte. Er zeigte mir Christus, den großen Versöhner zwischen Gott und uns Menschen.

„Wie viele ihn aber aufnahmen, denen gab er Macht, Gottes Kinder zu werden ..." Es fiel mir wie Schuppen von den Augen: nicht nur eine Kreatur Gottes, nein, sogar Sein Kind sollte ich werden!

„Wer zu mir kommt, den werde ich nicht hinausstoßen ...", sagt Jesus. Unbegreiflich, mich argen Lumpen, der ich nur Schlechtes im Sinn hatte! Aber das sollte mir alles genommen werden, die Lumpen der Sünde!

„Wenn wir unsere Sünde bekennen, so ist er treu und gerecht, uns die Sünden zu vergeben und uns zu reinigen von aller Untugend."

O Gott, ist das zu fassen? Sollte es wirklich für mich diesen Ausweg, diese Rettung geben?

„Siehe, ich stehe vor der Tür und klopfe an." — Mein Pulsschlag hämmerte mächtig in Hals und Schläfen.

„Glaubst du, daß Jesus dir heute deine Sünden vergeben kann?" fragte mich der Prediger.

„Ja", würgte ich heraus.

„Glaubst du, daß Jesus dich durch Seine Kraft umwandeln und aus dir eine ganz neue Kreatur machen kann? In der Bibel steht nämlich geschrieben: »Ist jemand in Christo, so ist er eine neue Kreatur, das Alte ist vergangen, siehe es ist alles neu geworden.«"

„Ja", war wiederum meine kurze, aber ehrliche Antwort.

„Kannst du glauben, daß Er uns hören wird, wenn wir jetzt niederknien und Gott anrufen?" fragte mich der Prediger.

Ich nickte und sagte noch: „Ja, ich glaube."

„Gut, dann wollen wir beten."
Ein nicht geringer Schreck fuhr mir in die Glieder. Beten? — Wir? — Ich kann doch gar nicht beten! — Was soll ich jetzt tun?
Sicher erkannte der Prediger, was mich bewegte, und so sagte er beruhigend: „Beten heißt nichts anderes, als zu Gott sprechen wie ein Kind zum Vater. Sag' Jesus all deine Not und bring Ihm deine Bitten!"
Wir knieten nieder. Der Prediger betete zuerst, danach brachte ich in knappen Worten mein Anliegen vor. Ich bat zuerst um Vergebung meiner Sünden. Es waren nur wenige Worte, die ich machte, aber welch' eine Wirkung!
Es wurde mir viel wohler ums Herz. Ich fühlte mich um vieles erleichtert.
„Einen guten Rat möchte ich dir geben. Lies täglich in der Bibel, bete zu Gott und komm weiterhin in die Gottesdienste!" So verabschiedete der Bote Gottes mich.
Ich ging wieder in die Nacht hinaus. Doch jetzt fühlte ich mich anders. Die Bedrückung war fort. Hatte ich etwas vergessen? Mir war so leicht zumute. Ich war beschwingt, als ich die einsame Dorfstraße entlangging, auf der ich so viel erlebt hatte in der hinter mir liegenden Zeit. Hatte etwa die Anziehungskraft der Erde nachgelassen? — Ja! Geistlich gesehen ja! Die Macht der Sünde zog mich nicht mehr zu Boden. Die Last der Schuld brauchte ich nicht mehr zu tragen!
Ich fing an zu springen und zu laufen wie ein eben aus der Haft entlassener Gefangener. Befreit von der Sünde! Befreit aus der Sklaverei des Teufels!
Rettung durch das Kreuz von Golgatha! Frieden mit Gott! — Eine unbeschreibliche Freude und Verwandlung ist in meinem Herzen! Vor einigen Stunden noch ein Knecht der Sünde und bösen Gedanken, und jetzt frei und ledig durch Jesus Christus.

Ganz außer Atem kam ich zu Hause an. Meine Mutter wartete noch auf mich und stand mir nun gegenüber. Ängstlich forschend blickte sie mich an. „Was hat der Gottesdienst wohl für einen Eindruck auf ihn gemacht?" schien ihr Gedanke zu sein.
„Mutti, wann ist der nächste Gottesdienst?" fragte ich spontan. Dann stiegen uns beiden Tränen, heiße Tränen in die Augen. Ein Wunder war geschehen im Herzen des großen Sohnes. Alles lag hinter mir, alle grausamen Eindrücke der Vergangenheit.

„Siehe, ich mache alles neu!" hat Jesus verheißen. Wir weinten vor Glück und Freude. Frieden mit Gott! Die Fesseln der Sünde waren zersprengt!
Ein neues Leben begann, ein neues Herz, ein neuer Geist, ein neues Lied! Das Lied von Golgatha klingt auch in meinem Leben:

„Durch manche Länderstrecke trug ich den Wanderstab;
Von mancher Felsenecke schaut ich ins Tal hinab.
Doch über alle Berge, die ich auf Erden sah,
Geht mir ein stiller Hügel, der Hügel Golgatha.

Er ragt nicht in die Wolken mit eisgekrönter Stirn,
Er hebt nicht in die Lüfte die sonn'ge Alpenfirn.
Doch so der Erd' entnommen und so dem Himmel nah
Bin ich noch nie gekommen, wie dort auf Golgatha.

Dort schlägt der stolze Heide still büßend an die Brust;
Des Schächers Todesleide entblüht dort Himmelslust!
Dort klingen Engelsharfen ein selig Gloria,
Die Ewigkeiten singen das Lied von Golgatha.

Dorthin, mein Erdenpilger, dort halte süße Rast;
Dort wirf dem Sündentilger zu Füßen deine Last!
Dann geh und rühme selig, wie wohl dir dort geschah;
Der Weg zum Paradiese geht über Golgatha."

Nachwort

Diese Ereignisse, die heute von der heranwachsenden Jugend, die andere Probleme kennt, kaum verstanden werden, sollen uns aufrufen, mehr denn je unsere Kräfte dem Frieden zu widmen. Nur der Friede Gottes, der höher ist als alle menschliche Vernunft, kann uns bewahren und erhalten.
Die geschilderten Erinnerungen sollen in keiner Weise alte Wunden aufbrechen, irgendeinen Rassenhaß oder gar Vergeltungstriebe in uns wecken.
Nach bereits 25 Jahren ist versucht worden, alle Begebenheiten wahrheitsgemäß und in objektiver Weise wiederzugeben. Der Leser wird bemerkt haben, daß große Teile der Lebenszeugnisse in persönliche Rede und in die Gegenwartsform gesetzt worden sind. Natürlich ist es ausgeschlossen, nach den vielen Jahren, die inzwischen vergangen sind, alle geführten Reden wortwörtlich und genau niederzuschreiben. Hierbei erweist es sich, daß unser Gedächtnis unvollkommen ist. Daß diese Gespräche sinngemäß stattgefunden haben, sei hier nur kurz unterstrichen und erwähnt. Die beiden Berichterstatter sind von der Tatsache überzeugt, daß ihre Bewahrung unverdiente Gnade ist und sie denen in keiner Weise etwas voraus haben, die Leid, Not oder gar den Tod erleiden mußten. Man könnte dem ebenso Beispiele entgegensetzen, in denen überzeugte Atheisten gleichfalls „mit heiler Haut" davongekommen sind, während bekennende Christen ihr Leben lassen mußten.
Die Antwort auf die Frage nach dem „Warum" werden wir in diesem Leben nicht ergründen können. Dieses Buch sollte aber gerade zwei-

felnde Menschen anregen, sich dem allmächtigen Gott zu stellen und vor seiner uneingeschränkten Macht zu kapitulieren.
Angesichts der unzähligen Opfer des vergangenen Krieges gedenken wir in Dankbarkeit der Gnade Gottes, die dennoch in vieler Menschen Leben wirksam wurde. Es ist nicht unser Verdienst, daß wir diese Zeit relativ sicher und besser überstanden haben als jene. Wir haben kein Recht, es als selbstverständlich hinzunehmen, zumal es eine große Anmaßung gegenüber Gott und Menschen wäre, alles als selbstverständlich oder „undefinierbares Schicksal" anzusehen. Wir alle haben gleichermaßen Zorn – oder auch Schutz verdient. Letzterer aber ist abhängig von dem persönlichen Verhältnis zu Jesus Christus, dem allein die Ehre gebührt.

In einem weiteren Werk greift der Verfasser die Geschehnisse des zweiten Weltkrieges auf:

Bleib du im ew'gen Leben – mein guter Kamerad

TELOS-Paperback Nr. 2069, 232 Seiten, DM 19.80

Über vierzig Jahre sind vergangen, seit am Morgen des 1. September 1939 die ersten Schüsse den zweiten Weltkrieg einleiteten. Viele Wunden sind verheilt, manche Grauen fast vergessen, leider aber auch Gottes Güte und Erbarmen, die in vielen Einzelschicksalen sichtbar geworden sind.
In diesem Werk soll keinem Menschen ein Heldendenkmal gesetzt werden, sondern hier wird aufgezeigt, wie überzeugte Christen an der Front und in der Heimat unter Gottes schützender Hand den Krieg erlebten.
Ein Buch, das sehr spannend geschrieben ist, das jedoch auch vor allem den Leser zum Nachdenken über das Geschehen an der Front und in der Heimat bringt.
Nicht nur diejenigen, die diese Zeit miterlebten, werden von diesem Buch gepackt sein. Es wird auch den, der all dies Geschehen nur noch aus der Geschichte kennt, darauf hinweisen, daß Jesus Christus auch in den schwierigsten Situationen Helfer, Bewahrer und Wegweiser ist.
Mitten im Geschehen des Infernos an der Ostfront reißt die spannende Handlung dieses Buches ab. Auf die Fortsetzung in einem zweiten in sich abgeschlossenen Band, wird der Leser nicht lange warten müssen.

Verlag der St.-Johannis-Druckerei
C. Schweickhardt, Lahr-Dinglingen

Weitere Bücher von Jost Müller-Bohn

Spurgeon – ein Mensch von Gott gesandt

TELOS-Paperback Nr. 2021, 128 Seiten, DM 10.80

Diese neu erschienene Biographie des »Fürsten unter den Predigern« ist nach authentischen Unterlagen und aus autorisierten Biographien, die schon zu Lebzeiten dieses großen Gottesmannes fertiggestellt waren, verfaßt worden. Ganz vortrefflich wird etwas von dem herrlichen Geist spürbar, der in dem Manne wohnt, der allsonntäglich in London vor mehr als 6000 Zuhörern sprach. Dreißig Jahre lang predigte Spurgeon ununterbrochen von derselben Kanzel, ohne daß die strömende Fülle seiner Verkündigung je abgenommen oder er sich in irgendeiner Weise leergepredigt hätte. Die Biographie bietet eine Vielfalt geistlicher Details. Sie ist gegenwartsbezogen und hochaktuell.

Von Ihm getröstet
Bild-Text-Band Nr. 605, 72 Seiten, davon 18 Farbfotoseiten, DM 11.80

Der heutige Mensch ist sehr trost- und hilfesuchend. Er sucht seinen Trost jedoch meist dort, wo kein wahrer Trost und keine echte Hilfe zu finden ist. – Auf den Trost hinzuweisen, der bleibt in Zeit und Ewigkeit, ist das Anliegen dieses Buches.

Verlag der St.-Johannis-Druckerei
C. Schweickhardt, Lahr-Dinglingen